조선후기 중국과의 무역사

유승주 · 이철성

景仁文化社

머 리 말

조선후기의 소설로서 그 시대 사회상을 가장 적실하게 담고 있는 작품 중의 하나가 연암 박지원이 쓴 「허생전」이다. 이 소설에 등장하는 인물 중 변승업은 서울의 돈 많은 부호였고, 허생은 몰락한 양반으로 변승업의 돈을 빌려 거금을 벌었다. 그러나 두 사람이 많은 돈을 벌 수 있었던 계기와 상술은 상이하다. 전자는 청나라 북경을 오갔던 사행역관으로서 무역을 통해 치부하였고, 후자는 당시 도거리상업으로 치부한 서울·개성상인 등을 모델로 한 가상인물이다.

본서를 읽기에 앞서 목차만 일별하여도, 역관 변승업과 도고상인 허생의 모습을 쉽게 찾아 볼 수 있을 것이다. 조선후기 조·청무역사상 17세기는 역관 주도하의 청·일간 중개무역이 활발한 시기였다. 역관들은 국가가 공인한 무역자금인 미곡 1,300여 석 내지 2,000석 값어치의 은화를 지니고 북경에 갔으며, 그곳에서 비단실 등을 수입, 왜관을 통해 일본에 수출하여 3배 가까운 차익을 얻을 수 있었고, 그 밖의 특혜도 많았다. 따라서 역관 변승업과 같은 사람이 서울에서 제일가는 부자가 될 수 있었던 것이다.

「허생전」의 주인공인 허생은 실존인물은 아니지만, 18세기에 접어들면 허생의 상술과 같은 도거리상업을 통해 치부한 상인들이 적지 않았다. 허생은 과일류나 망건류 등 국내의 수요 상품을 도거리한 경우에 해당하지만, 서울과 개성·평양·의주 등 조선사행이 오가는 연도의 상인들은 인삼이나 피혁류 등 국외수출품을 도거리하였다. 이들이 청과의 무역업에 침투하면서 18세기에는 역관과 상인 간에 무역주도권을 놓고 경쟁이 치열하였다. 상인들은 역관과 다투며 수출무역에 파고들었을 뿐 아니라, 다른 한편으로는 인삼의 재배 및 가공업을 경영하거나 금·은광산에 투자하여 생산한 물품들을 청나라로 수출하고 있었다.

이러한 상인자본의 성장으로 인하여, 19세기에는 청나라와의 무역에서도 점차 역관들은 배제되고 상인들이 주도권을 잡게 된다. 이 시기 무역권을 장악한 상인들은 의주의 만상들이었다. 얼마 전 방영이 끝난 연속사극 「상도」의 주인공 임상옥 역시 이 시기에 활약한 만상으로 실존인물이다. 만상이 청나라와의 공적인 무역권을 독점하면서부터 서해안과 북쪽 국경에서는 밀무역이 성행하기 시작하였다. 특히 서해안의 밀무역 상인들은 청나라 상선들은 물론 서양의 상선들과도 서해상에서 밀수행위를 자행하였으며, 이러한 밀수행태는 개항이후 외국과의 무역이 공인되기까지 계속되었던 것이다.

필자가 조선후기 청나라와의 무역에 관심을 갖기 시작한 것은 1960년대 후반이었다. 당시만 하여도 조선후기 연구자들은 일본 관학자들이 주장한 정체론을 타파하기 위하여, 실학사상이 발달한 18세기 후반에서 19세기 초반에 초점을 맞추고 사회경제사 분야의 내재적 발전상을 탐구하는데 주력하고 있었다. 그러나 필자는 17세기 전반까지 왜란과 호란을 겪었던 조선사회가 불과 한 세기만에 그처럼 비약적 발전을 이루게 된 동인이 무엇일까에 의문을 가지고, 17세기 초반 이후의 광공업사에 관한 논문들을 쓰기 시작하였으며, 동시에 청·일과의 중개무역도 연구하게 되었다. 곧 외국과의 무역업을 통하여 상인들이 과연 돈을 벌 수 있었는지, 가령 돈을 벌었다면 광업이나 수공업 등 산업부문에 투자하였는지를 살펴보기 위해서였다. 그 결과 18세기 후반에 이미 상인들의 자금이 산업부문에 투입되었다는 사실을 밝힐 수 있었다.

이후에 필자는 『조선시대 광업사연구』(고려대학교 출판부 1993.3)를 마무리 짓는데 얽매여, 18세기 후반부터 개항기까지의 조·청무역사를 지금의 이철성 교수에게 학위논문으로 쓰게 하였다. 그는 장기간에 걸쳐 당시의 주요한 사료들을 모두 섭렵하고 치밀하게 연구한 끝에 최근 홀

류한 성과물을 내 놓았다. 이에 필자는 이철성 교수와 함께 이 분야의 연구자와 일반 독자들에게 편의를 제공하기 위해 두 사람의 논문을 시기별로 묶어 정리해 내기로 하였다. 이 책이 나오기까지, 이철성 교수는 책 내용의 체계적인 틀을 세웠고, 연구사 정리를 보완하였으며, 각종 통계표와 지도를 보기 좋도록 작성하고, 필요한 사진도 찾아 넣는 등 온갖 정성을 다 기울였다. 이에 필자는 본서의 출간에 즈음하여 진심으로 고맙게 여기며, 아울러 별달리 상품적 가치도 없는 이 책의 출판을 기꺼이 맡아 준 경인문화사 한정희 사장과 아담하게 꾸며 준 신학태 부장 및 편집부 여러분께도 심심한 사의를 표하는 바이다.

2002년 8월 8일

유 승 주 씀

\<차 례\>

<표차례>

<그림차례>

서 론

대청무역 연구사 정리

　조선과 청 사이에 전개된 무역에 대한 연구성과를 정리하면 크게 두
가지 견해로 간추려 볼 수 있다. 하나는 대청무역을 '조공체제(朝貢體
制)' 라는 외교적 · 정치적 범주에 구속받는 제한된 무역으로 이해하려
는 견해이고, 다른 하나는 대청무역을 중세사회의 경제적 변동의 중요한
지표로 이해하려는 견해이다. 하지만 조선후기 무역은 국내상업계의 동
향 즉 상인 · 상품 · 운송수단 · 유통체계 · 시장권 · 상업자본의 성격과
분리해서 이해할 수 없는 주제임과 동시에 중세사회의 경제적 변동을
포착해 내는 중요한 지표로 이해되어야 한다는 견해가 우세하다.[1]

　물론 조선후기의 대외무역이 조선의 중세 경제구조를 변동시킨 완결
성을 지닌 동인(動因)인가 하는 판단은 아직 이르다고 하겠다. 하지만 17
세기 이후 조선에서는 무역을 통해 자본을 축적한 상인층이 형성되고,

---

1) 유승주, 1970, 「조선후기 대청무역의 전개과정 −17 · 8세기 부연역관의 무역
　　활동을 중심으로−」『백산학보』 8(역사학회, 1976,『한국사논문선집Ⅴ-조선
　　후기편-』, 일조각) : 이철성, 「조선후기 무역사 연구 동향과 전망」『조선후기
　　사 연구의 현황과 과제』(강만길 엮음, 2000 창작과 비평사).

이들에 의해 국내물화의 유통구조가 변화하는 등 대외무역이 국내 상업계에 적지 않은 영향을 미쳤던 것이 사실이다. 따라서 대청무역의 전개과정과 무역의 성격을 올바르게 이해하기 위해서는 기존의 연구업적들을 시기의 흐름에 따라 살펴 볼 필요가 있다.

조선의 대청무역을 외교적·정치적 범주에서 이해하려는 경향은 주로 17세기를 다룬 연구에서 두드러졌다. 이는 명·청 교체와 2차의 전란을 겪은 조선이 대외체제를 정비해 가는 시대적 조건에 따른 것이었다. 이 시기 조청무역(朝淸貿易)은 병자호란 이전과 이후로 나누어 이해할수 있다. 병자호란 이전의 무역은 청이 중국 본토를 침범하기 전에 부족한 물자를 보충할 생각으로 조선에 강압적으로 요구한 불평등 무역이었고, 병자호란 이후 중강·회령·경원에서 열린 개시(開市)는 만주지방 주민의 생활필수품을 조달하기 위한 것인데, 점차 무역 체제와 무역품이 정례화되어감으로써 불평등적 요소가 해소되어 나갔다.

그러나 변경 개시를 다룬 연구는 조선의 수출품이 대부분 생필품인데 비하여 그 수입품은 소비재 물품이었기 때문에, 변경 무역은 귀족층의 사치를 조장하고 국내의 수공업을 침체케 하는 결과를 가져왔다고 평가하고 있다.[2] 물론 17세기 조청간의 변경교역이 18세기 貨幣유통의 발전에 영향을 미쳤고, 의주·개성·서울·동래 지역 상인의 활동으로 조선 사회의 쇄국적 통제무역을 흔드는 계기가 되었다고 보는 논자도 있다.[3] 그러나 17세기 변경교역에 관한 연구는 대개의 경우 제도사적 검토에

---

2) 17세기 국제정세 변동과 대중국 무역을 다룬 연구는 다음이 참조된다. 김성균, 1961, 「초기의 조청 경제관계 교섭 약고」『사학연구』5 ; 최근묵, 1967, 「조청무역소고」『논문집』(충남대) 6 ; 유완상, 1977, 「조선시대 중강개시에 대한 일고 - 특히 인조대를 중심으로 - 」『현대사학의 제문제』, 일조각 ; 김종원, 1983, 「조청 교섭사 연구 - 무역관계를 중심으로 - 」, 서강대 박사학위논문 ; 1999,『근세 동아시아 관계사 연구 - 조청교섭과 동아삼국교역을 중심으로 - 』, 혜안. 이들 연구로 변경지역 개시에 대한 개략적인 이해가 가능하게 되었다.
3) 김종원, 위의 논문 및 최근묵, 위의 논문.

치우쳐 교역에 참여한 상인 성격의 분석, 개시의 경제사적 의미, 국내 상품화폐경제와의 관련성 및 후시와의 차별성 등을 종합적으로 규명하지 못한 한계를 지니고 있다.[4] 그런 중에 회령·경원의 북관개시 성립, 운영원칙 및 절차, 함경도의 개시부담 등을 구체적으로 다룬 연구가 나와 함경도 지역 및 개시에 대한 새로운 이해의 가능성을 열어 놓았다.[5]

17세기 중반에서 18세기 전반까지는 대청관계가 안정되고 사행무역이 조·청간의 무역에서 큰 비중을 차지하게 되었다. 그리고 대청무역을 통해 수입된 물품이 조선과 일본과의 무역으로 이어지는 중개무역(仲介貿易)이 활발하게 진행되었다. 따라서 대청무역 연구의 대부분이 이 시기에 집중되었는데, 여기에서도 대청무역을 '조공무역'의 일환으로 성격 지우려는 견해와 조선후기 사회변동의 지표로 보려는 견해가 있다.

전해종은 조선사행의 명칭과 임무, 사행의 구성과 임명, 출발준비와 노정, 북경에서의 공사(公私) 활동, 사행의 빈도 등을 종합적으로 정리한 뒤, 경제적인 측면에서 볼 때 조공제도에 의한 무역은 명백한 경제적 손실이었음을 주장하였다. 또한 그는 종래 막연하게 조공관계를 무역관계라고 규정하는 경향을 비판하고, 조공제도는 근본적으로 제한된 통로로써 조선과 청과의 관계는 정치 외교적 질서의 표현인 조공체제가 본질이며 그 사이에 수반되는 무역관계는 부차적인 것으로 이해하였다.[6]

전해종의 견해와 비슷하지만, 종번(宗藩) 관계에 입각한 전근대 동아시아 무역의 한계를 보다 분명히 함으로써, 종국에는 청나라 무역의 상대적 개방성과 발전성을 강조하려고 한 연구가 장존무(張存武)의 책이다.[7] 그는 조선의 청에 대한 복종은 군사적 패전의 결과로 인한 것이었

---

4) 중강후시에 대한 연구는 연정열, 1982, 「중강후시와 무역법규에 관한 연구」『한성대학 논문집』6이 참조된다.

5) 고승희, 1997, 「조선후기 북관개시 연구」『조선시대사학보』1.

6) 전해종, 1966, 「청대 한중조공관계 종고」『진단학보』29·30.

7) 장존무(張存武), 1978,『淸韓宗藩貿易(1637〜1894)』, 中央硏究院 近代史硏究所專刊 39 ; 이 책은 김택중외 4인이『근대한중무역사』(교문사, 1991)라는 제

지 무역 때문은 아니었으며, 근대 몇몇 외국학자가 말한 바와 같이 완전히 무역적인 동기에 의한 것도 아니라고 하였다. 나아가 그는 중국은 조선과 일본에 비하면 그래도 무역에 진보적이었으며, 해상무역도 가장 폐쇄성이 약했다고 하여, 중세 중국의 경제적 번영을 강조하는 입장을 표출하였다. 장존무의 연구는 조선 상인의 세력과 경쟁 관계 및 대외무역이 국내 경제에 끼친 영향 등을 치밀하게 검증하지 않은 상태에서 중국사의 입장이 강하게 표출되어 있어, 연구시각과 내용에 재검토가 요구된다.

대청무역을 '조공체제'의 범주에서 파악하려는 이해와는 달리, 대청무역을 조선의 '경제적 욕구를 충족시키는 통로' 즉 무역사의 차원에서 이해하려는 시각도 있었다. 김성칠은 사행의 종류, 구성, 노비(路費), 조공로(朝貢路) 등 연행 과정과 사행의 무역적 기능을 개관한 뒤, '조공사행의 본질적 의의는 무역의 면에 있는 것이다' 라고 주장하였다.[8]

이원순은 부연사행의 경제사적 의미는 조공품의 수급(受給)에서 찾을 성질이 아니라, 사행원역(使行員役)에게 공인된 무역과 불법적으로 행해지는 밀무역 그리고 그것이 조선의 상업구조 및 재정구조에 미친 영향 등을 종합적으로 이해해야 한다는 관점에 사행무역의 경제사적 의미를 무시할 수 없다고 주장하였다. 그러나 그는 조선의 사무역 활동이 국가재정에 큰 부담을 주는 것이었고, 수입 품목이 소비재적 사치성 품목이 주류를 이룬 반면, 사무역을 통해 금(金)·은(銀)·인삼(人蔘) 및 잡화가 유출됨으로써, 종국에는 '조선사회 붕괴의 경제적 배경의 일단을 차지하였다'고 평가하여 대청무역의 역기능성을 강조하였다.[9]

유승주는 대청무역을 조선후기 상품화폐경제 발달과 연관지어 사행

목으로 번역출간 하였다.
8) 김성칠, 1960, 「연행소고-조중교섭사의 일착-」『역사학보』 12.
9) 이원순, 1963, 「부연사행의 경제사적 일고-사무역 활동을 중심으로-」『역사교육』 7 ; 이원순, 1983, 「부연사행의 문화사적 의의」『사학연구』 36.

무역을 보다 적극적으로 평가하였다. 유승주는 우선 청나라 북경으로 가는 부연역관(赴燕譯官)의 구성과 그들의 상인적 성격을 규명하고, 이를 토대로 17·18세기 부연역관이 전개한 청·일 중개무역의 실태와, 1720년대 이후 표면화된 역관과 상인 간의 무역 주도권 쟁탈 양상 등을 해부해 내었다.[10]

유승주는 18세기에 접어들면서 대청무역을 둘러싼 역관·사상(私商) 간의 갈등과 대립이 심화되었고, 종국에는 사상층이 대청무역을 주도하게 되는 과정을 밝혔다는 점, 그리고 이를 조선후기 사회 변동의 한 측면으로 평가하였다는 점에서 의의가 크다. 또한 사상층이 대청무역을 주도하게 되면서 이전과는 달리 국내의 유통부문과 생산부문을 자극했다는 점을 들어 대청무역의 경제사적 의미를 크게 부각시켰다.

이후 그는 17세기 조선의 염초와 유황의 밀수입 실태를 밝힘으로써 조선후기 무역사 이해의 폭을 넓히는 계기를 마련하였다. 이 논문은 조선의 대외무역이 북벌정책이란 국내 정치적 상황과 군비확충이란 군사적 과제에 따라, 역관이 중심이 되어 청으로부터는 염초를, 일본으로부터는 유황을 밀수입하는 실태를 규명하였다. 또한 17세기 중엽 이후 국가가 염초 생산 기술을 개선하고 유황광산을 개발함에 따라 밀수입이 줄어들게 되었음을 밝혀, 무역이 국내 생산기술 및 광공업 발달과도 밀접한 관련이 있음을 분명히 하였다.[11] 이러한 연구결과 위에 그는 조선사회가 왜란과 호란을 겪었음에도 불구하고 16세기말 17세기 전반기에 신속히 경제성장을 이룩할 수 있었던 것은 대동법의 확대 실시와 청·일과의 중개무역에서 원인을 찾을 수 있다고까지 평가하였다.[12]

유승주는 그 후 부연사행의 종류와 인적구성·사행무역의 절차·청

---

10) 유승주, 1970, 위의 논문.
11) 유승주, 1978, 「17세기 사무역에 관한 일고찰－조·청·일간의 염초·유황 무역을 중심으로－」 『홍대논총』 10.
12) 유승주, 1991, 「조선후기 조청무역 소고」 『국사관논총』 30.

일과의 중개무역 및 심양·책문후시 등의 실태를 재정리하였고,[13] 대청
무역에 종사한 연상(燕商)들의 자본이 국내의 인삼재배업과 홍삼가공업
및 금은광업에 투입되고 있음을 밝혀 무역이 국내산업에 미친 영향을
고찰하였다.[14] 이 연구는 대청무역이 국내 상업은 물론 광공업과도 연관
되는 문제로서, 대청무역이 조선후기 사회변동과 유기적 관련성을 지니
고 있음을 밝힌 연구업적이라고 할 수 있다. 그러나 18세기 중엽이후 대
청무역을 주도한 연상의 실체 규명과 사상 자본의 재투자에 대한 보다
구체적인 검토가 요구된다.

강만길은 조선후기 상업자본의 축적을 규명하는 과정에서, 국내상업
뿐 아니라 외국무역을 주도한 개성상인(開城商人)을 주목하였다.[15] 개성
상인은 조선초기부터 서울상인과 동등한 지위를 갖고 상업계의 중심에
위치하였다. 그러나 개성상인은 18세기 이후 시전상인과 공인 등 특권상
인층의 상업체제에 강력히 저항하면서 사상도고로 성장해 나갔다. 개성
상인은 인삼(人蔘)·포물(布物)·갓양태(涼臺)·피물(皮物)·지물(紙物)
등을 생산지에서 매점하여 국내 유통을 장악하였고, 이 중 인삼·피
물·지물을 중국에 수출하고 다시 중국으로부터 모자(帽子)·바늘(針
子)·말총(馬尾) 등을 수입 판매하였다. 또한 개성상인은 동래상인과 함
께 인삼을 일본에 수출하고 대신 은화를 받아 그것을 중국무역에 투자
하였다. 즉 개성상인은 국내의 각 상품생산지를 조직적인 상업망을 통하
여 파악하는 한편 의주상인과 동래상인을 조종하여 대중국무역과 대일
본무역을 장악하고 있었으며, 이 두 갈래의 외국무역을 연결시킴으로써
국제 중개무역을 전개시키고 있다고 하였다. 이어 그는 개성상인 자본이

---

13) 유승주, 1991, 위의 논문.
14) 유승주, 1994, 「조선후기 대청무역이 국내산업에 미친 영향」 『아세아연구』
    37－2.
15) 강만길, 1972, 「개성상인연구－조선후기 상업자본의 성장－」 『한국사연구』
    8 ; 1973, 『조선후기 상업자본의 발달』, 고려대학교 출판부.

단순히 상업자본으로만 집적되는데 그치지 않고 광산경영과 인삼재배업 및 가공업경영에 투자되었음을 밝혔다. 17세기 중반 이후 전개된 중개무역의 양상은 이미 유승주에 의해 언급된 바 있다. 그러나 강만길의 논문은 조선후기 무역을 주도해 갔던 사상의 실체를 개성상인으로 설정하여 분석한 점, 개성상인의 자본이 19세기 인삼재배업과 홍삼가공업에 투자되고, 또 이들에 의해 홍삼수출이 이루어졌음을 강조했다는 점에서 의의를 찾을 수 있다.

 강만길의 이 연구는 경강상인의 조선도고경영(造船都賈經營)과 함께 조선후기 토착자본의 경제적 수준과 그 존재 양상을 실증했다는 점에서 주목받았다. 그렇지만 이 연구는 개성상인의 실체와 성장을 규명하는 데 초점이 맞추어져 있어, 대외무역의 실상을 종합적으로 이해하는 데에는 어려움이 있다. 또한 정조 21년(1797)부터 본격적으로 진행된 홍삼무역의 추이와 조선 정부의 무역정책 및 의미 분석까지는 나아가지 못하였다.

 조선의 중개무역을 중점적으로 다룬 연구성과는 김종원에게서도 찾아진다.16) 그는 후금 사회 내부의 정치 사회경제적 변화를 바탕으로 조금무역(朝金貿易) 및 초기 조청무역을 살핀 데 이어, 17세기 중반 이후 대청무역을 고찰하였다. 김종원 연구의 특징은 대청무역의 주체를 사상(私商)=잠상(潛商)으로 파악하고 그들의 역사적 평가를 시도한 점이다. 즉 그는 청국과 일본을 잇는 중개무역은 물론 19세기 중반까지 대청무역을 이끈 주체세력을 사상으로 설정하였다. 즉 사상(=잠상)은 폐쇄적인 조선사회가 낳은 산물이었으나, 그들의 밀무역 활동은 조선후기의 사회경제 변화에 큰 영향을 미쳤음을 전제로 하여 대청무역의 전개과정을 논한 것이다. 그러나 김종원의 연구는 사상과 잠상의 개념을 시대에 따라 차별적으로 인식하지 않고 동일한 개념으로 인식한 결과, 대청무역상 역관의 존재와 역할을 간과하였다. 또한 사상에 의한 밀무역만을 강조함

---

16) 김종원, 1977, 「조선후기 대청무역에 대한 일고찰－잠상의 무역활동을 중심으로－」『진단학보』 43.

으로써 대청무역의 종합적인 이해에도 어려움이 있었다.

한편 인삼(人蔘)과 삼상(蔘商)을 통해 조선후기 대외무역을 살피려는 연구도 있었다. 인삼무역은 이미 식민지시대 이마무라의 『인삼사(人蔘史)』를 통해 밝혀진바 있으며, 해방 후 조기준에 의해서도 다루어졌다. 그러나 이마무라의 연구는 방대한 자료의 수집과 정리에도 불구하고 재검토가 불가피하며[17] 조기준의 연구는 삼국시대부터 일제시기까지의 인삼무역 전개과정을 통시대적으로 개관하는 데 그치고 있다.[18]

삼상과 인삼무역에 대한 본격적인 연구는 오성과 차수정의 논문을 들 수 있다.[19] 오성은 상업자본의 축적이 가능했던 '상인' 검출이라는 문제의식 하에 삼상의 존재와 국가의 삼상정책(蔘商政策) 및 사상(私商)의 인삼매매 활동을 논하였다. 그는 삼상을 공물을 담당하던 공계인과 일반의 사상으로 범주화하여 이해하려 하였다.

이 연구에 따르면 공계인은 중앙으로부터 삼공(蔘貢)을 청부받아 공

---

17) 이마무라(今村鞆), 1940, 『인삼사』, 조선총독부전매국.
　　이마무라의 위 저술은 총7권으로 구성된 거질이다. 이는 제1권 인삼편년기·인삼사상편, 제2권 인삼정치편 제3권 인삼경제편, 제4권 인삼재배편, 제5권 인삼의약편, 제6권 인삼잡기편, 제7권 삼명휘고편 등 인삼에 대한 다각적인 내용을 담고 있다. 그러나 『인삼사』는 和田一郎의 『朝鮮의 土地制度 及·地稅制度調查報告書』(조선총독부, 1920)나 麻生武龜의 『朝鮮田制考』(조선총독부중추원, 1940) 등과 같이, 이 시기 조선총독부 주관의 여타 관찬서의 집필 목적과 동일선상에 놓여 있었다. 따라서 집필의 의도성이 확연히 드러나고 있다는 지적을 피할 수 없다. 조선 정부의 인삼정책을 악정(惡政)으로 규정하면서 정책의 부재를 강조하는가 하면, 경제적 측면의 고찰도 조선경제의 발전상이 아니라 혼란상으로 설명하고 있다. 이에 많은 자료의 수집과 정리가 이루어졌으나, 18·19세기 조선의 대청인삼무역 및 무역주체와 국내적 영향력에 대해서는 『인삼사』에 구애받지 않는 전면적인 재검토가 이루어져야 한다.
18) 조기준, 1975, 「인삼무역과 삼정책」 『사회과학논집』 4, 고려대학교 정경대학.
19) 차수정, 1989, 「조선후기 인삼무역의 전개과정 —18세기초 삼상의 성장과 그 영향을 중심으로—」 『북악사론』 1 ; 오성, 1989, 「인삼상인과 금삼정책」 『조선후기 상인연구』, 일조각.

가(貢價)를 지급받고 인삼을 납품하던 삼공계인(蔘貢契人)과 지방의 감영에 소속된 전업적인 상납 상인들로서 공물을 구입하여 서울의 각 관청에 바치는 영공인(營貢人)으로 구분된다. 그 중 삼계공인은 정부의 공가 지급액이 날로 치솟는 인삼의 현물 가격에 비해 터무니없이 낮아, 특권을 지니고 있음에도 불구하고 몰락해 갔다고 하여 지속적인 자본축적은 이룰 수 없었을 것이라고 보았다. 반면 영공인은 삼공계인과 유사한 상인이지만 지방 관아와 깊이 밀착되어 원정본가(元定本價) 뿐만 아니라 충분한 첨가(添價)를 받아냄으로써 인삼의 영공(營貢)을 미끼로 많은 이익을 누릴 수 있었다고 보았다.

그러나 오성은 인삼매매를 통해 보다 많은 이윤을 확보하고 자본을 축적할 수 있었던 상인은 공물체계와는 관련 없는 사상들이었다고 하였다. 사상은 국가의 엄격한 통제와 납세를 전제로 인정된 상인들로서, 공계인을 제외하면 인삼매매의 독점권은 이들이 쥐고 있었다. 그러나 이들은 여기서 그치지 않고 밀수상인으로 전화하여 보다 많은 이윤을 추구하였다. 여기에는 개성지방 밀수상인을 비롯하여 강계·관서·동래의 밀수상인 및 서울 상인도 포함되어 있다고 하였다. 오성의 연구는 삼상의 존재를 구체적으로 밝히고 그들의 자본축적 가능성을 논했다는 점에서 의미를 갖는다. 그러나 주로 인삼상인과 인삼공물 문제를 다루고 있어, 대외무역을 둘러싼 사상의 활동과 존재를 깊이 살피지는 못하였다.

한편 차수정은 1700년대 대외무역상의 변화와 그 이후에 해외무역을 주도한 삼상의 실체를 규명하려 하였다. 그는 우선 18세기 무역환경의 변화로 첫째 숙종 34년(1708)부터 청이 만주지방의 인삼을 적극적으로 채취하면서 자국(自國)의 인삼공급이 원활해지자 조선의 대청 인삼수출이 쇠퇴하고 대일 인삼수출만이 존속하게 된 사실과, 둘째 청·일 간의 직교역으로 우리의 중개무역이 불가능해지면서 왜은(倭銀)의 유입이 단절된 상황을 규명하였다. 이에 18세기 대청무역의 자금은 대일 인삼무역을 통해 유입되는 왜은에 절대적으로 의존하고 있었던 바, 이를 계기로 삼상들의 대일 인삼수출이 이전 보다 더욱 확대되고 이들이 다시 대청무역에서 주도적 역할을 하게 된다고 하였다. 그는 인삼무역을 주도한 것은 서울·개성·평양·안주(安州) 등지의 상인들로서, 이들은 생산지에다가 인삼가를 미리 지급하는 방법으로 인삼을 독점적으로 구입하고 이를 일본에 수출함으로써 대량의 왜은을 축적했다고 하였다. 또한 그는 삼상들에 의한 대외 인삼수출의 성행이 인삼 가격의 등귀를 초래하고 결국에는 삼계공인이 몰락하게 되는 상황을 규명함으로써, 삼상의 경제사적 위치를 밝히고 있다. 차수정의 연구는 상인을 통해 무역에 주목한 것이 아니라 인삼무역에 초점을 맞추어 삼상의 실체를 다룬 논문이라는 점에서 의의를 지닌다. 하지만 인삼무역의 변화에만 초점을 맞춘 결과 18세기 초엽 대일 인삼수출이 성행하던 시기 대청무역은 마치 침체기에 빠진 모습으로 이해되는 등 대청무역과 대일무역을 단선적으로 연결하여 파악하려는 한계를 보인다.

조선의 중개무역 구조는 1720년대 전반적인 변화를 맞이하면서 새로운 국면으로 전환되었다.[20] 변화의 계기는 우선 청·일간의 직교역에서 찾아 진다. 즉 1684년 청이 전통적인 해금정책(海禁政策)을 해제한 이래, 1685년에는 일본의 나가사끼(長崎)에 중국의 복주(福州)·하문(廈門) 상선이 건너오기 시작하였고, 1689년에는 청나라의 상관(商館)이 나가사끼에 설립되기에 이르렀다. 이로부터 점차 청·일간의 직교역이 성행하여 종래 왜관무역을 통해 청나라의 물화를 구입하여 일본 본토로 전매해 왔던 상인들은 그 수가 점차 감소했고 동시에 왜관무역도 쇠퇴 일로를 걷게 된 것이다.

그런데 18세기 조선의 중개무역 쇠퇴의 원인을 청·일간의 직교역보다는 일본과 중국의 경제적 상황과 무역정책에서 찾으려는 견해도 있다. 즉 왜관무역의 침체를 가져왔던 왜은수입의 감소는 1660년대 이후 일본

---

20) 유승주, 1970, 위의 논문.

내에서 은·동의 산출이 현저하게 줄어든 데에서 기인한다는 것이다. 또한 왜관의 백사무역(白絲貿易) 쇠퇴는 1710년대이래 일본 내에서의 생사 생산과 중국의 생사 수출제한, 생사 가격의 등귀 및 유럽 상선과의 생사 무역경쟁 등에서 기인한 바, 여기에다가 조선내 자연삼의 절종 현상이 왜관무역의 쇠퇴에 박차를 가했던 것이라고 보는 견해이다.[21]

어떻든 18세기 후반에는 왜관무역이 쇠퇴하고, 조선의 대청무역 구조도 변화되고 있었는데, 모자수입무역은 이 시기 대청무역을 대표한다. 왜관무역의 쇠퇴로 왜은(倭銀)의 유입이 크게 줄자 조선정부의 재정도 타격을 받았다. 이에 부연역관에게 무역자금으로 대출되던 관은(官銀)이 제대로 공급되지 않았고, 역관들은 사행무역에서 손해를 보는 일까지 생겼다. 이 상황에서 조선정부가 역관 무역을 부양함과 동시에 사행시 필요한 공용은(公用銀)을 마련할 수 있도록 하기 위한 조치가 모자무역이었다.

조선의 모자수입 무역은 몇 몇 연구자에 의해 부분적으로 언급되어 왔으나,[22] 이에 대한 본격적인 연구는 한동안 진행되지 않았다. 그러던

---

21) 김종원, 1977, 위의 논문, 102~104쪽 ; 및 田代和生, 1970, 「近世對馬藩における日鮮貿易の一考察~特鑄銀を中心として」『日本歷史』 268 ; 田代和生, 1973, 「對馬藩の朝鮮輸出銅調達について−幕府の金統制と日鮮銅貿易の衰退」『朝鮮學報』 66 ; 田代和生, 1974, 「近世日本貿易における數量的 考察−對馬藩の貿收支帳を中心として」『日・中央大 大學院研究年報』 3. 최근 김동철은 18세기 후반 무역환경의 변화와 관련하여 청일 양국간 직교역이 조선의 백사 중개무역의 쇠퇴를 가져온 직접적인 원인이라는 주장은 재고되어야 한다고 하고, 1740년대 이후 쇠퇴설을 제기하였다.
그러나 기존의 논의에서도 조선 중개무역이 쇠퇴하는 시점은 '청일무역 개시로부터도 4~50년이 지난 이후의 일'이라고 하고 있다(유승주, 1970, 위의 논문, 377쪽). 무역환경의 변화는 물종별로 그리고 국제 관계는 물론 무역 당사자국의 경제상황 변화 등을 고려해야 함은 물론이며, 강제적 법제화에 수반된 구조적 변화가 아닌 이상 얼마간의 시간적 경과는 유예해 두어야 할 것으로 생각된다.
22) 이마무라, 1940, 『인삼사』, 위의 책, 141~146쪽 및 206~208쪽 ; 유원동, 1977, 『한국근대경제사연구』, 일지사 ; 이태진, 1991, 「국제무역의 성행」『한

중 이철성은 18세기 사상(私商)의 성장을 모자무역을 통해 규명하려 하였다. 그는 우선 18세기 후반 대청무역 상황을 규명하고, 영조 34년(1758)의 관모제(官帽制) 실시와 정조 1년(1777) 세모법(稅帽法)으로의 전환 및 모자수입 무역의 구조와 국내의 판매과정을 밝혔다. 그리고 관모제로부터 세모제로의 전환을 사상이 대청무역에 있어 주도권을 장악한 것으로 이해하고, 이것이 다시 19세기 대청 홍삼무역으로 변해간 것으로 파악하였다.[23]

조선후기 무역사 전반을 살피는 과정에서 모자무역에 주목한 연구도 있다.[24] 그러나 이 연구는 모자무역의 구조라든가 수입된 모자의 배분 및 판매과정 등에 대한 구체성이 떨어지고 있으며, 모자무역 전후 시기의 대청무역에 대한 서술도 기존의 연구성과를 뛰어넘지 못하는 아쉬움을 남기고 있다.

모자무역이 밝혀짐으로 인해 18세기 후반 대청무역의 실상과 19세기 홍삼무역으로의 전환에 대한 계기적인 이해가 가능하게 되었다. 그러나 모자무역의 의미를 보다 선명히 밝히려면, 첫째 무역품 자체 즉 모자의 실체와 수요층을 분명히 밝혀야 할 것이며, 둘째 모자의 유통이 국내 상업계에 미친 영향이 구체적으로 밝혀져야 한다. 모자무역은 이러한 점에서 계속 연구되어야 할 과제이다.

18세기 후반 모자 수입무역으로 특징지워지던 조선의 대청무역은 19세기 홍삼 수출무역이라는 새로운 방향으로 전환되었다. 강만길은 이 홍삼무역 연구에 가장 큰 줄기를 제시하였다.[25] 그는 무역을 통한 개성상인의 자본축적에 주목하는 과정에서 인삼 재배와 가공 시점, 홍삼 수출

국사시민강좌』 9, 일조각.

23) 이철성, 1996, 「18세기 후반 조선의 대청무역 실태와 사상층의 성장」『한국사연구』 94.

24) 김정미, 1996, 「조선후기 대청무역의 전개와 무역수세제의 시행」, 서울대학교 석사학위논문(1996, 『한국사론』 36, 서울대학교 국사학과에 재수록)

25) 강만길, 1973, 「개성상인과 인삼재배」 위의 책.

과 가공업으로의 재투자, 홍삼무역의 성격변화, 홍삼밀무역 양상 등 홍삼수출의 성격을 밝힐 수 있는 주요 주제들을 다루었다. 그 후 오성은 가삼 재배와 가공시점에 대한 새로운 견해를 내놓았고 홍삼무역량의 변천과 추이 등을 밝혔다.[26] 하지만 이 두 연구는 모두 19세기 전반기로 연구시기가 한정되어 있고, 홍삼무역의 담당층과 무역의 성격변화 및 조선정부의 무역정책까지는 담아내지 못하였다.

이철성은 정조 21년(1797)부터 고종 13년(1876) 개항 이전까지의 대청 홍삼무역을 다룬 논문을 발표하였다.[27] 이 연구는 조선정부의 포삼무역 정책과 사상들의 밀무역 활동을 대상으로 홍삼 무역의 전개 과정과 시기적인 변화 양상을 밝혔다는 점에서 의미를 지닌다. 특히 대청무역에 참여한 역관·서울상인·개성상인·의주상인 사이의 대립과 경쟁에 주목하고, 대청무역이 조선정부의 재정에 미치는 영향과 무역정책의 방향성을 밝혀 개항 이후 상업자본세력의 실체를 파악하는 단초를 마련하려고 하였다. 그러나 이 연구는 홍삼무역의 변천 과정 외에도 19세기에 활발하게 전개된 각 아문과 궁방 및 지방 감·병영의 사무역 실태를 명확하게 추적하지 못하고 있다. 또한 무역과 국내 유통권과의 연관 관계에 대한 구체적인 검토가 보완되어야 하리라 생각된다.

이상과 같은 기존 연구를 바탕으로, 우리는 조선후기 대청무역에 대한 개괄적 이해와 조선후기 상업자본의 형성 및 사회변동의 움직임을 어느 정도 살펴볼 수 있게 되었다. 이 책은 이러한 연구 성과 위에 우선 조청무역의 흐름을 역관과 사상의 상권다툼이란 시각에서 규명하되, 병자호란 이후 개항까지를 시기구분 하여 살피려 한다. 동시에 각 시기마다 정부가 지향한 정책방향과 무역의 실태 및 그것이 국내경제와 산업에 미친 영향 등도 함께 살피려고 한다. 이러한 작업을 통해 조선후기 대청무역의 변천과 무역사적 성격이 정리되길 기대한다.

---

26) 오성, 1992, 「조선후기 인삼무역의 전개와 삼상활동」『세종사학』1.
27) 이철성, 2000, 『조선후기 대청무역사 연구』, 국학자료원.

제 1 장

17세기 역관 주도의
대청무역과 대일 중개무역

　17세기 조선은 두 차례의 호란을 겪으면서 명(明)과의 조공관계를 청(淸)과의 조공체제로 전환하였다. 조공체제 하의 조청무역은 변경교역과 사행무역으로 진행되었다. 변경교역은 청나라가 만주 지방 거주민의 생활 필수품을 조달하기 위하여 강제한 물물교환 형태였다. 이 변경교역은 양국의 상인들이 매년 한 두 번씩 물화를 등가 교환하였는데, 중강(中江)·회령(會寧)·경원(慶源)에서 열렸으며 개시 절차, 일자, 거래 물품과 수량이 미리 정해져 있었다. 따라서 변경교역은 무역적 성격을 띠지 못하였고 교역량이나 상품적 가치도 낮아 국내 상업계에 미친 영향이 적어서 이 책에서는 논외로 하였다.

　사행무역은 '사행의 여정 중에 이루어지는 무역'으로 공무역(公貿易)·사무역(私貿易)·밀무역(密貿易)이 병행되고 있었다. 공무역은 일반적으로 조공(朝貢)과 회사(回賜)의 형식을 취한 물화의 수수 관계를 지칭하고, 사무역은 사행원역의 팔포무역과 상의원·내의원 및 각급 관아

의 무역을, 그리고 밀무역은 이 이외에 이루어지는 불법적인 상거래를
뜻한다.

조선사회가 16세기 말 17세기 전반기에 왜란과 호란을 겪었음에도 불
구하고 신속히 경제적인 성장을 이룰 수 있었던 것은, 장기간의 무기류
생산을 통해 광공업이 발달했기 때문이며 아울러 대동법이 전국에 확대
실시되었고 특히 청·일간의 중개무역이 활기를 띤데 힘입고 있었다.[1]
그런데 이 중개무역을 가능하게 했던 것이 청나라에 오갔던 부연사행(赴
燕使行)이며, 이를 주도한 것이 부연역관(赴燕譯官)이었다.

병자호란 이듬해인 인조 15년(1637)부터 조선의 개항(1876)까지 청나
라로 간 사행은 총 673회에 이른다.[2] 같은 기간 조선으로 온 청나라의
칙사가 모두 165회였으므로[3] 약 4배 가량 조선의 사행이 많았던 것이다.
동아시아의 '조공체제' 속에서 일면 당연해 보이는 두 나라 사행빈도의
격차는 그러나 그만큼 조선에게는 대청무역의 기회가 되기도 하였다.

부연사행은 인조 22년(1644) 청이 심양(瀋陽)에서 북경(北京)으로 옮겨
간 뒤 수도인 연경(燕京)을 왕래한 사신을 말하며, 부연역관은 이들 사행
을 수행한 역관들을 말한다.[4] 역관의 본래적 의미는 외국어 통역관이었
다. 그러나 조선후기의 부연역관은 그 본래적 의미 보다 대청무역의 상
업적 주체로서 이해되어야 한다. 물론 17세기 사행무역에는 개성부·평
안감영·평안병영·황해감영·강화부·의주부의 무역을 담당하였던

---

1) 유승주, 1991, 「조선후기 조·청무역소고」『국사관논총』 30.
2) 『동문휘고』 보편 권7, 사행록 참조 ; 이 책의 부록표 참조.
3) 『동문휘고』 보편 권8, 조칙록.
4) 청나라가 북경으로 수도를 옮긴 1645년부터 1876년까지 조선에서는 총 612
   회의 사행을 중국으로 보냈다. 이는 대략 매년 2.65회의 사행이 파견되었음
   을 의미한다. 같은 기간 청에서 온 칙사행과 그 빈도를『동문휘고』의 사행록
   과 조칙록에 의거하여 비교하면 다음 표와 같다.

구 분	조선사행(A)	중국칙행(B)	A/B
횟 수	612	165	3.7

무역별장(貿易別將)과 노자(奴子)・마부(馬夫)의 이름을 빌어 사행일행에 몰래 들어가 무역을 하거나, 여마제(餘馬制)・연복제(延卜制)에 편승해서 책문무역을 감행하였던 사상도 포함되어 있었다. 따라서 조선후기 사행무역을 이해하기 위해서는 조선 사행의 종류와 사행로 그리고 역관의 무역특권과 다른 사상과의 세력관계 등이 면밀히 고찰되어야 한다.

한편 조선의 무역은 당시의 사회경제적 요구나 산업발전과 밀접한 관련을 맺고 있었다. 17세기 조선의 염초 밀무역은 당시 북벌정책과 맞물려 강력히 추진되었던 것으로, 비록 밀무역의 형태를 띠기는 했으나 조청무역이 국내 산업과 어떤 연관을 갖는지를 살피는 중요한 사례가 된다. 즉 삼수병제의 채택에 따른 화약 수급 문제와 후금의 군사적 위협에 대비한 화약 비축 문제, 북벌정책 등의 여러 요인이 화약제조에 필요한 염초와 유황 무역의 배경이 되었고, 이는 국내 염초 제조기술을 발전시켰으며 동시에 국내의 유황광산 개발을 자극하여 일종의 무역 대체 효과를 이루었다. 따라서 본 장에서는 17세기 명・청의 교체와 부연사행의 종류와 사행로, 부연역관의 사행무역상 특권과 중개무역의 주도 그리고 역관의 염초 밀무역과 국내 유황광산 개발의 문제 등을 살펴본다.

I. 명・청 교체와 조선사행

1. 청의 흥기와 정묘・병자호란

명의 분리 통치정책 아래서 여진족(女眞族)은 거주지역에 따라 크게 셋으로 구분되었다. 목단강(牧丹江) 유역과 중국측 장백산(長白山) 일대 [현재 길림(吉林) 돈화현(敦化縣)]에 거주하는 여진은 건주여진(建州女

眞), 송화강(松花江) 유역[현재 심양(瀋陽) 동북부]에 거주하는 여진은 해서여진(海西女眞), 그리고 흑룡강(黑龍江)과 우수리강(烏蘇里江)이 송화강과 합류하는 흑룡강 일대의 여진은 동해여진(東海女眞) 혹은 야인여진(野人女眞)으로 칭하였다. 이들은 점차 남쪽으로 이동했는데 야인여진은 흑룡강 하류일대로, 건주여진은 소자하(蘇子河)와 파저강(婆猪江)[현재 혼하(渾河)] 유역으로, 해서여진은 요령성(遼寧省) 개원(開原) 근처로 이주하였다.

야인여진은 농경에 경험이 거의 없는 수렵생활을 주로 했던데 비해, 해서여진은 수렵을 주로 하면서 농업을 병행하였는데 여허(Yehe ; 葉赫)·호이파(Hoifa ; 輝發)·하다(Hada ; 哈達)·울라(Ula ; 烏拉)의 해서 4부로 지칭되기도 하였다. 건주여진에는 두 명의 추장이 있었는데, 하나는 명에 귀의하여 건주위(建州衛) 지휘사(指揮使)에 임명된 아하추(Ahachu ;阿哈出 = 李誠善)였고, 다른 하나는 건주좌위(建州左衛) 지휘사로 봉해진 몽거테무르(Mönge Temür ; 猛哥帖木兒=猛特穆)였다. 그런데 세종 15년(1433) 몽거테무르가 야인여진에게 살해되자 명은 그의 동생 범찰(凡察)을 건주우위 지휘사로, 둘째아들 동산(董山=童倉)을 건주좌위 지휘사로, 아하추의 손자 이만주(李萬柱)를 건주위 지휘사에 봉함으로써 건주삼위(建州三衛)가 정립하게 되었다.[5] 이 건주여진은 이미 쟁기로 밭을 갈고 철제농기구를 사용하는 등 농경생활에 익숙해 있었다. 광해군 8년(1616) '후금(後金)'을 세운 아이신지로 누르하치(Aisingioro Nurhachj ; 愛新覺羅 努爾哈赤)는 바로 이 건주좌위 지휘사 동산(董山)의 5대 손이었다.

조선과 건주여진은 세조 13년(1467)과 성종 10년(1479)에 각각 건주위를 토벌한 이후 오랫동안 교섭이 없었다.[6]

---

5) 임계순, 2000, 『청사』, 신서원, 21~28쪽 ; 김두현, 1989, 「청조정권의 성립과 발전」 『강좌 중국사 Ⅳ』, 지식산업사, 143~158쪽 참조.
6) 서병국, 1990, 「조선전기의 대여진관계사」 『국사관논총』 14.

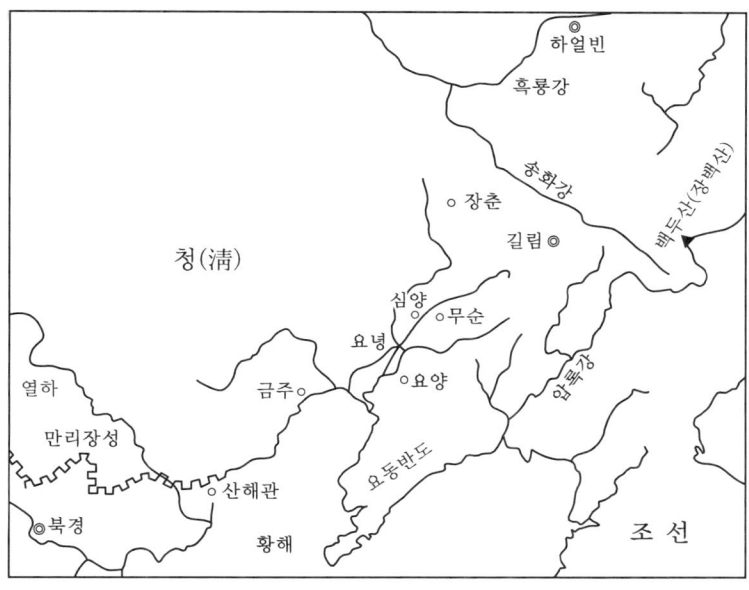

[그림 1] 여진족 거주지 지도

그러다가 선조 25년(1592)에 임진왜란이 일어나자 누르하치는 조선에 구원병을 보내겠다고 자청하는 등 조선과의 우호적인 관계를 모색하였다.[7] 또한 건주여진은 임진왜란을 피해 그들의 지역으로 피해 들어간 함경도 지방민을 쇄환하면서까지 조선과의 교섭을 재개하려고도 하였다. 조선은 명과의 관계를 고려하여 이들의 제의를 거절했으나,[8] 누르하치는 가능한 한 조선과 우호관계를 유지하고자 하였다.[9] 이는 누르하치가 여진 부족을 통일하는 과정에서 주변 국가와의 원만한 외교 관계를 유

7) 『선조실록』 권30, 선조 25년 9월 신미・갑술.
8) 『선조실록』 권62, 선조 28년 4월 병진.
9) 누르하치가 그의 부장 망자함(忙刺哈)을 보내 직첩(職帖)을 받고 싶다고도 했으며(『선조실록』 권142, 선조 34년 10월 정해), 종성(鍾城)을 지나면서 붙잡은 백성을 다시 돌려보내 주는 호의도 보였다(『선조실록』 권209, 선조 40년 3월 무자).

지하려 했기 때문이며, 동시에 조선을 그들의 생활 필수품 공급원으로 삼고자 했기 때문이다.10)

광해군 11년(1619) 누르하치는 무순(撫順) 부근 사르후(Sarhŭ ; 薩爾滸)에서 수 십만의 명나라 군대를 섬멸함으로써 요동의 통치권을 장악하였고, 인조 3년(1625)에는 허투알라(Hetu Ala ; 赫圖阿拉)에서 심양으로 천도하여 성경(盛京)이라고 개칭하였다. 그러나 누루하치는 이듬해인 인조 4년(1626) 영원성(寧遠城)을 공격하다가 원숭환(袁崇煥)의 강한 저항을 받았고 이 때 입은 중상으로 이듬해인 인조 5년(1627)에 죽었다. 그 뒤를 이어 홍타이지(Hong Tai-ji ; 皇太極 ; 淸太宗)가 등극하였다.

홍타이지는 줄곧 조선 정벌을 주장한 강경론자였다. 그는 부왕 누르하치가 조선과 타협 노선을 유지했던 것과는 달리 즉위 직후부터 무력으로 조선을 정벌하려는 입장을 견지하였다. 이는 즉위 과정에서 나타난 정치적 알력을 무마하고 권력을 집중시키기 위한 방편과도 연관되어 있었다. 즉 홍타이지의 등극으로 누르하치 시대에 세력의 균형을 이루었던 사대왕(四大王) 중 다이산(Daisan ; 代善)·아민(Amin ; 阿敏)·망굴타이(Manggultai ; 奔古爾泰)가 힘의 균형을 잃자 소외된 불평 세력들을 무마하는 수단으로 즉위 4개월만에 조선과의 전쟁을 택했던 것이다.

물론 정묘호란은 조선의 인조 정권이 국력을 헤아리지 않고, 반정의 명분인 숭명배청(崇明排淸)의 외교정책을 추진한 데에도 원인이 있었으며, 청나라의 경제적인 속사정도 작용하고 있었다. 즉 후금은 광해군 13년(1621)에 요동을 점령한 뒤부터 농경 중심의 생산체제를 갖추어 나갔고 이는 주로 한인(漢人) 포로들의 농업생산과 잉여노동을 바탕으로 유지되었다. 그러나 한인 포로들의 반란과 도망사건이 끊임없이 일어나 경제적인 안정을 위협하였는데, 이는 주로 조선의 가도(假島)에 주둔한 모문룡(毛文龍)의 사주를 받거나 그와 밀통하여 일어나고 있었다. 또한 정

---

10) 김종원, 1999,『근세동아시아 관계사연구』, 혜안 ; 최소자, 1997,『명청시대 중·한 관계사연구』, 이화여자대학교 출판부 참조.

묘호란을 전후하여 후금에서는 큰 기근이 발생하여 식량난에 시달리자 변경 개시를 통한 물자의 교역과 미곡을 구입하는 문제가 절실하였던 것이다.[11]

결국 정묘호란으로 두 나라는 형제 관계로 전환되지만, 춘신사(春信使)·추신사(秋信使)의 내왕과 세폐(歲幣) 및 개시(開市)의 문제, 피로인(被擄人)의 속환(贖還)·쇄환(刷還) 등 많은 문제를 남기고 서둘러 종결되었다. 이는 후금이 전쟁의 확대와 장기화를 바라지 않았고 조선도 화의를 모색하지 않을 수 없었기 때문이다.[12]

춘신사와 추신사의 내왕문제는 결국 후금의 예물에 대한 욕심에서 비롯된 것으로 조선과 후금 간에 갈등을 빚었으며, 결과적으로 조선에게는 엄청난 부담이 되었다. 그 물목은 각색 면주(綿紬) 6백 필, 저포(苧布)·마포(麻布) 각 6백 필, 각색 목면(木綿) 7천 필, 표피(豹皮) 50장, 수달피(水獺皮) 2백장, 청서피(靑黍皮) 1백 60장, 단목(丹木) 2백 근, 상화지(霜華紙) 5백 권, 백면지(白綿紙) 1천 권, 세룡석(細龍席) 1장, 각색 채화석(綵花席) 1백 장, 호초(胡椒) 10두, 호도(好刀) 8자루, 소도(小刀) 8자루, 황률(黃栗) 10두, 대조(大棗) 10두, 건시(乾柿) 50접, 전복(全鰒) 10접이었다.[13]

정묘호란 후 조선과 후금 사이의 또 다른 현안 문제는 피로인(被擄人) 속환·쇄환 문제와 함께 국경에 개시를 설치하는 문제였다. 홍타이지는 조선에 글을 보내 화친과 우호를 다지자고 하면서, "귀국의 백성이 우리나라로 도망해오면 우리가 즉시 조사해 돌려보내고 금인(金人)·한인(漢人) 및 포로로 잡혀온 조선인이 귀국으로 도망친 자가 있으면 귀국에서도 즉시 조사해 보내야 한다"고 하였다.[14] 후금은 정복사업의 팽창과 인

11) 김종원, 1978, 「정묘호란시의 후금의 출병동기 – 후금의 사회발전과정에서의 사회경제적 제문제와 관련하여 – 」『동양사학연구』 12·13합집 ; 김종원, 위의 책 참조.
12) 오수창, 1985, 「인조대 정치세력의 동향」『조선시대 정치사의 재조명』, 범조사.
13) 『인조실록』 권28, 인조 11년 3월 무신.

구증가로 인한 식량 수급과 재정 확보를 도망자의 쇄환과 조선포로에 대한 속환 및 개시를 통해 해결하고자 한 것이다.[15] 인조 6년(1628) 중강 개시는 이러한 상황에서 개설된 것이다.[16]

인조 14년(1636) 4월 홍타이지는 국호를 청(淸)으로 연호를 숭덕(崇德)으로 고치고 황제의 자리에 올랐다. 이후 홍타이지는 그 해 12월, 「정묘 강화조약」을 제대로 이행하지 않는다는 구실로 13만의 대군을 이끌고 조선을 침략하였다.[17] 청은 형제의 예를 군신의 예로 바꿀 것과 증폐(增幣)·차병(借兵)·조선(助船)을 요구하였다.[18]

청은 명을 정벌하기 이전에 해결해야 하였던 모문룡과 조선의 관계 및 피로인 쇄환 문제 그리고 정묘호란 이후 계속 갈등을 빚어온 개시문제를 해결하려 한 것이었다. 정묘호란 이후 후금은 막대한 세폐와 중강·회령 개시를 통해 물자난을 해결해 가고 있었다. 하지만 정기적으로 이루어진 개시에서는 후금 상인의 특권만을 일방적으로 보호하였으므로 조선은 불평등 거래를 회피하기 위해 개시를 규정대로 운영하려 하지 않았다. 더구나 후금은 규정 이상의 개시 운영과 세폐 증액을 요구하여 마찰이 거듭되었는데 이것이 병자호란의 원인으로 이어진 것이다.

병자호란으로 조선은 명과의 통교를 끊고, 명의 연호를 폐지하며, 명으로부터 받은 고명(誥命)과 책인(冊印)을 내놓았다. 그리고 명에 대해 시행했던 것처럼 성절(聖節)·정조(正朝)·동지(冬至)·중궁 천추(中宮千秋)·태자 천추(太子千秋) 및 경조(慶弔) 등에 사절을 보내게 되었다.

---

14) 『인조실록』 권16, 인조 5년 5월 을미.
15) 『인조실록』 권17, 인조 5년 8월 정미 ; 『인조실록』 권17, 인조 5년 8월 무신 ; 『인조실록』 권17, 인조 5년 8월 기유 ; 『인조실록』 권17, 인조 5년 10월 신유 ; 『인조실록』 권17, 인조 5년 11월 을축 참조.
16) 『인조실록』 권18, 인조 6년 정월 병인 ; 『인조실록』 권18, 인조 6년 정월 기사 ; 『인조실록』 권18, 인조 6년 정월 경오 ; 『인조실록』 권18, 인조 6년 정월 병자 참조.
17) 국방부전사편찬위원회, 1986, 『병자호란사』.
18) 『인조실록』 권28, 인조 11년 2월 계유.

조선과 명의 조공관계가 조선과 청과의 그것으로 전환된 것이다. 따라서 각 사절은 황제와 황태후·황후·황태자에게 바칠 방물을 마련해 가야 했고, 이는 세폐와 함께 조공무역의 일종으로 이해되어 왔다. 다음 <표 1>은 동지행에 따른 방물의 물목과 그 수량이다.

<표 1> 병자호란 후 동지행 방물 목록

품 목	단위	황제	황태후	황후	황태자	비 고
황세저포(黃細苧布)	필	10	0	0	0	
백세저포(白細苧布)	필	20	20	20	15	
흑마포(黑麻布)	필	40	0	0	0	황세면주(黃細綿紬) 20필로 대체
백세면주(白細綿紬)	필	20	10	10	10	
용문렴석(龍紋簾席)	장	2	0	0	0	
황화석(黃花席)	장	20	10	10	10	
만화석(滿花席)	장	20	10	10	10	
만화방석(滿花方席)	장	20	0	0	0	
잡채화석(雜彩花席)	장	20	10	10	10	
인삼(人蔘)	근	50	0	0	40	백면지(白綿紙)로 대체 황제 1300권, 황태자 500권
나전류함(螺鈿榴函)	사	0	1	1	0	
홍세저포(紅細苧布)	필	0	10	10	0	
자세면주(紫細綿紬)	필	0	20	20	0	
잡색마(雜色馬)	필	30			4	중지

자료 : 『통문관지』 권3, 사대 방물수목.

또한 조선은 청·명간의 전쟁시에는 보병(步兵)·기병(騎兵)·수군을 징발해 도와야 했으며, 명나라 사람의 도망자를 용납하지 말고 쇄환해야 하고 매년 세폐도 바쳐야 하였다.[19] 다음 <표 2>는 인조 15년(1637) 청이 요구한 세폐의 품목과 양을 정리한 것이다.[20]

---

19) 『인조실록』 권34, 인조 15년 1월 무진 참조.

<표 2> 인조 15년(1637) 세폐 정액

품 목	수 량	품 목	수 량
황금(黃金)	100냥	호초(胡椒)	10근
백은(白銀)	1,000냥	소목(蘇木)	200근
수우각궁면(水牛角弓面)	200부	호요도(好腰刀)	26파
호대지(好大紙)	1,000권	순도(順刀)	20파
호소지(好小紙)	1,500권	오조용문염석(五爪龍文簾席)	4장
표피(豹皮)	100장	잡채화석(雜彩花席)	40장
수달피(水獺皮)	400장	백저포(白苧布)	200필
녹피(鹿皮)	100장	각색면주(各色綿紬)	2,000필
청서피(靑黍皮)	300장	각색세목면(各色細木綿)	10,000필
차(茶)	1,000포	각색세마포(各色細麻布)	400필
미(米)	1,000포	마포(麻布)	1,400필

자료 : 『통문관지』 권3, 사대 방물수목

　한편 병자호란으로 조선을 완전히 굴복시킨 청은 북경으로 이동하기 위하여 변책(邊柵)을 쌓고 만주 지역을 무인화하는 정책을 취하였다. 인조 15년(1637) 청 태종은 서북으로는 하얼빈(哈爾濱) 남방에서 시작하여 장춘(長春)·평가(平街) 등지를 지나 길림(吉林)·봉천성(奉天省)과 동부 내몽고와의 변경을 따라 내려와 산해관(山海關)에서 장책(長柵)과 닿고 동북으로는 개원(開原)의 남방 길림성(吉林省)과 봉천성의 접경에서 장

20) 세폐는 이후 17세기와 18세기 초반을 통해 감액되기도 하고 다른 물품으로 대체 되기도 하였다. 영조 5년(1729) 이후 세폐 품목과 수량은 다음 표와 같다(『통문관지』 권3, 사대 방물수목).

품 목	수 량	품 목	수 량
호대지	2000권	각색주	400필
호소지	3000권	백저포	200필
백상목	1000필	오조용문석	2장
생상목	2000필	채화석	20장
녹 피	100장	호요도	10병
수달피	300장	점미	40석

책에 닿아 봉천성의 내부로, 다시 동남방으로 우회하여 통화(通化)와 흥경(興京)을 지나 압록강의 지류인 애하(靉河)를, 안동(安東)과 봉성(鳳城) 사이로 가로질러 안동대동구(安東大東溝)의 서쪽인 요동반도 앞바다에 이르는 곳까지의 변책을 설치하였다. 그리하여 봉황성 등의 변계(邊界)가 명나라 때보다 50리 가량 확장되었는데, 애양(靉陽)·성창(城廠)·흥경(興京)·왕청(旺淸)·영액(英額)·위원(威遠) 등에 여섯 변문(邊門)을 세우고 변외(邊外)는 국경 지대로 설정하였다.21) 봉황성의 책문은 그 뒤 청으로 가는 조선사신의 관문이자 청국과의 무역에 중요한 장소로 변모하였다.

　두 차례의 호란을 겪으면서 조선사회는 지배층과 피지배층을 가릴 것 없이 반청감정이 고조되었다. 그러나 호란을 직접 겪은 인조는 청의 압력과 내정간섭에 눌려 '숭명배청(崇明排淸)' 정책을 구체화시키지 못하였다. 인조의 뒤를 이은 효종은 이런 위축된 상황 속에서도 북벌정책을 추진하여 중앙군영의 개혁과 확대, 영장제의 실시, 노비 추쇄 사업 등을 추진하였다. 그러나 효종은 재위 10년 만에 집권 사대부들의 적극적인 호응을 얻지 못한 채 의문의 죽음을 당함으로써 북벌정책은 좌절되고 말았다.

2. 조선사행과 사행로 변경

　정묘호란과 병자호란 이후 조·청 간의 외교 관계는 정기사행과 임시 사행에 의해 양국의 현안 문제가 처리되는 안정된 조공체제를 이루었다. 그리고 그 과정에서 조선과 청 사이에는 중강·회령·경원의 변경 교역이 실시되고 있었지만 교역의 규모나 지속성 그리고 교역 상인의 참여

---

21) 김혜자, 1982, 「조선후기 북변월경문제 연구」『이대사원』 18·19.

와 국내 산업에 미친 영향은 보잘 것이 없었다. 역시 대청무역의 중심은 중국 본토와의 사행무역이었다.

조선에서는 명나라로 가는 사행을 조천행(朝天行)이라 했던 데 비해, 청나라로 가는 사행은 연행(燕行)이라 불렀다. 인조 22년(1644) 청나라가 북경으로 천도한 뒤, 북경 곧 연경(燕京)으로 가는 조선 사행은 크게 정기사행과 임시사행으로 구분되었다.

정기사행은 정례화된 삼절연공행(三節年貢行)과 황력재자행(皇曆賚咨行)이다. 삼절연공행은 동지행(冬至行)·정조행(正朝行)·성절행(聖節行)을 말하는데, 호란 직후 청나라가 요구하여 심양에 파견해 오던 것이었다. 동지행과 정조행은 각기 동지(冬至)와 정조(正朝)를 경축하기 위한 것이며, 성절행은 청 황제의 생일을 축하하기 위한 사행이었다. 한편 연공행(年貢行)은 세폐(歲幣)를 내는 사행인데 삼절행과 연공행을 통합한 것이 삼절연공행이다. 삼절행과 연공행이 통합된 것은 청나라가 북경으로 천도한 다음해인 인조 23년(1645)부터 였다.

[그림 2] 조천도[22]

정조·동지·연공행의 세 가지 사행을 본래의 일자에 구애받지 않고 정월 초하루에 맞추어 가도록 하고 여기에 성절사를 합쳐 가게 한 것이다.[23] 그러나 삼절연공행은 대부분의 역사서에 동지행으로 기록되어 있다.[24] 동지행은 매년 음력 11월에 출발하여 이듬해 4월에 귀국하였다.[25]

또 하나의 정기사행인 황력재자행은 중국의 책력(冊曆)을 받아오는 사행이었다. 병자호란 직후 조선은 정조행이 중국의 책력을 가져왔고, 인조 25년(1647)부터는 진응행(進鷹行)이 받아 왔었다. 그러나 현종 1년(1660) 사냥하는 새인 매를 바치던 응공제(鷹貢制)가 혁파된 뒤 황력재자행을 별도로 파견하게 되었다. 황력재자행은 약칭하여 역행(曆行)이라 하였고 매년 음력 8월에 출국하여 10월 북경에 도착해서 청의 시헌력(時憲曆)을 받아 왔다.[26]

임시사행으로는 다음과 같은 종류가 있었다. 사은행(謝恩行)은 청의 정책이나 외교적 처사에 대한 감사의 뜻을 표하기 위해 파견하였다. 진하행(進賀行)은 중국 황제의 등극이나 칠순절 같은 경사가 있을 때 보냈다. 진주행(陳奏行)과 주청행(奏請行)은 중국에 요청할 일이 있을 때 파견하였다. 진위행(陳慰行)과 진향행(進香行)은 중국 황실에 상고(喪故)가 있다는 연락이 왔을 때 보냈다. 변무행(辨誣行)은 청나라에 오해나 곡필(曲筆)이 있을 때 사실을 밝히려고 갔다. 문안행(問安行)은 청의 황제가 자기 선조의 무덤이 있는 성경(盛京) 등지로 거둥 했을 때 임시 거처로 문안차 파견했던 것이다. 참핵행(參覈行)은 특별한 범법 사실이 있을 경우 청나라가 지정한 장소로 사신을 특파한 것이다. 고부행(告訃行)은 조선의 왕이 죽었을 때에 그것을 알리기 위하여 중국에 보내던 사행이었다. 재자행(齎咨行)은 사건의 내용이 중요치 않은 경우, 정사와 부사를

---

22) 출전 : 조천도(朝天圖), 작자미상, 18세기, 지본담채, 국립중앙박물관소장.
23) 『통문관지』 권3, 사대 부경사행.
24) 『통문관지』 권3, 사대 부경사행 ; 『동문휘고』 보편 권7, 사행록.
25) 『통문관지』 권3, 사대 부경사행 ; 『동문휘고』 보편 권7, 사행록.
26) 『통문관지』 권3, 사대 재자행 ; 『동문휘고』 원편 권42, 역서.

파견하지 않고 역관 중에 인품과 재질을 갖춘 사람을 파견한 것인데, 특히 중국에 올리는 글을 가지고 가는 사행을 재주행(賫奏行)이라 하였다.[27] 그러나 임시사행은 사건의 비중과 파견시기에 따라 정기 사행편에 관계문서와 방물을 붙혀 보내는 겸행제(兼行制)를 적용하였고, 때로는 비중이 높은 임시사행편에 겸행하도록 하는 경우도 있었다. 이러한 사정은 아래 <표 3>에서도 잘 나타나 있다.

<표 3> 1637～1714년 시기별 본행(本行)·겸행(兼行) 회수

시기 / 사행	인조15~22 (1637~1644)		인조 23~숙종4 (1645~1678)		숙종5~40 (1679~1714)		총 계	
본행·겸행	본행	겸행	본행	겸행	본행	겸행	본행	겸행
동 지 행		8						8
성 절 행	2	6					2	6
정 조 행	8						8	
연 공 행	8						8	
삼절·연공행			34		36		70	
사 은 행	7	5	21	28	12	21	40	54
진 하 행	3	1	16	8	5	2	24	11
진 주 행	2	7		15	2	10	4	32
주 청 행	1			3	1	5	2	8
진 위 행	1		7		3		11	
진 향 행		1		6		2		9
고 부 행			3	1	3	1	6	2
문 안 행	4		1		2		7	
응 련 행			10				10	
호 행 행			1				1	
참 핵 행					2		2	
재 자 행	24		25		29		78	
재 주 행	1		3		2		6	
역 행			18		36		54	
시기별 총계	61	28	139	61	133	41	333	130
연평균사행회수	7.6	2.8	4.1	1.8	3.7	1.1	4.2	1.7

자료 : 『동문휘고』 보편 권7, 사행

---

27) 『통문관지』 권3, 사대 부경사행.

<표 3>에서와 같이 본행과 겸행의 횟수는 모두 합쳐 463회에 달한다. 병자호란 후 인조 22년(1644)까지 8년간 심양을 왕래한 조선사행의 회수는 61차로 연평균 7.6회에 달하였다. 그러나 청이 북경에 천도하면서 삼절행을 연공행에 합침으로써 인조 23년(1645)부터 숙종 4년(1678)까지 우가장(牛家庄)을 경유하여 연경을 내왕했던 34년 간에는 총139회, 연평균 4.1회로 줄었다. 그리고 다시 부연사행의 우가장 통과가 금지되고 심양의 성경부 경유가 시작된 숙종 5년(1679)부터 동왕 40년(1714)까지의 36년 간에는 사행회수가 총 133회 연평균 3.7회로 줄었지만, 이 시기에는 사은·진하·응진행 등의 임시사행이 줄어든 대신 정기사행이던 역행의 회수가 상대적으로 늘어나고 있다.28)

정기 또는 임시사행은 삼사 등 정관(正官)과 마부(馬夫), 노자(奴子) 등으로 구성되었다. 부연사행의 정관 수는 사행 업무의 비중에 따라 다음 <표 4>와 같이 큰 차이가 있었다.

병자호란 직후 조청 양국 정부는 삼사를 갖춘 사행의 경우 정식 관원 수를 30명으로 제한하였다. 그러나 부연사행의 정관 인원수는 증가해 갔고, 이 때문에 청은 정관의 인원을 제한하도록 요구하고 있었다. 따라서 정부는 현종 9년(1668)에 이르러 삼사와 역관 및 만상군관(灣上軍官)을 합쳐 30명으로 제한했고 화원(畵員)을 삭감했으며 사신으로 하여금 정관의 성명을 일일이 기록 보고하게 하여 국왕의 재가를 받도록 규정하였던 것이다.29)

이러한 정관 인원의 제한조치에도 불구하고 정관의 숫자는 점차 증가하여 <표 4>와 같이 동지행의 정관수는 35명이었고, 사은·주청·진하·변무·진위·진향행의 정관은 34명으로 동지행보다 한 명이 적었다. 그 밖의 고부행은 20명, 문안행은 15~17명, 참핵행은 10~20명으로 정관수가 절반 가까이 적었다. 또한 임시사행으로서의 약사(略使)인 재

---

28) 사행로의 변화에 대해서는 뒤에 언급한다.
29) 『등록유초』 현종 9년 3월 7일.

자·재주행과 정기사행인 역행은 정관이 2명에 불과하다.

<표 4> 사행에 따른 정관(正官) 인원수

사행\원역	정사	부사	서장관	당상관	별계청	상통사	소통사	질문종사관	압물종사관	가정압물관	압폐종사관	압미종사관	청학신체아	우어별차	별견어의	사자관	의원	화원	군관	만상군관	계
동지행	1	1	1	2		2	1	8			3	2	1	1		1	1	1	7	2	35
사은행	1	1	1	1	1	2	1	8	2				1	1	2	1	1		8	2	34
주청행	1	1	1	1	1	2	1	8	2				1	1	2	1	1		8	2	34
진하행	1	1	1	1	1	2	1	8	2				1	1	2	1	1		8	2	34
변무행	1	1	1	1	1	2	1	8	2				1	1	2	1	1		8	2	34
진위·진향행	1	1	1	1	1	2	1	8	2				1	1	2	1	1		8	2	34
고부행	1		1	1		2	1	4						1	1	1	1		4	2	20
문안행	1		1	1~2				3~4							1				5	2	15~17
참핵행	1			2~3				2~3									1		2	2	10~12
재자행				1			1														2
재주행				1			1														2
역행				1			1														2

자료 :『통문관지』권3, 사대 부경사행

그러나 부연사행은 <표 3>에서와 같이 삼사를 갖춘 동지·사은·진하·진위행과 약사인 재자행과 역행이 대부분을 차지하였고, 고부·문안·참핵행은 모두 합쳐 15차례에 불과하기 때문에 동지행과 역행이 부연사행의 핵심을 이루었음을 알 수 있다. 동지행은 정관(正官)과 마부·노자 등 인원만도 220여 명에 말 또한 200여 필이고, 우가장 또는 심양에서 회환하는 쇄마(刷馬)도 250여 필에 달하였다.[30] 약사(略使)는 재자관·소통사와 마두(馬頭) 2명·노자 2명·구인(驅人) 9명 등 15명과 역마(驛馬) 2필, 쇄마 6필에 불과하였다.[31] 사행에 참여하는 정관의 인원이 많을수록 사행의 규모가 컸던 것은 사실이다. 그러나 사행인원에 비례하여 무역의 규모가 반드시 줄어든 것은 아니었다.

조선과 청의 사행로(使行路)는 시기에 따라 다음과 같이 바뀌었다.

첫째는 인조 15년(1637)부터 인조 22년(1644) 청 세조가 북경으로 들어가기 전까지의 기간이다. 이 시기의 조선 사행은 의주로부터 540리 길인 당시 청의 수도 심양을 오고 갔다.

둘째는 인조 23년(1645)부터 현종 5년(1664)까지의 기간으로, 조선사행은 압록강(鴨綠江) - 책문(柵門) - 봉황성(鳳凰城) - 요양(遼陽) - 우가장(牛家庄) - 광령(廣寧) - 영원위(寧遠衛) - 산해관(山海關)을 거쳐 북경(北京)으로 들어갔다.

셋째는 현종 6년(1665)부터 숙종 4년(1678)까지의 기간이다. 청이 심양에 성경부를 설치한 뒤, 조선사행은 요양으로부터 길을 바꾸어 성경(盛京)을 거쳐 우가장 - 광령 - 영원위 - 산해관 - 북경으로 들어갔다.

넷째는 숙종 5년(1679) 이후이다. 청이 국방상 문제로 우가장에 보를 설치하고 그 통로를 차단하자, 조선 사행은 다시 길을 바꾸어 성경에서 변성(邊城) - 거류하(巨流河) - 백기보(白旗堡) - 이도정(二道井) - 소흑산(小黑山) - 광령 - 영원위 - 산해관 - 북경으로 들어갔다.[32]

이후 사행길은 조선이 개항할 때까지 변화하지 않았다. 사행길을 대청무역과 관련하여 주요 구간별로 나누어 살펴보면 다음과 같다.

우선 압록강 - 진강성(鎭江城)[33] - 탕참(湯站) - 책문까지의 110리에

30) 『통문관지』 권3, 사대 도강장.
31) 『통문관지』 권3, 사대 재자행.
32) 김성칠, 1962, 「연행소고 - 조중교섭사의 일착 - 」 『역사학보』 12, 15~19쪽 ; 유승주, 1970, 「조선후기 대청무역의 전개과정 - 17·8세기 부연역관의 무역활동을 중심으로 - 」 『백산학보』 8, 373~374쪽 참조.
33) 본래는 구련성(九連城)이다. 각종 연행록에서도 흔히 구련성으로 부른다. 선

달하는 길이다. 책문은 사행이 청으로 들어갈 때 북경에서 돌아올 때 무
역이 활발히 일어난 지역이었다.

　　다음은 봉황성 – 진동보(鎭東堡)[34] – 진이보(鎭夷堡)[35] – 연산관(連山
關)[36] – 첨수참(甛水站) – 요동(遼東) – 십리보(十里堡) – 성경까지 540여
리의 길이다. 조선사행은 성경에서 예물 및 표문(表文)을 내는 등 외교적
의례를 가졌고, 이를 위해 들어간 조선측 관리와 상인에 의해 무역이 이
루어졌다.

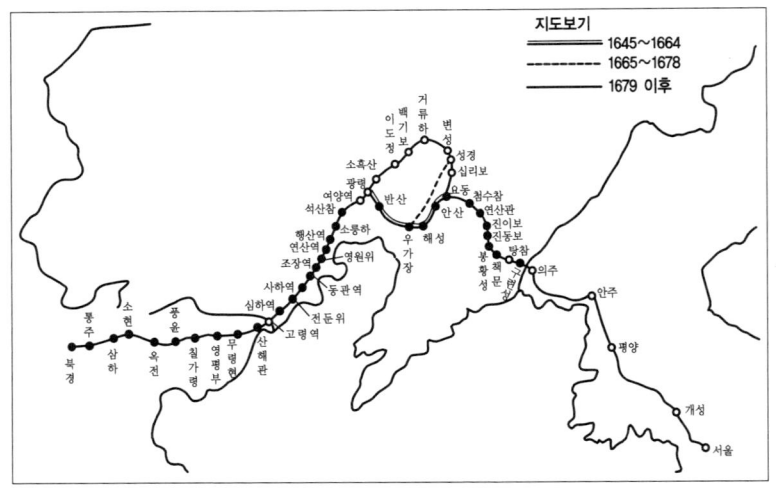

[그림 3] 조선사행의 조공길[37]

　　조 29년(1596) 진강유격부(鎭江遊擊府)라 고쳐 불렀다. 『통문관지』 권3, 사대
　　「중원진공노정」
34) 설류참(薛劉站)이라고도 하며 우리나라 사람들은 송참(松站)이라고도 부른다.
　　『통문관지』 권3, 사대 「중원진공노정」.
35) 통원보(通遠堡)라고도 부른다. 『통문관지』 권3, 사대 「중원진공로정」.
36) 아골관(鴉鶻關)이라고도 부른다. 『통문관지』 권3, 사대 「중원진공노정」.
37) ※ 시기별 조공길
　　①1645~1664 : 서울→개성(開城)→안주(安州)→의주(義州)→구련성(九連城)
　　　　→탕참(湯站)→책문(柵門)→봉황성(鳳凰城)→진동보(鎭東堡)→진이보(鎭

다음은 성경 - 변성 - 거류하38) - 백기보 - 이도정 - 소흑산 - 광령 - 여양역(閭陽驛) - 석산참(石山站)39) - 소릉하(小凌河) - 행산역(杏山驛) - 연산역(連山驛) - 영원위 - 조장역(曹庄驛) - 동관역(東關驛) - 사하역(沙河驛) - 전둔위(前屯衛) - 고령역(高嶺驛) - 산해관까지의 길이다. 조선 후기 모자(帽子) 생산지로 유명한 중후소(中後所)가 동관역에서 18리 떨어진 곳에 있었다. 중후소에는 모자를 제작하는 모자창(帽子廠)이 있어, 조선 사행은 연경으로 들어갈 때 모자를 주문하고, 돌아오는 길에 모자를 사 가지고 돌아갔다.40)

다음은 산해관 - 심하역(深河驛) - 무령현(撫寧縣) - 영평부(永平府) - 칠가령(七家嶺) - 풍윤현(豊潤縣) - 옥전현(玉田縣) - 소주(蘇州) - 삼하현(三河縣) - 통주(通州) - 연경(燕京)까지의 길이다.41) 심양에서 북경까지는 1,509리였다.

사행은 의주에서 사행인원과 말의 숫자를 기록한 도강장(渡江狀)을 조선 정부에 보고한 뒤 압록강을 건너 책문으로 향해 갔다. 사행일행은

夷堡)→연산관(連山關)→첨수참(恬水站)→요동(遼東)→안산→해성→우가장→반산→광령(廣寧)→여양역(閭陽驛)→석산참(石山站)→소릉하(小凌河)→행산역(杏山驛)→연산역(連山驛)→영원위(寧遠衛)→조장역(曹庄驛)→동관역(東關驛)→사하역(沙河驛)→전둔위(前屯衛)→고령역(高嶺驛)→산해관(山海關)→심하역(深河驛)→무령현(撫寧縣)→영평부(永平府)→칠가령(七家嶺)→풍윤현(豊潤縣)→옥전현(玉田縣)→소주(蘇州)→삼하현(三河縣)→통주(通州)→북경(北京)

②1665~1676(서울에서 요동까지는 ①과 동일) : 요동(遼東)→십리보(十里堡)→성경(盛京)→우가장→반산→광령(廣寧)→(이하 1과 동일)

③1679 이후(서울에서 요동까지는 ①과 동일) : 요동(遼東)→십리보(十里堡)→성경(盛京)→변성(邊城)→거류하(巨流河)→백기보(白旗堡)→이도정(二道井)→⑳소흑산(小黑山)→광령(廣寧)→(이하 1과 동일)

38) 주류하(周流河)라고 부른다.『통문관지』권3, 사대「중원진공노정」.
39) 십삼산(十三山)이라고도 부른다.『통문관지』권3, 사대「중원진공노정」.
40)『계산기정』권5, 부록 의복 및『연원직지』권2, 출강록 모창기 참조.
41) 이상 사행로에 대해서는『통문관지』권3, 사대 중원진공노정의 기록에 따랐다.

역관을 시켜 책문으로 들어가기 하루 전에 사행 목적과 정관(正官)의 명단 및 사행인원과 말의 수효를 기록한 입책보단(入柵報單)을 책문을 지키는 수문장에게 주어 봉황성장(鳳凰城將)에게 전달하였다. 그러면 다음날 봉황성장이 책문 밖에 나와 영접하고, 입책보단에 실린 사람과 말의 수를 점검한 뒤 들여보냈다.

책문으로부터는 청나라의 영송관(迎送官) 1명과 아역(衙譯) 1명이 사행을 북경까지 호송하는데 한편으로는 복병장(伏兵將) 1명이 갑군(甲軍)을 거느리고 호위하고 가서 요동에서 교체하여 심양에 도착했다. 이런 절차는 광령, 금주위(錦州衛), 산해관에서도 같았다.

사행이 심양에 도착하면 성밖에서 정사 부사는 가마에서 내려서 가마 위의 덮개를 제거하고 말에 올라 숙소로 들어가 여장을 풀었다. 이튿날 해당 종사관(從事官)을 시켜 청나라 예부의 자문에 수록된 물품의 품목 수에 맞춰 폐물을 심양의 호부(戶部)에 분납하고, 세폐와 방물은 청의 압차장경(押車章京)이 맡아 북경으로 운반하였다.

[그림 4] 봉황성 터

심양에서 청의 압차장경에게 교부한 세폐와 방물은 수레에 실어 북경까지 운송되는데, 도중에 혹 수레가 엎어져 상하거나 물에 젖으면 그 책임이 그들에게 있었기 때문에 정성껏 운반하였다.

북경에 도착한 사행은 주로 회동관(會同館)에 머물면서, 표문과 자문을 청나라 예부에 제출하는 의식인 표자문정납(表咨文呈納), 정사 이하 모든 정관이 홍려시(鴻臚寺)의 패각(牌閣)[42] 앞에서 3궤 9고두를 연습하는 홍려시연의(鴻臚寺演儀), 사행 정관이 청의 황제를 알현하는 조참(朝參), 방물과 세폐를 바치는 방물세폐정납(方物歲幣呈納), 숙소인 회동관에서 열리는 하마연(下馬宴), 청나라가 조선의 왕과 삼사신 및 원역에게 주는 회송예물(回送禮物)을 받는 영상(領賞), 떠나는 사신일행을 위해 마련하는 상마연(上馬宴) 등 각종의 의식을 치루었다.

그 동안 회동관 뜰에서는 이른바 회동관개시가 실현되었다. 이 회동관 개시이후 사행은 청의 황제에게 떠나기에 앞서 사조(辭朝)하는 예식을 거행한 다음 귀국길에 올랐다. 사행이 북경에 머무는 기간은 명나라 때에는 40일이었던데 비해 청나라 때에는 정해진 기한이 없었다.

그런데 회동관 개시는 상마연이 끝난 뒤, 청나라 예부에서 관원이 상품의 불공정 거래자와 잠매자 및 거래 금지품목의 매매자에 대한 처벌규정을 회동관의 벽에 고시(告示)한 뒤 시작되었다. 고시 후 북경의 각 점포상인들이 화물을 싣고 회동관에 들어오면 예부가 파견한 감시관의 감독 아래 조선 역관 및 상인과의 무역이 이루어졌다. 귀국 길에 오를 때는 반드시 사신 일행이 무역한 물품의 포수(包數)를 기록하여 청나라 아문(衙門)에 제출하고 아문에서는 그 수를 점검한 뒤 북경을 떠나게 하며, 그것을 예부에 보고하여 산해관과 봉황성에 통보함으로써 사행의 귀환 길에 이루어지는 무역을 통제하고 있었다.

청나라 예부에 소속된 통관(通官)들은 호란 중에 포로가 된 조선인 역

---

42) 『통문관지』 권3, 사대 홍려시연의. '당금황제(當今皇帝) 만세 만세 만만세(萬歲萬歲萬萬歲)'라고 쓴 위패가 봉안된 누각이었다.

관들로서 대통관(大通官)이 6명, 차통관(次通官)이 8명이었다. 이들 중 차통관 2명은 부연사행을 봉황성에서부터 북경까지 호위하여 갔고, 북경에서의 각종 사행 업무나 회동관 무역에도 참여하여 사행원역이나 상고들의 무역을 주선하였다.

Ⅱ. 역관 주도하의 청·일간 중개무역

1. 역관제도와 사행역관

17세기 대청무역에 참여하여 청·일간의 중개무역을 주도한 것은 역관이었다. 역관의 본래 임무는 사행 중 통역과 행중사(行中事)를 처리하는 일이었다. 그러나 역관은 언어가 소통되는 점과 사행 중 그들이 차지하는 지위, 조선정부의 역관제도 및 정책이 지닌 한계와 허점을 이용하여 무역상인으로 변모해 갔다.

역관들이 소속된 아문은 사역원(司譯院)이었다. 조선시대 사역원이 설치된 것은 태조 2년(1393) 9월이었고 한학(漢學)·몽학(蒙學)·왜학(倭學)·청학(淸學) 등 4학이 완비된 것은 세종대였다.[43] 그런데 조선후기의 사역원 소속 역관 수는 총 6백여 명에 달하고 있었다.[44] 이 6백여 명의 역관들 중 사신(使臣)을 수행하는 역관과 서울과 지방의 관청에서 필요한 실제 인원은 70여명에 불과하였다. 따라서 사역원에 등록된 역관은 그 실제 수요에 비하여 거의 10배에 달하는 인원이었다.

---

43) 강신항, 1966, 「이조시대의 역관정책에 관한 고찰-사역원 승문원 설치를 중심으로 하여-」『대동문화연구』2, 15~25쪽.
44)『통문관지』서문.

이처럼 역관 인원이 과잉 공급된 원인은 우선 역과(譯科) 제도가 불완전한데 있었다. 곧 역관의 과거인 역과도 문·무과 및 다른 잡과와 더불어 3년마다 한번씩 정기적으로 실시되어 이를 대비과(大比科)라고 하였다.45) 이 대비과의 복시(覆試)에서 최종적으로 선발되는 인원수는 한학 13경, 몽학 2명, 왜학 2명, 청학 2명으로 모두 19명이었다.46) 이는 곧 3년마다 19명의 역관이 배출되었다는 것을 말하는데, 한 세대를 30년으로 잡아 단순히 계산해도 그 수는 무려 190명에 이른다. 그런데 이 대비과 이외에도 국가의 경사가 있을 때마다 증광시(增廣試)·대증광시(大增廣試)라 하여 다른 문·무·잡과와 함께 수시로 역과가 치루어졌다. 이로 인하여 역관의 수는 시대가 내려갈수록 더욱 누적될 수 밖에 없었다.47)

그러나 조선정부의 관직체계상 역관들이 담당할 실직(實職)의 자리 숫자는 한정되어 있었으며, 또한 역관들 개개인에게 정직(正職)의 녹봉을 지급할 만한 재정적인 능력도 없었다. 하지만 일종의 기술직인 역과 합격자들을 언제까지나 방치해 둔다는 것은 역과의 유명무실화와 더불어 역관의 전업을 자초하는 결과를 낳게 될 것이었다. 그렇다면 국가가 장차 사대교린(事大交隣) 정책을 수행함에 있어 커다란 난관에 봉착할 수 밖에 없었다. 국가가 역관에게 적용한 체아직 제도(遞兒職制度)는 이러한 모순과 결함을 해결하기 위해 마련한 방안이었다.

역관제도에서 살펴본 체아직 제도의 특징을 종합해 보면 대개 다음과 같았다. 첫째, 실직을 제수한 것이 아니라 임시직의 직책명을 부여한데 불과하였고, 둘째 수직기간(受職期間)을 3~6개월 이내로 제한하여 수

---

45) 『경국대전』 권3, 예전 제과 ; 『속대전』 권3 예전 제과.
46) 『속대전』 권3, 예전 제과.
47) 연산군 4년(1498)부터 고종31년까지 잡과 실시 횟수는 177회이며, 역과로 선발된 인원은 2,976명에 이른다. 본 장의 대상시기인 선조 33년(1600)부터 숙종 28년(1702)까지 실시된 잡과의 실시횟수와 선발인원을 살피면 56회에 743명이 입격 하였다(이남희, 1999, 『조선후기 잡과중인연구 – 잡과 입격자와 그들의 가계분석』, 이회문화사, 34~38쪽).

직자(受職者)를 자주 교체시킴으로써 많은 인원에게 수직의 기회를 줄수 있게 하였으며, 셋째는 비록 정 3품 관직을 받았더라도 참하관의 녹봉을 받게 하는 등 관품에 상응하는 정관(正官)의 녹봉을 지급하지 않음으로써 국가의 재정적인 부담을 절감시킨다는 데에 있었다.

　사역원 소속 역관들에 주어진 체아직으로서는 우선 녹관체아직(祿官遞兒職)과 위직체아직(衛職遞兒職)이 있었다. 녹관 체아직이란 사역원의 원정(院正) 이하 참봉(參奉)에 이르는 체아직이고, 위직체아직은 사역원에 할부(割付)된 서반체아직(西班職遞兒)인 군함체아(軍啣遞兒)로서 대호군(大護軍) 이하 사용(司勇)에 이르는 여러 체아직을 말한다.

　녹관체아직은 매년 두 차례의 도목(都目) 때에 예조에서 취재(取才)하여 교체하였던 체아직이었다. 조선초기의 녹관체아로서는 사역원의 정(正) 1명[정3품], 부정(副正) 1명[종3품], 첨정(僉正) 1명[종4품], 판관(判官) 2명[종5품], 주부(主簿) 1명[종6품], 직장(直長) 2명[종7품], 봉사(奉事) 3명[종8품], 부봉사(副奉事) 2명[정9품], 참봉(參奉) 2명[종9품], 모두 15명이 있었으나, 선조 36년(1603)에 부정 1·판관 1·직장 1·봉사 1명이 삭감되어 후기에는 11 자리만이 존속하고 있었다.[48]

　군함체아직은 매년 3월·6월·9월·12월 네 차례에 걸쳐 도제조(都提調)·제조(提調)·겸교수(兼敎授)·훈상당상(訓上堂上)이 사역원에 같이 모여, 한학관(漢學官)·상통사(上通事)·몽학별체아(蒙學別遞兒)·원체아(元遞兒)·왜학교회(倭學敎誨)·연소총민(年少聰敏)·청학상통사 (淸學上通事)·피선별체아(被選別遞兒)·신체아(新遞兒) 중에서 시험을 보아 뽑았다. 조선초기의 군함체아직의 정원은 대호군(大護軍) 1명·사직(司直) 3명·사과(司果) 4명·사정(司正) 3명·사맹(司猛) 11명·사용(司勇) 28명 모두 50명이었다.

　그러나 왜란과 호란을 전후하여 대폭 삭감되고 숙종 말년 경에는 사

---

48)『통문관지』권1, 연혁 관제.

직 4명·사과 1명·사정 2명·사맹 8명·사용 17명 모두 32자리만이 남아 있었다. 그런데 이 군함 체아직은 사학(四學)의 각 당상역관(堂上譯官)이 받게 되어 있었다. 그리고 한학교회에게도 우선적으로 주어졌다. 그러므로 능력을 시험하여 체아직을 받는 사람은 소수에 불과하였다.[49]

이처럼 체아직 자리는 조선 초에 비해 대폭 감소하여, 녹관 11자리와 군함 32자리로 모두 합하여 43자리에 불과하였다. 그런데 녹관직은 6개월만에 교체되었고 군함직은 3개월마다 교체되는 단명의 직책이었다. 따라서 체아직의 사회경제적 위치도 좋을리 없었다. 다음은 체아직 중 우대되었던 녹관 원정(院正;정3품)에 대한 당시의 사회적 경제적 처우를 알 수 있는 자료이다.

지금의 사역원은 여러 감(監)들과 나란히 3품 아문으로 되어 있으니, 역관은 실로 그 녹봉을 후하게 주어 장려하고 대우해야 한다. 그러나 관사(官司)의 높고 낮음은 스스로 그에 맞는 규칙이 있으므로 억지로 높이거나 낮출 수 없다. 오늘날 역관은 명색이 비록 사역원의 원정이라 하더라도 정해진 녹봉이 없고<체아(遞兒)로서 녹봉을 받기 때문에 참하등(參下等)을 받는 것이 예이다> 맡은 직책이 없어서, 관원으로서 대접하지 않는다. 뿐만 아니라 귀하고 중요하게 여기는 마음이 조금도 없다. 대체 국가가 관직을 둔 뜻이 어찌하여 실속 없는 명색으로 끝내려는 것이겠는가.

이제 재주를 가려 뽑아 임명하고 실직을 맡겼으면 원정은 곧 3품 정관(正官)인 것이다. 비록 원정일지라도 부연(赴燕)하는 경우가 없지 않은데 3품 정관임에도 불구하고 4품이나 5품인 서장관(書狀官)을 앞질러 가면 관기(官紀)를 문란 시킨다고 하여 앞질러 가지 못하게 하니 역시 일의 도리상 어그러지는 일이다. 관제(官制)의 그릇됨을 여기에서 볼 수 있다. 차라리 5품 아문으로 삼는 것만 같지 못하니 이러는 것이 일의 이치에 오히려 들어맞는다.

역관의 개인적인 생각이나 계획을 두고 말하더라도 그 관질(官秩)만 헛되이 높고 실제로는 천인(賤人)으로 품록(品祿)도 없다. 그 관품(官品)을 약간 낮추더라도 실제 정관이 되고 사실상의 녹봉을 받아 누리는 것

---

49) 『통문관지』 권1, 연혁 관제.

과 같겠는가. 이른바 녹봉을 우대하여 권장한다는 것은 후자에 있는 것
이지 전자에 있는 것이 아니다.[50]

당시 역관 체아직은 그 임기가 짧았다는 점에서 뿐만 아니라 사회적
경제적인 대우 역시 실직정관(實職正官)과는 거리가 멀었던 것이다. 그
렇다고 하여 역관들에게는 체아직만이 주어진 것은 아니었다. 그 중 역
관의 극소수 인원에게는 실직정관이 제수되고 있었다.

사역원 내의 교수(敎授)·훈도(訓導)와 지방의 역학훈도·별차(別差)·
역학겸군관(譯學兼軍官)이 그것이었다. 사역원내의 교수[종6품] 정원은
4명이며, 훈도[정9품] 정원은 10명이었다. 이들이 사역원에서 맡은 책무
는 서울의 역학생도(譯學生徒)들을 가르치는 것이었다. 이 교수와 훈도
의 임기는 각기 30개월이었다.[51] 이 경관직(京官職) 이외에 지방관직으
로서 실직을 받았던 역관은 '이름은 원적(原籍)에 있으면서 지방에 나누
어 임명하는데, 임기가 다되어 교체된 후에는 돌아와서 사역원에 출사한
다.'[52] 하여 임기가 완료되는 대로 사역원에 환임(還任)한다고 하였다.
그러나 이들 역학훈도·별차·역학겸군관은 시대에 따라 부임지와 숫
자에 있어서 변동이 많았다.『통문관지』에서 병자호란 이후에 존속되고
있었던 정원수를 적어보면 <표 5>와 같다.

곧 역학훈도 6명, 별차 1명, 역학겸군관 12명으로서 외직(外職)은 모두
19자리였다.[53] 이들의 직무는 지역에 따라 각각 달랐다. 황주·평양·
의주의 역학훈도는 청나라 칙사 접대와 역학(譯學)의 과거를 관장하였
고, 안주·해주 등지의 역학훈도는 청사의 접대와 표류해온 선박의 내
막을 알아내기 위하여 파견하였다. 부산의 역학훈도와 별차는 왜관의 왜
인에 대한 접대, 개시의 접제(接濟), 역생(譯生)의 교육을 담당하였다. 한

---

50)『반계수록』권15, 직관지제(상) 경관직 사역원.
51) 영조 28년(1752) 교수는 45개월로 연장되었다(『통문관지』권1, 연혁 관제).
52)『통문관지』권1, 연혁 외임.
53)『통문관지』권1, 연혁 관제.

편 역학겸군관으로서 파견되었던 역관의 직무는 역학생도의 교육과 청
나라 관원을 접대하는 일이었으며, 전라좌·우수영이나 충청수영·통
영·제주 등지의 역학겸군관은 표류선박의 사정을 파악하기 위해 파견
하고 있었다.[54]

<표 5> 병자호란 이후 외직(外職) 역관

외임직(外任職)	파견지	비고
역학훈도(譯學訓導)	황주(黃州) 1명	6명
	평양(平壤) 1명	
	의주(義州) 1명	
	부산(釜山) 1명	
	강계(江界) 1명	
	함경감영(咸鏡監營) 1명	
별차(別差)	부산(釜山)	1명
역학겸군관(譯學兼軍官)	함경감영(咸鏡監營) 1명	12명
	의주(義州) 1명	
	초산(楚山) 1명	
	만포(滿浦) 1명	
	전라좌수영(全羅左水營) 1명	
	전라우수영(全羅水營) 1명	
	충청수영(忠淸水營) 1명	
	황해수영(黃海水營) 1명	
	통영(統營) 2명	
	제주(濟州) 2명	

자료 : 『통문관지』 권1 연혁 외임

　이들을 외직에 나눠 임명하는 규정은 『경국대전』에는 '취재(取才)하
여 차례에 해당하는 자를 보낸다'[55]는 것을 원칙으로 규정하고 있었다.
그러나 제대로 시행되지 못하였고 그 지역의 역무(譯務)에 적합한 역관

---

54) 『통문관지』 권1, 연혁 외임.
55) 『경국대전』 권1, 이전 사역원.

을 파견해 왔다. 하지만 임지의 원근과 직책의 성격에 따라 부임을 회피하거나 반면에 원하는 사람이 있기도 하여, 각기 나눠서 임명하는 분차(分差)의 폐단이 많았다. 그 때문에 숙종 6년(1680)부터는 의주·통영·제주 등 변방 원격지의 훈도나 겸군관은 5등제로 순번을 정하여 뽑아 보내게 되었고, 부산의 훈도·별차는 서차(序次)에 따라 임명토록 하였다. 이들의 임기는 대개 역학훈도는 30개월, 별차와 역학겸군관은 1년으로 정해져 있었다. 그러나 숙종 33년(1707) 제주는 2년으로, 함경감영은 30개월로 하는 등 지역에 따라 다소간 차이를 두게 되었다.[56]

외직에 임명되는 역관들 가운데 특히 부산의 훈도·별차는 왜관 개시를 주관하였으므로 경제적 사정이 다른 곳보다 훨씬 나았다. 다른 변방 지역에 파견되던 역학훈도나 역학겸군관은 연해(沿海)에 파견되어 단순히 표류 선박의 사정을 묻는 일이거나 외인(外人)의 접대만을 담당했기 때문에 처지가 아주 열악하였다.

결국 17·18세기 역관이 임용될 수 있는 실직은 경관직 14자리와 외관직 19자리, 체아직 녹관 11자리와 위직 32자리로 총 76자리에 불과하였다. 이것으로 당시 6백여 명에 이르는 역관의 사회적인 위치와 경제적 여건을 보장할 수는 없었다. 더구나 역관 체아직은 역과 출신자의 이산(離散)과 불만을 막기 위한 기미정책(羈縻政策)의 성격을 지니고 있었다.

따라서 역관은 그들 직책 수행에 따른 보상을 다른 데서 구해야 했는데, 그것은 부연사행을 수행하여 북경으로 가는 것이었다. "역관이 학업을 닦아 희망하는 바는 오직 연경에 가려는 데. 있다"[57]는 말이나 "역관들이 일생동안 학업에 힘쓰고 고생하여 하고자 하는 바는 오직 연경에 가려는 것이다"[58] 라고 한 것은 이러한 상황을 여실히 표현한 내용이다. 역관의 처우에 대한 제도적 장치의 미비에도 불구하고, 그들이 역관직을

---

56) 『통문관지』 권1, 연혁 외임.
57) 『역관상언등록』 순치13, (효종 7년) 10월 17일.
58) 『역관상언등록』 순치 18년(현종 3년) 8월 21일.

얻으려 한 것은 부연의 기회가 있었기 때문이며, 이는 반대로 조선정부에게는 수많은 역관을 묶어 둘 수 있는 좋은 미끼가 되었던 것이다.

조선후기 정부는 한학·몽학·왜학·청학 등 사학(四學) 역관의 대부분을 부연역관의 대기자로 삼고 있었다. 이들 중에서 사행 때마다 부연할 사람을 가려 뽑았는데, 여기에 뽑힌 것을 등제(等第)라고 하였다.[59] 등제한 역관이 곧 '부연체아(赴燕遞兒)'였던 것이다. 부연역관은 사행 중 압물(押物)·압미(押米)·압폐종사관(押幣從事官) 등의 직책을 맡았는데 이것이 곧 체아직의 직명이며, 서울을 출발하여 북경을 다녀오는 수개월의 기간이 곧 이들 부연체아직의 임기에 해당하였던 것이다.

부연체아직이 임시직이었고 또 역관을 묶어두는 제도적 장치였으므로, 부연체아 역관의 자격도 한어(漢語)나 청어(淸語) 역관에 국한되어 있지 않았으며, 몽어(蒙語) 또는 왜어(倭語) 역관에게도 기회가 주어졌다. 여기 부연체아직의 후보자 정원 및 4학에 할당된 부연체아직의 자리 수를 매행(每行)·절행(節行)·별행(別行)·황력재자행(皇曆賚咨行)으로 구분하여 나타내면 <표 6>과 같다.

여기서 매행은 절행과 별행을 구분하지 않고 사행이 있을 때마다 보내는 것을 뜻하며 절행·별행 및 황력재자행은 각각 그에 해당하는 때에 뽑아 보낸 것을 말한다.

부연체아직 자리와 역관 총후보자와의 비율은 매년 정기적으로 보내진 절행·황력재자행, 그리고 임시사행인 별행의 회수가 밝혀져야 산출될 것이다. 그렇지만 별행이 매년 1번씩은 있었다고 가정하고, 부경(赴京)의 회수가 많았던 한학교회청(漢學敎誨廳)의 경우를 살펴보자. 한학교회청의 정원은 23명이다. 연간 갈 수 있는 인원은 5명이므로, 4.6 : 1의 비율이었을 것으로 추산 할 수 있다. 이는 곧 4년 내지 5년 만에 1번 부연할 기회를 얻을 수 있었다는 결론이다. 부연의 기회도 산술적으로는

---

59) 『통문관지』 권1, 연혁 등제.

좀처럼 쉽지 않았던 것이다.

<표 6> 부경체아(赴京遞兒) 등제 인원수

역 관		정 원	매 행	절 행	별 행	역행
사학겸 (四學兼)	당상원체아(堂上元遞兒)	무정원 (無定員)	1			
	당상별체아(堂上別遞兒)	17		1		
한학 (漢學)	상통사(上通事)	20	1			
	교회(敎誨)	23	1	2		1
	연소총민(年少聰敏)	10	1			
	차상통사(次上通事)	20		1	1	
	압물통사(押物通事)	50	2	1		
	우어별체아(偶語別遞兒)	10	1			
청학 (淸學)	상통사(上通事)	10	1			
	피선별체아(被選別遞兒)	10		1	1	
	신체아(新遞兒)	10	1			
	연소총민(年少聰敏)	10	1			
몽학 (蒙學)	원체아(元遞兒)	10	1			
	별체아(別遞兒)	10	1			
	연소총민(年少聰敏)	10	1			
왜학 (倭學)	교회(敎誨)	10		1		
	연소총민(年少聰敏)	15		1		
사학겸 (四學兼)	사학우어청(四學偶語廳)	100	1			
	별선(別選)	10	1			
	우어별체아(偶語新遞兒)	10	1			
계		무정원외 (無定員外) 375	16	8	2	1

자료 : 『통문관지』권1, 연혁 등제조.

그러나 실제는 산술적 계산보다 부연의 기회가 많았던 것으로 생각된다. 그 이유는 우선 역관의 세습제를 들을 수 있다. 조선후기 경우 역관 세습이 불문율로써 강요되지는 않았다. 그러나 역관 중 부자형제가 같은 시대에 역관직에 재임하고 있었던 실례는 허다하게 찾아볼 수 있다.[60] 따라서 역관 한 사람의 입장에서 4~5년 만에 부연의 기회를 잡을 수 있었다면 이는 긴 대기시간이라고 말할 수 있다. 하지만 한 집안에 2, 3명 혹은 3, 4명의 역관이 재직할 경우를 생각하면, 거의 매년 사행에 참여하는 셈이 된다. 즉 부자형제 간이면 더 말할 나위도 없겠고, 친척 내지 동료가 부연하는 기회를 이용해서도 서로의 이익을 도모할 수 있었으리라는 점은 쉽게 추측할 수 있기 때문이다.

이리하여 역관들은 부연기간 중 공사무역에서 얻게 된 이익을 항상 보유할 수 있었고, 이것이 그들의 생계 내지는 축재를 보장했던 것이다. 또 이 때문에 역관들은 수년만에 오는 부연기간을 역이용하여 대대적인 밀무역까지도 자행했던 것이다.

부연역관이 무역상인의 성격을 띠게 된 것은 역관정책 내지는 제도상의 결함에서 이미 불가피하게 조장된 것이었다. 하지만 다른 한편에서는 역학정책(譯學政策)의 변화에서도 찾아볼 수 있었다.

　　종래 명나라에 파송한 부경역관은 직접 한인(漢人)과 언어를 주고받았기 때문에 중국어에 능통하지 못하고는 사행에 참여하지 못하는 것이 관례가 되었다. 역관도 역시 감히 함부로 따라 갈 생각을 품지 않았다. 이리하여 비록 정부가 시키지 않아도 각자가 스스로 분발하여 학습에 매진하였으므로, 역관이란 이름을 가진 사람 치고 감히 해당 언어에 통달하지 않은 자가 없었다. 그러나 청나라와 외교관계를 맺은 후에는 부연역관들이 그 언어로 의사소통 하는 자는 대통관(大通官)과 차통관(次通官) 등 대통아역(大通衙譯) 뿐이며 청인(淸人)·한인(漢人)과는 말을 나눌 시간이 전혀 없이, 다만 우리나라 언어로도 중요한 일을 처리하는데 불편

60) 『통문관지』권7, 인물.
　　역과(譯科) 합격자의 가계를 분석하고, 합격자의 사조(四祖)에 대한 역과 합격비율을 실증한 연구가 있어 주목된다. 이 연구에 따르면 역과 합격자의 부친이 역과에 합격한 비율은 38.1%였다(이남희, 1999, 『조선후기 잡과중인연구 - 잡과 입격자와 그들의 가계분석』, 이회문화사, 230쪽).

이 없게 되었다. 이 길이 한 번 열린 뒤 역관의 중국어·만주어는 도리어 쓸데없는 것이 되었다. 그러므로 부연역관을 임명해 보낼 무렵이면 다만 순서와 차례의 마땅함만을 묻고 통역의 잘하고 못함은 전혀 무관하게 되었다. 이리하여 부연역관 중에는 해당 언어를 잘하지 못하는 자들도 태반이나 채워져 보내고 있다"[61]

즉 청나라 조정의 대조선 관계를 담당한 통관(通官)[62]이 조선인들이어서 부연역관 중 당상역관이나 상통사 등의 역관은 통역할 기회가 있었지만, 대개의 역관들은 한인(漢人)·청인(淸人)과 직접적으로 통역할 필요조차 없게 되었다. 그리고 동시에 부연역관을 선택해 보내는 방법까지 능력을 가려 보내는 것이 아니고 순서에 따랐기 때문에 역관으로서의 어학 습득에 대한 절실성 마저 상실했던 것이다. 이러한 여러 사정 때문에 역관은 본래의 임무보다는 무역에 한층 관심을 기울이게 되었고, 마침내 "역관들이 하는 언어는 상인들이 매매할 때 쓰는 용어뿐이다"[63]라는 지적이 나오게 되었다.

그러면 다음에는 사행에 참여하는 부연역관들의 인원구성과 임무를 파악하고, 그들이 무역상인으로서 활동할 수 있는 조건을 살펴보자. 부연사행은 절행과 별행으로 정기사행과 임시사행이라는 시기상의 차이뿐 아니라 사행의 목적이 서로 달랐고 그에 따라 예물의 종류 및 수량도 상이한 점이 많았다. 그렇지만 사행원역(使行員役)의 구성은 일정한 체제를 갖추고 있었다. 사행원역 중의 정식관원을 정관(正官)이라 했는데, 이 정관은 청나라 황제를 알현할 때에 조복을 갖추어 참석할 뿐 아니라 청

---

61) 『역관상언등록』 임인(현종3년·순치18년; 1662) 8월 21일.
62) 통관은 병자호란때 붙들려 간 우리나라 사람 중에서 대통관 6명과 차통관 8명을 뽑아 예부에 적을 두고 조선과의 관계 사무를 처리하게 했던 직책이다. 그런데 통관을 맡았던 사람들의 자손이 대대로 그 직을 세습하여 청나라에서 사신이 올 때와 우리나라에서 사신이 들어갈 때 모두 이 사람들을 시켜서 차례로 호행하게 하였다(『통문관지』 권3, 사대 입경).
63) 『비변사등록』 166, 정조 8년 3월 1일.

나라 예부(禮部)가 베푸는 접빈(接賓)의 대접을 받았으며 청 황제가 선사하는 회사품(回賜品)을 받았다.

<표 7> 동지사 정관의 구성과 인원 수

구 성	인원	비　　　　　　　고
정　　사	1	정2품 또는 종1품
부　　사	1	정3품 또는 종2품
서 장 관	1	정5품 또는 종4품
당 상 관	2	원체아(元遞兒) 별체아(別遞兒)
상 통 사	2	한학(漢學)·청학(淸學)
질문종사관	1	교회(敎誨)
압물종사관	8	연소총민(年少聰敏) 1명·차상원체아(次上元遞兒) 1명·압물원체아(押物元遞兒)1명·별체아(別遞兒) 2명·우어별체아(偶語別遞兒) 1명·청학피선(淸學被選) 1명·별체아(別遞兒) 1명
압폐종사관	3	교회(敎誨) 1명·몽학별체아(蒙學別遞兒) 1명·왜학교회(倭學敎誨)와 총민(聰誨) 중 1명
압미종사관	2	교회(敎誨) 1명·몽학원체아(蒙學元遞兒) 1명
청학신체아	1	청학역관
의　　원	1	양의사의원
사 자 관	1	승문원·규장각 관원
화　　원	1	도화서
군　　관	7	삼사신 자벽
우어별차	1	한학·몽학·청학 중 1명
만상군관	2	역관 또는 의주부 소속 군관
총　　계	35	

자료 : 『통문관지』 권3, 사대 부경사행.

부연사행 일행 중 정관의 인적구성은 <표 4>에서 이미 밝혔으므로, 동지사행을 일례로 들어 그들이 분담한 임무에 대해 알아보자. 우선 동지사의 정관 구성과 인원을 적어 보면 앞의 <표 7>과 같다.

이 사행원역 중 정사·부사는 사신에게 주어진 외교상의 임무인 사사(使事) 외에, 서울에서 북경을 오가는 행차에 수반되는 행중사(行中事)에는 전혀 관여하지 않았다. 서장관은 대관직(臺官職)을 겸대하여 일행을 규찰하는 임무를 띠고 있었다. 이리하여 사실상 '행중(行中)의 일을 총괄하여 살피고 공무를 주관'[64]하는 사람은 당상역관이었다. 당상역관이 '행중의 제반 업무'에 대한 실질적인 총책임자로서 사행길에 오른 여러 원역(員役)을 지휘했으며, 나아가 사행 중의 여러 공적인 일도 주관하였던 것이다. 이처럼 당상역관의 임무가 무거웠기 때문에 『속대전』 예전(禮典) 잡령(雜令)조에도 "연행(燕行)과 빈접(儐接)할 때에는 당상역관이 죄가 있더라도 곤(棍) · 태(笞)를 적용하지 않고 돌아온 뒤에 계문(啓聞)하여 죄를 논한다"[65]라고 규정하고 있다. 그만큼 이들의 사행중 활동에는 일정 정도의 자율성이 보장되어 있었다.

다음 상통사는 "행중의 공무와 청나라 예단을 맡아 관리하고 또한 상의원에서 필요한 어공(御供)무역을 장악한다"[66]하여 당상역관을 보좌하는 한편으로 사행업무와 사행이 지나는 여러 관문(關門)에 주는 예단을 관장하였으며 상의원의 관무역도 담당하고 있었다.

질문종사관(質問從事官)은 승문원에서 이어(吏語)나 방언(方言) 중 난해한 것만을 초록하여 주면 그것에 주석을 달아와 바치는 것을 책무로하는 역관이었다.[67] 압물(押物) · 압폐(押幣) · 압미종사관(押米從事官)은 관직명이 의미하는 그대로 수 백여 태(駄)에 달하는 방물 · 세폐 · 세미등 각종 물화의 관리와 그것의 운송에 따르는 수백의 인마(人馬)를 관장하던 역관들이다.[68] 청학 신체아(新遞兒) 1명은 청국 각 관문의 출입 및찬물(饌物)의 지공(支供)을 담당한 만주어 역관이었다.[69] 그런데 <표 7>의 당상 역관 이하 청학신체아까지 19명의 역관 중에 3명은 관주관(管廚

---

64)『통문관지』 권1, 연혁 등제.
65)『속대전』 예전 잡령.
66)『통문관지』 권1, 연혁 등제.
67)『통문관지』 권3, 사대 부경사행.
68)『통문관지』 권3, 사대 선문 · 도강장.
69)『통문관지』 권3, 사대 부경사행.

官)에 임명하여 삼사행(三使行)의 양식을 맡아보며, 1명은 장무관(掌務官)에 임명하여 행중문서(行中文書)를 맡도록 하였다. 이 때문에 압폐종사관이나 압미종사관 중에서 만일 그 책임을 맡았을 때에는 압물종사관 8명중에서 그것을 관할하도록 옮겨 임명하였다.[70]

의원(醫員) 1명은 양의사(兩醫司)에서 교대로 임명해 보냈고, 사자관(寫字官) 1명은 표문(表文)을 지니고 갔으며, 화원 1명은 도화서(圖畵署)에서 뽑아 보냈다. 군관 7명은 정사에게 3명, 부사에게 3명, 서장관에게 1명씩 각각 분속 되었다. 군관이 반드시 무관은 아니었다. 숙종 38년(1712) 정사였던 형 김창집(金昌集)을 따라 북경을 다녀온 김창업(金昌業)이나, 실학자 홍대용(洪大容)·박지원(朴趾源)의 경우와 같이, 사신이 그 자제나 근친 중에서 선발하여 정부의 승인을 얻기만 하면 군관이 될 수 있었기 때문에 자제군관(子弟軍官) 혹은 자벽군관(自辟軍官)이라고도 하였다. 우어별차(偶語別差) 1명은 한학·몽학·청학의 우어(偶語)의 학습을 위하여 파송한 역관이었으며[71] 만상군관(灣上軍官) 2명은 의주인으로 임명하였는데 3사신의 숙소를 정돈하고 사행 중의 양료(糧料)를 관장하였다.

이상과 같이 역관은 2천여 리에 걸친 사행길에서, 수 백 태(馱)의 물화와 수많은 인마(人馬)를 거느리고 오고가는데 있어 중추적 기간요원으로서, 사행중의 제반 업무를 장악한 셈이다.

이처럼 부연사행 중 역관들의 임무와 책임이 막중했기 때문에 조선정부는 그들의 직무에 걸 맞는 종인(從人)과 마필(馬匹)을 관에서 지급하거나 혹은 스스로 마련해 가도록 허락하였다. 역관이 개인적으로 거느릴 수 있었던 종인과 마필의 수를 삼사신들의 그것과 아울러 적으면 다음 <표 8>·<표 9>와 같다.

---

70) 『통문관지』 권3, 사대 부경사행.
71) 『통문관지』 권3, 사대 부경사행.

<표 8> 삼사의 수종인과 마필수

인솔인마 \ 사신	정 사	부 사	서장관
품마(品馬)	5	4	3
마부(馬夫)	5	4	3
노자(奴子)	2	2	1
서자마두(書者馬頭)	1	1	1
농마두(籠馬頭)	1	1	1
건량마두(乾粮馬頭)	1	1	
좌견마(左牽馬)	1	1	1
일산봉지(日傘奉持)	1		
가교부축(駕轎扶嚼)	4	4	
인로(引路)	2		
주자(廚子)	2	2	
군뢰(軍牢)	2		

자료 : 『통문관지』 권3, 사대 도강장

<표 9> 역관의 종인과 마필수

역 관 \ 인솔인마	당상역관	상통사	종사관 · 의관 · 화원 · 군관	우어별차 · 만상군관
기역마(騎驛馬)/마부(馬夫)	1/1	1/1	1/1	
노자(奴子)	1	1		
복쇄마(卜刷馬)/구인(驅人)	1/1	1/1	1	
사지마(私持馬)/구인(驅人)	1/1	1/1	1	1/1
별사지마(別私持馬)/마두(馬頭)	1/1		1	
자기마(自騎馬)/구인(驅人)				1/1

자료 : 『통문관지』 권3 사대 도강장

　부연역관이 개인적으로 데리고 간 종인과 인마는 사행의 임무를 수행하는 데 필요한 역관의 수족이기도 했으나 한편으로는 대청무역에 있어 역관들에게 주어진 최소한의 상품운송 수단이기도 하였다. 이에 역관은 방물(方物)의 운송수단이던 말(馬)과 마부(馬夫) · 노자(奴子) · 구인(驅人)을 역관의 사무역에 역이용하였다. 그리고 상인들이 대청무역에 참여하기 위하여 역관들과 결탁하게 되었을 때, 마부·노자·구인의 명색은 상인으로 대체되고 있었다.

요컨대 조선시대의 역관들은 교수·훈도·별차·겸군관 등 몇몇 실직을 제외하고는 대다수가 체아직 또는 그 후보자로 머물고 있었기 때문에 그들의 사회경제적인 보장이 근본적으로 해결되지 못하고 있었다. 오직 부연사행에 수행하여 상업적 이익을 얻는 길만이 그들의 경제적인 욕구를 해결할 수 있는 통로였다. 이 때문에 사행을 수행했던 역관들은 상인적 성격을 띨 수 밖에 없었다.

그런데 역관이 무역활동을 활발하게 할 수 있었던 데에는 현실적인 여건이 갖추어져 있었기 때문이다. 첫째 역관은 정관(正官)에 참여하여 행중정관(行中正官)으로서의 직책과 권한이 부여되었다. 둘째 원거리무역의 운송 수단인 인마(人馬)를 거느릴 수 있었으며, 또 종인과 마필을 사사로이 갖출 수 있도록 공인 받았다. 이밖에도 역관에게는 조선정부가 무역자금을 빌려 주는 특혜까지 있었다. 이러한 역관의 무역상 특권 및 중개무역의 실태에 대해서는 다음 절에서 살펴보기로 한다.

2. 역관의 무역 특권과 중개무역

조선후기 부연역관의 사무역(私貿易) 활동을 사실상 가능케 했던 경제적 여건으로서는 다음과 같은 세 가지의 경우를 생각해 볼 수 있다. 하나는 팔포정액(八包定額)의 사무역이 공인되어 있었다는 점이다. 둘째는 관아무역(別包貿易) 대행의 기회를 이용하여 사무역의 범위를 확장시킬 수 있었다는 점이다. 셋째는 사행 중 공용은(公用銀) 부담을 명목으로 관은(官銀)을 빌릴 수 있었다는 점이다.

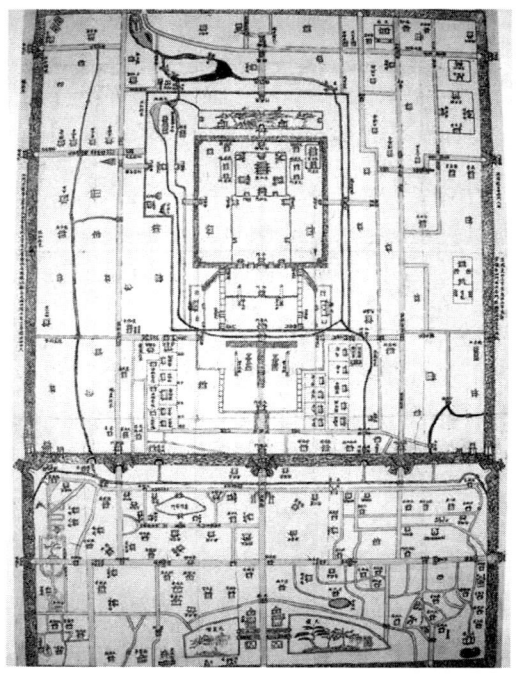

[그림 5] 연경성시도[72]

　부연역관에게 주어진 특권의 첫째는 팔포무역권이다. 조선전기부터 사행원역에게 은화를 가지고 가도록 하여 행중(行中)의 여비 및 무역 자금으로 사용하도록 하였으나,[73] 세종 때에 명에 대한 금(金)·은(銀) 세공(歲貢)이 면제되면서부터, 사행원역이 은화를 가지고 가는 것은 금지되었다. 그 대신 정부가 사행원역 한 사람마다 인삼(人蔘) 10근씩을 지급하여 가지고 가도록 규정하였다.

　이렇게 보면 사행원역에게 일정액의 한도 내에서의 사무역을 허용한 것은 조선전기부터라고 할 수 있다. 그러나 그 액수가 매우 적었는데, 인

---

72) 출전 : 연경성시도(燕京城市圖), 『여지도』.
73) 『탁지지』 외편 경비사 팔포사실.

조 6년(1628)에서 22년(1644)사이에 해당하는 명말(明末) 숭정(崇禎) 연간
에 이르러 사행로가 험난해지면서 종래 한 사람 당 인삼 10근씩의 정액
을 80근으로 증가 책정했으며 그 인삼을 10근씩 팔포(八包 ; 꾸러미)에
나누어 싸게 하여 이를 팔포라 부르게 되었다.[74] 곧 팔포무역이라 함은
사행원역이 사사로이 마련한 인삼 80근을 사무역 자금으로 쓸 수 있게
허용한 것을 말하는 것이다.

　그런데 이 팔포의 정액은 반드시 80근의 인삼만으로만 계산되어야 하
는 것은 아니었다. 즉 인삼은 다만 당시 국내 생산물 중에 고가의 가치
를 보유하고 대명무역상 유리한 물품일 따름이었다. 이 때문에 숙종 8년
(1682) 호조판서 윤 계(尹堦)는 "인삼이 비록 우리 나라에서 생산되고 있
지만 상인들이 북경(北京)과 동래(東萊)로 가져가기 때문에 일반 민가의
약용(藥用)이 핍절(乏絶)하니 남쪽과 북쪽 두 지역 가운데 한 곳은 마땅
히 금지해 막아야 한다"고 건의하게 되었다.

　이에 좌의정 민정중(閔鼎重)은 "동래는 왜인(倭人)들이 우리나라에 와
서 호시(互市)하니 물가의 귀천을 따라 매매하면 된다. 그러나 북경에서
는 인삼을 무역하려 오는 남방상인(南方商人)이 없을 때에는 인삼을 가
져간 우리 나라 사람들이 오히려 낭패하고 이익을 잃을 뿐 아니라 사사
로이 맡겨 두고 오니 금지하는 것이 옳다"고 주장하게 되어 숙종은 그
해 동지사행부터 금지하도록 하고 이후 이를 범하는 사람은 사형에 처
하도록 금령을 내리게 되었다.[75]

　이 금법에 따라 종래 인삼으로 충당되던 팔포 정액을 은화로 대신하
게 되었는데, 이 은화는 당시의 시가에 맞추어 인삼 1근당 25냥으로 환
산하여 80근의 인삼 대신 은화 2천 냥으로써 팔포정액을 삼게 되었다.
이리하여 인삼 80근 즉 '인삼 10근씩의 여덟 개 꾸러미' 팔포(八包)의 의
미는 이제 하나의 '가치칭량(價値稱量)의 단위'로 바뀌게 되었다. 그리고

---

74) 『탁지지』 의편 경비사 팔포사실.
75) 『통문관지』 권3, 팔포정수.

이 때 2천 냥의 팔포 정액을 결정하면서 당상관에게는 천 냥을 더 주어 팔포의 정액 역시 당하관의 2천 냥 팔포와 당상관의 3천 냥 팔포로 구분 하게 되었다. 이러한 규정은 왜관무역(倭館貿易)의 쇠퇴와 국내 은광업 (銀鑛業)의 생산 감축으로 말미암아 국내 은(銀)의 비축량이 결핍되어 간 18세기 중엽, 곧 영조 28년(1752)에 피잡물(皮雜物)을 은화와 함께 가지 고 가게 될 때까지 70여 년 간 계속되었다.76)

팔포무역의 특권은 사행원역에게 주어졌다고는 하지만 사실상 이 특 권을 누리고 있었던 인원은 정관에 한정된 것이었다. 정관은 양국이 공 인한 30명에 국한된 것은 아니었다. 본국 정부가 인정하는 정관에게는 모두 허용되어 그 수는 항시 30명을 초과하게 마련이었다. 이리하여 대 개 동지사의 경우에는 삼사신을 비롯하여 당상·당하 역관 20여 명 및 만상군관 2명, 군관 7명, 화원·사자관·의원 각 1명 등 35명에 달했던 것이다.

그런데 이들 정관의 팔포무역도 성격상 두 가지로 구분하여 보아야 할 것 같다. 하나는 삼사(三使) 및 군관(子弟軍官 또는 自辟軍官)의 팔포 무역이다. 이들 중에도 물론 '다른 나라에서 무역을 하여 재산을 늘리고 부를 쌓으려는'77) 자들이 있었다. 그러나 이들은 부연 그 자체가 극히 임시적이고 일회적이었다. 뿐만 아니라 대부분의 사신과 군관들은 '패옥 (貝玉)과 치장구를 많이 사온다'78)고 한 것과 같이, 그들의 귀족적 사치 생활을 충족시키기 위한 진기품을 사오거나 아니면 서적 등을 구입하는 것이었고, 결코 영리적 목적으로 수입하는 것은 아니었다. 따라서 이들 의 팔포무역권은 월급의 대가로 허용한 부연체아역관의 경우와는 달리 양반계층에 대한 일종의 예우에 불과한 것이었다. 때문에 영조 4년(1728) 에는 '사신과 군관은 뭇 역관들과 달라 팔포를 기준대로 지급할 필요는

---

76) 『만기요람』 재용편 5, 연행팔포.
77) 『성호사설』 발간구청.
78) 『영조실록』 권38, 영조 10년 8월 무오.

없다' 라고 하여, 당상·당하관을 막론하고 2천 냥으로 규정해 버렸다.[79]

다음은 역관·만상군관(灣上軍官)·화원(畵員)·사자관(寫字官)·의원(醫員) 등의 팔포무역이다. 역관무역은 역관직의 세습화에 따른 종적인 조직과 역관제도의 횡적인 유대관계를 갖고 거의 상시적이고 연속적인 무역활동을 전개할 수 있었으며 무역상의 이익금은 명목상 체아록의 성격을 띠고 있었다. 그들의 생계가 이 무역활동에 달려 있었고 또 이 기회를 통해 부를 축적하려 했기 때문에 역관의 팔포무역은 순수한 상업적 성격을 띠고 있었다.

만상군관 역시 역관들이 임명되어 파견되었다. 영조 15년(1739) 진위겸사은부사(陳慰兼謝恩副使) 서종옥(徐宗玉)은 이런 상황을 다음과 같이 언급하였다.

> 사행의 기역(騎驛) 인마(人馬)를 먹이는 곡식은 의례이 의주부에서 군관(軍官)을 정해 보내고, 많은 은자(銀子)를 떼어 주어, 그에게 요리해서 방료(放料)케 해 온지가 이미 오래되었다. 그런데 중간에 한두 사람이 제대로 거행하지 못해 공채(公債)를 많이 져 드디어 혁파되었다. 그 뒤 경중(京中)의 한산배(閑散輩)가 만상군관청(灣上軍官廳)을 만들어 돌아가며 임명하니 역관무리가 다시금 팔포의 이권을 탐내서 빼앗아 버려 지금은 역관의 한 체아(遞兒)가 되었다"[80]

즉 만상군관은 원래 의주부 군관이 임명되었으나 역관의 한 체아직 자리로 변했고, 그들의 팔포는 직책의 중요성을 고려해 당상관의 예우를 받아 3천 냥으로 증가했던 것이다.[81]

이러한 체아수록(遞兒受祿) 형태는 의원·사자관·화원의 경우에 있어서도 다르지 않았다.[82] 그러나 20명의 도화서 소속 화원 중에서 돌아

---

79) 『비변사등록』 155, 영조 47년 4월 23일.
80) 『비변사등록』 105, 영조 15년 7월 20일.
81) 『만기요람』 재용편 5, 연행팔포.
82) 『경국대전』 이전 경관직 ; 『속대전』 이전 경관직 잡직.

가며 임명된 부연체아 화원 1명은 동지사행에만 국한되어 있었고, 양의
사(兩醫司)에서 돌아가며 임명된 의원 또한 동지사행에만 수행하였을 뿐
별사에는 거의 없었다.[83] 결국 사자관만이 매번 사행에 수행했고, 부연
체아직에는 승문원(承文院) 소속 40명의 사자관이 돌아가며 임명되었다.
그러나 영조 27년(1751) 동부승지(同副承旨) 이이장(李彝章)이 "소위 사
자관·화원·관상감 생도들은 모두 근래에 생긴 것이나 모두 긴급하고
중요한 원역(員役)이 아니다"라고 하여 감액할 것을 건의함에 따라 영조
는 사자관이 긴요하지 않다고 하고 제외시켜 버렸다.[84]

이상에서 볼 때 부연역관이 수행한 팔포무역은 상업적 성격이 짙은
대청 사무역이었으며, 그 외의 삼사신과 군관의 팔포무역은 오히려 진귀
품이나 서책을 구매한데 불과했고, 사자관·화원·의원의 무역은 극히
간헐적이며 활동 역시 미미했다고 이해된다. 따라서 무역 규모 면에서
살펴보더라도 팔포무역의 비중을 어디에다 두어야 할 것인가는 자명해
진다. 그런데 좀더 현실적인 이해를 돕기 위하여 당시의 팔포정액을 쌀
값으로 산정해 보면, 숙종 4년(1678) 현재의 상정가(詳定價)로 은화 1냥
은 동전 400문(文)이며 쌀은 10두(斗)였다.[85]

그러므로 당하관의 2천 냥 팔포에 상당하는 미곡량은 2만 두로서 1석
(石)을 15두로 환산할 때 1,333석 5두에 해당한다. 따라서 당상관의 3천
냥 팔포 미곡은 2천 석이었다. 이 은가(銀價)와 미가(米價)를 동지사의
정관 숫자로 환산해 보면 다음 <표 10>과 같다.

---

83) 『통문관지』 권3, 사대 부연사행.
84) 『통문관지』 권3, 사대 부연사행.
85) 『비변사등록』 34, 숙종 4년 윤 3월 24일. 이때의 동전은 상평통보였다. 송찬
    식, 1997, 『조선후기 사회경제사의 연구』, 일조각.

<표 10> 팔포무역 규모와 은·미가 환산표

항 목 원 역	직책/인원	1인당 팔포은	팔포은 총액	미가 환산액
삼사 및 군관	정 사/1	3,000냥	3,000냥	2,000석
	부 사/1	3,000냥	3,000냥	2,000석
	서장관/1	2,000냥	2,000냥	1,333석 5두
	군 관/7	2,000냥	14,000냥	9,333석 5두
소 계	10	10,000냥	22,000냥	14,666석 10두
역 관(체아직)	당상관/2	3,000냥	6,000냥	4,000석
	상통사/2	2,000냥	4,000냥	2,666석 10두
	질문종사관/1	2,000냥	2,000냥	1,333석 5두
	압물종사관/8	2,000냥	16,000냥	10,666석 10두
	압폐종사관/3	2,000냥	6,000냥	4,000석
	압미종사관/2	2,000냥	4,000냥	2,666석 10두
	청학신체아/1	2,000냥	2,000냥	1,333석 5두
	우어별차/1	2,000냥	2,000냥	1,333석 5두
	만상군관/2	2,000냥	4,000냥	2,666석 10두
소 계	22	19,000냥	46,000냥	30,666석 10두
잡직체아	의 원/1	2,000냥	2,000냥	1,333석 5두
	사자관/1	2,000냥	2,000냥	1,333석 5두
	화 원/1	2,000냥	2,000냥	1,333석 5두
소 계	3	6,000냥	6,000냥	4,000석
총 계	35		74,000냥	46,333석 5두

둘째로, 부연역관들의 무역활동을 확장시킨 것은 관아무역의 대행이었다. 서울의 각 군문이나 아문이 북경에서 수입해야 할 각종 물품은 재고량과 수요량을 고려하여 매년 동지행과 역행의 부연역관에게 자금을 지급하여 수입하였다.[86] 이와 같이 매년 두 차례의 사행 편에 청나라의 물화를 정례적으로 수입해 왔던 서울의 관아들은 대개 상의원(尙衣院)·내의원(內醫院)·호조(戶曹)·훈련도감(訓練都監)·어영청(御營廳)·금위영(禁衛營)·총융청(摠戎廳)·수어청(守禦廳) 등이었다. 이 중 왕실의

---

86)『탁지지』외편, 판적사 연무식례.

의복과 각종 사치품 및 약재를 구입하기 위한 상의원·내의원의 북경무
역은 동지사행에만 국한되었는데 상방무역은 상통사(上通事)가, 내국무
역(內局貿易)은 차상통사(次上通事)가 담당하였다.[87] 그리고 호조에서는
대개 각 전(殿)에 진상할 필단(匹緞)·모자(帽子) 등과 일반 수용품으로
쓸 상아(象牙)·유랍(鍮鑞) 등을 동지행과 역행 때에 역관에게 맡게 사
들여 왔다.

상의원과 내의원의 무역에 필요한 은화는 호조에서 지출하고 있었다.
영조 4년(1728) 호조에서 보고한 가운데서 이들 무역 비용을 적어보면,
상의원은 중국물화를 사오는데 2,011냥 5푼을, 내의원은 우황 등 중국
약재 비용으로 4,460냥 2전 7푼을, 그리고 각전 진상을 위한 물품에 840
냥이 소용되어 총 7,311냥 3전 2푼이 들어갔다.[88]

그리고 훈련도감·어영청·금위영·총융청·수어청 등 다섯 군문의
수입품은 주로 군복과 기치(旗幟)의 장식을 위한 백사(白絲) 등 견직물과
병기 및 동전의 주조 원료인 함석(含錫)·유납(鍮鑞)·두석(豆錫) 등이
었다. 이밖에도 서울의 관아들 중 양향청(粮餉廳)과 종친부(宗親府)에서
도 중국의 물품을 수입하고 있었다. 이들 각 아문과 군문의 연경무역 자
금은 은화였다. 그리고 이는 사행원역에게 주어진 팔포와는 별도였기 때
문에 '별포(別包)' 또는 '포외월송(包外越送)'이라고 하였다.[89] 또한 영조
4년(1728)에 상인의 대청무역을 금지하고 부연원역의 팔포무역만을 허
락하게 된 뒤에는 소위 '마과(馬窠)'[90]라고 하여 비변사의 관문(關文)을
가지고 있으면 입송(入送)되는 포외별송의 형태도 있었다.[91]

그런데 이들 각 아문의 연경무역은 영조 7년(1731) 사역원 제조였던
지사(知事) 윤순(尹淳)이 "대개 사행시의 상의원·내의원 무역은 실로

---

87) 『탁지지』 외편, 판적사 연무식례.
88) 『비변사등록』 84, 영조 4년 10월 9일.
89) 『만기요람』 재용편 5, 연행팔포.
90) 『비변사등록』 155, 영조 47년 4월 23일.
91) 『비변사등록』 122, 영조 27년 정월 6일.

폐지해선 안 된다. 그러나 군문에서는 군복·기치 등에 쓰이는 물건의 무역을 핑계로, 여러 아문에서는 약재무역을 핑계로 하여 각기 2~3천 냥의 은화를 들여보낼 것을 요청하고 있다. 이것이 사실상 이익됨이 있다면 혹 해야 하겠지만 그 교환가격은 도리어 국내시장에서 구입해 사용하는 것만 같지 못하며 오로지 역관 무리의 부정한 이익을 위한 자금이 되고 있을 뿐이다"[92]라고 지적한 바와 같이 사실상 군아문(軍衙門)의 무역은 역관들이 이윤을 추구하는 한 방편으로 쓰여왔다. 하지만 군아문의 별포무역을 대행함으로써 얻게 되는 이익은 사실상 그렇게 많은 것이 아니었다. 그보다는 군아문이 역관들에게 무역권을 빌려주는 경우가 더욱 많은 이윤을 보장하였다.

영조 4년(1728) 정사(正使) 윤순(尹淳)은 '근래 사행시에는 상사(上司) 및 군문이 팔포를 공팔포(公八包)로 입송하는 일이 있었다.'[93]라 하였고, 다시 영조 7년(1731)에는 '단지 역관에게 공사(公事)에 쓰이는 한 장의 문서를 발급하여 그들로 하여금 은화를 많이 가져가도록 하고는 약간의 이익을 받아 먹는다.'[94]라고 하고 있었다.

전자의 경우는 군아문이 '별포(別包)'에 은화를 충당치 아니한 별포, 곧 별포무역권만을 빌려준 것이고, 후자는 해당 아문에 공인되어 있는 별포무역권외에 공사(公事)를 빙자한 무역허가장과 같은 증빙문서를 역관에게 발급해 주고 약간의 이익을 취하면서 역관이 사무역을 하도록 주선한 경우다. 이상과 같이 하여 역관들은 각자에게 공인된 팔포정액외에 더 많은 자금을 소지하고 갈 수 있는 기회를 얻고 있었다. 따라서 역관은 무역권을 빌려 준 해당 아문에 약간의 대가를 지불했는데, 그것은 무역할 수 있는 권리를 빌리는데 대한 일종의 보상이었다.[95]

92) 『비변사등록』 90, 영조 7년 11월 13일.
93) 『비변사등록』 84, 영조 4년 11월 4일.
94) 『비변사등록』 90, 영조 7년 11월 13일.
95) 『비변사등록』 127, 영조 30년 12월 7일.

셋째, 역관들은 사행 중의 공용은(公用銀) 부담의 반대급부로서 정부로부터 관은(官銀)을 빌려 무역자금에 충당할 수 있었고, 아울러 정액 외의 은화도 지니고 들어갈 수 있었다. 여기에서 말하는 공용은이란 사행여정 중에 청나라 관헌에게 의례적으로 나누어준 예물과는 별개의 비용인데, 예물은 사신의 반전비(盤纏費) 중에서 마련되었고 공용은은 여러역관들로부터 수역관(首譯官)이 거두어 사용하였다.96)

공용은은 봉황성(鳳凰城)에서 북경(北京)에 이르는 동안 여러 관액(關阨)의 수문관리(守門官吏)와 사행을 호송한 장경(章京)·통관(通官) 등에게 예물 외에 지급한 인정비, 청나라의 정보를 수집하기 위한 정보수집비, 사행 임무의 수행에 따르는 각종 인정비, 교제비 등에 사용되던 비용이었다.97) 이러한 공용은은 사행의 목적과 종류에 따라 서로 달랐으나, 각 사행에 따른 소용액은 다음 표에서와 같이 절사 은화 6천 냥, 별사 은화 4천 5백 냥, 심양사 은화 3천 냥, 역행 동전 5천 냥, 별자관 은화 1천냥으로 대개 정해진 액수가 유지되어 왔다.

즉 절사와 역행은 매년 정기적으로 파견되므로 연간 은화 6천 냥과 동전 5천 냥은 꼭 필요하였다. 그리고 별사·심양사·별자관의 행차는 수시로 있었기 때문에, '원래 공용 이외에 별사의 공용으로 내어주는 돈이 2만 냥에 이를 정도로 많다'98)라고 할 만큼 공용은으로 소요되는 금액이 많았다.

이 공용은은 정부의 예산에서 별도로 책정되어 지급한 것이 아니라, 역관의 팔포무역자금 중에서 무상으로 징수해 왔다. 다만 조선정부는 서

---

96) 『증보문헌비고』 권176, 교빙고 6 순조 11년.
97) 『비변사등록』 16, 효종 4년 11월 13일 ; 『비변사등록』 104, 영조 14년 7월 17
    일 ; 『열하일기』 도강록 및 『승정원일기』 1912, 순조 6년 5월 27일 참조. 사행
    임무에 따른 각종 비용은 연경에서의 세폐(歲幣) 입정(入呈)·문서 수발·귀
    환 일정 지체 등에 따른 각종의 비용과 사책(史冊)의 구입 및 세폐 감액 등의
    주청 비용 등 특수한 임무를 처리하는 데 필요한 교제비 등이 있었다.
98) 『비변사등록』 219, 순조 31년 11월 2일.

울과 지방의 각 아문으로부터 역관들에게 관은(官銀)을 빌려주어 무역케
하고, 동시에 엄격한 제재를 가하지 않는 것으로 역관의 실리(失利)를 보
상해 준 셈이었다.

<표 11> 사행별 공용은 소용액

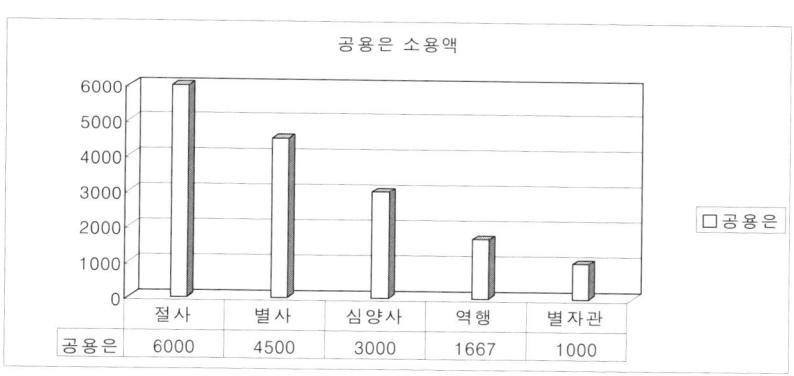

	절사	별사	심양사	역행	별자관
공용은	6000	4500	3000	1667	1000

자료 : 『만기요람』 재용편 5 공용

어떻든 이러한 관례는 숙종 초부터 시행되어 왔고 그로 인하여 역관
은 무역자금의 융통에 크게 힘입게 되었다. 그런데 무역자금으로써 관은
대출이 역관에게 순조롭게 실시된 이면에는 당시 서울과 지방의 관아에
서 영위하고 있었던 식리사업과도 부합했기 때문이었다. 실상 대청무역
이 시작된 17세기 초부터 부연역관의 무역활동은 특히 무역자금의 융통
에 있어서 서울과 지방 각 아문의 은화 대출에 힘입은 바 컸다.

은화의 대출을 통한 식리사업을 대대적으로 실시하였던 아문들은 서
울의 5군문·호조·병조·진휼청(賑恤廳)과 지방의 개성부(開城府), 강
화부(江華府), 평안감영·평안병영, 황해감영·황해병영, 의주부 등이었
다. 이들 아문이 역관 개개인에게 빌려준 은화의 양에 일정한 기준이 있
었던 것은 아니다. 숙종 5년(1679) 김석주(金錫冑)는 "어영청이 쌓아 두
었던 누천냥(累千兩)의 은화를 지난 세 번의 변무행(卞誣行) 역관들에게

출급하였다"[99]고 하였으며 숙종 12년(1686) 정언(正言) 김홍복(金洪福)은 "부연역관들이 매번 운향고의 은화를 다량으로 대출하여 무역의 자금으로 삼는다"[100]고 하였다.

그런데 이러한 관청은화의 대여는 아문이 소유한 은화를 식리(殖利)하기 위한 공적인 성격을 띠고 있었다. 그러나 때로는 현종 5년(1664) 사간원(司諫院)에서 "전 주부(前主簿) 이제현(李齊賢)은 일찍이 낭청(郎廳)으로 있으면서 상관(上官)에게 알리지 않고 부연역관들에게 마음대로 대여한 것이 한두 번이 아니니 붙잡아 정죄(定罪)할 것"[101]을 주청한 것처럼 일부 개인적 이익을 도모하는 관리에 의하여 사사로이 대여되기도 했던 것 같다.

그런데 역관에게 대여한 은화의 상환이 반드시 은(銀)으로만 결제된 것은 아니었다. 숙종 5년(1679) 영부사(領府事) 허적(許積)은 "각 아문의 재화는 반드시 생식(生殖)을 한 연후에 유지될 수 있다. 그런 때문에 지난번 변무사행(辨誣使行)에는 각 아문 및 관향(管餉)의 은화를 빌려 주되 백사(白絲) 등의 물건을 무역해 와서, 왜관에 전송(轉送)해서 은(銀)을 바꾸었다. 이는 모두 한때의 부득이한 조처였는데 근래에는 이로 인하여 그 시작이 되어 버렸다"[102]고 한 것처럼, 각 아문에서 대출된 은화로 대일무역에서 가장 인기가 높았던 백사(白絲)를 북경에서 사오게 하고, 이를 왜관에서 되팔아 왜은(倭銀)으로 아문이 빌려준 은화를 상환토록 하는 것이 원칙이었다. 중개무역의 형태가 이미 17세기 중반부터 이루어졌던 것이다.[103]

---

99) 『승정원일기』 272, 숙종 5년 8월 3일.
100) 『비변사등록』 40, 숙종 12년 10월 21일.
101) 『현종실록』 권8, 현종 5년 6월 기묘.
102) 『승정원일기』 272, 숙종 5년 9월 5일.
103) 조선의 중개무역을 현재 경제적인 용어로 개념 지우기는 어렵다. 그러나 중계무역(中繼貿易 ; entrepot trade)보다는 중개무역(仲介貿易 ; intermediary trade)쪽이 가깝지 않나 한다.

그러나 각 관아는 은화를 대여하고 백사 등을 대신 받는 경우가 많았다. 이유는 왜관을 통하여 왜상(倭商)에게 판매했을 때, 더 큰 이윤을 획득할 수 있었기 때문이다. 이에 따라 왜관에서의 백사 수출량은 급격히 증가하였다.

숙종 3년(1677) 대사간(大司諫) 이원정(李元禎)은 "청나라로부터 수입한 당화(唐貨)는 모두 왜관을 통해 전매하는데 왜관의 물력(物力)이 능히 감당치 못하여 현재 왜인들이 상환하지 못한 액수가 무려 백 만여 냥에 달한다. 이는 모두 각 아문에서 생식(生殖)하는 물건인데, 앞서 수출한 값을 받아내기도 기약할 수 없어 일이 심히 염려스럽다"고 하자 왕은 팔포법을 준수하도록 명령하고 있었다.[104]

그런데 백사 등 청나라의 물품이 수없이 왜관에 쌓이게 되자 왜상(倭商)으로부터의 무역물품가의 결제도 용이하지 않게 되었다. 이로 말미암아 백사가 각 관아의 창고에 쌓인 채 썩어 가는 폐단이 초래되었다.[105] 사태가 이에 이르자 각 관아에서는 왜관에서 왜은을 빨리 받아내기 위해서 소위 '차인(差人)'을 정해 보내는 변칙을 강구하게 되었다. 숙종 5년(1679) 우의정 오시수(吳始壽)는 저간의 사정을 다음과 같이 말하고 있다.

변무사가 할 일이 실로 다른 사행과 비할 바가 아닌 데다가 마침 그때에는 왜관의 은화도 오래도록 출래(出來)되지 않았기에, 사행원역이 모두 빈손으로 가게 되었습니다. 이 때문에 조정에서는 각 아문의 은화를 빌려주고 백사(白絲)와 필단(匹段)으로 대신 거두어 왜관에 들여보내 은화를 바꾸도록 허락했는데, 이는 실로 한 때의 부득이한 정책이었습니다.
그런데 그 뒤 각 아문과 여러 군문이 재산을 늘리기 위해 사행원역에게 은화를 빌려주었으니, 각각 그 은화를 빌려간 원역으로 하여금 은으로 바꾸어 상납케 하였어야 실로 사리에 합당할 것입니다. 그러나 이렇게 하지 않고 안면에 구애되어 대개 백사 등 잡화(雜貨)로 대신 거두고는

104) 『비변사등록』 33, 숙종 3년 8월 24일.
105) 『비변사등록』 40, 숙종 12년 10월 21일.

이어 부채자로 하여금 차인(差人)이라 칭하고 공문을 발급해서 왜관으로
내려보냈습니다. 이리하여 차인들은 값을 받아낼 때 공화(公貨)라 칭하
고 강제로 먼저 받아내었기 때문에 사상(私商)들은 감히 그 사이에서 간
여치 못하여 원망의 소리가 극에 달했습니다.

　소민(小民)과 더불어 이익을 다툰다는 것도 이미 지극히 해괴한 짓이
거늘 하물며 아문을 빙자하여 공공연히 백성의 이익을 빼앗을 수 있습니
까. 또한 공화(公貨)라고 칭했다면 왜인은 반드시 그것이 국가에서 흥판
(興販)한다 하리니 국가에 끼치는 욕됨 또한 얼마입니까. 또한 듣건대 각
아문의 차인(差人)들은 이미 차인의 칭호를 얻고 나면 아문이 대출한 자
금의 물화 외에 누천금(累千金)의 사화(私貨)를 공화(公貨)와 혼칭하는데
그 수는 헤아릴 수 없이 많다 합니다. 그리고 많은 차인들이 동래(東萊)
에 남아서 해가 지나도록 돌아오지 않는 자들은 그 사화(私貨)의 양이 많
기 때문이라고 합니다"106)

　이를 보면 아문에서 은화를 빌려간 사람들도, 차인에 임명되어 왜관으
로 내려간 이들도 역관이었던 것이다. 즉 역관들은 각 관아의 은화를 빌
릴 수 있는 이익만이 아니라, 왜관으로 물건을 팔기 위하여 내려가는 차
인으로 뽑혀 자기몫의 상품까지도 우선적으로 판매할 수 있었던 것이다.

　그러나 각 아문의 무절제한 은화 대여는 마침내 상역(商譯)들의 여러
가지 사정 때문에 받아들이지 못하는 경우가 많이 발생하였다. 이로 말
미암아 아문의 식리 방법에 약간의 수정이 불가피하였다. 숙종 15년
(1689) 우의정 목래선(睦來善)이, "근래 부연사행에 따라가는 상역배(商
譯輩)가 관서에서 다량의 은화를 빌리고 잡물(雜物)로 대신 납부할 것을
요청한다고 하니 일이 놀랍기 그지없습니다. 앞으로는 평안감사·평안
병사와 의주부윤을 엄하게 타일러 일절 잡물로써 대신 받지 못하게 하
여 그 놀라운 폐단을 막음이 어떻겠습니까?"고 하자, 영의정 권대운(權
大運)은 "빌린 은화에 대하여 이식(利息)은 혹 물화(物貨)로써 계산해 받
더라도 본색(本色)은 반드시 은화를 받도록 할 것이며 앞으로는 절대로

106) 『승정원일기』 272, 숙종 5년 9월 5일.

너무 많이 대여하지 못하도록 해야 합니다. 또한 은화를 대여 할 때는 은화를 관장하는 감색배(監色輩)로 하여금 빌리는 사람의 신실성(信實性) 여부를 잘 살핀 뒤 보증인을 세워 출납(出納)하되 만일 당초 빌린 대로 갚지 못하는 자가 있으면 보증인에게 책임을 물어 징수하는 것이 마땅합니다"고 건의하여 왕의 재가를 얻었다.[107]

결과적으로 종래 백사(白絲)로 원금과 이자을 상환하던 각 관아의 은화 대여 방법이, 이제 원금은 은화로 이자는 잡물로 상환토록 되었고 재정보증인을 세워야만 대출하게 되었다. 그러나 각 관아로부터 빌려주는 은화의 양은 계속 증가하였고, 이와 동시에 수납하지 못한 은화의 양도 점차 늘어갔다.

이에 숙종 17년(1691)에는 다시 목래선이 "근래 조정에서는 이미 발생한 폐단만 고치려 하고 폐단이 발생하는 원인은 알지 못하고 있습니다. 경아문과 양서(兩西)를 두고 말하더라도 공가(公家)의 은화를 마음대로 대여하는데 그 중에는 혹 죽어서 거두어들일 길이 없는 자도 있고 혹은 가난하여 도저히 상환할 수 없는 자도 있습니다. 때문에 신이 지난날에 간략히 보고하여 각 아문이 대여한 은자(銀子)는 원금에 한해서는 반드시 은자로 받고 이자는 잡물로도 받게 한 것은 모두 이러한 폐단을 염려한 데 있습니다. 어떻든 앞으로는 경아문과 양서는 절대로 은화를 많이 대여치 못하도록 다시 신칙함이 옳습니다"고 강조하였고, 국왕 역시 이를 신칙토록 엄명하였다.[108]

이러한 정부의 강경책은 무역자금을 융통해야 하는 역관들에게 큰 타격이 아닐 수 없었다. 이에 역관들은 공용은 염출을 구실로 삼고 사신들을 움직여 관은의 대출을 공인화 하게끔 책동하게 되었다. 역관들의 이러한 노력은 사신을 통하여 정부에 반영되었고 마침내 숙종 23년(1697)에는 비로소 정부가 역관에게 관은을 대출하고 그 이익금의 일부를 공

---

107) 『비변사등록』 43, 숙종 15년 10월 4일.
108) 『비변사등록』 45, 숙종 17년 7월 5일.

용은에 충당케 하는 한편 원금 은화는 기한 내에 완납토록 하는 조건 하
에 공인되었다.

공용은 염출과 관은의 상환방법을 살펴보면 곧 관은 전량 중 10분의
2에 해당하는 금액은 미리 공용은으로 사용하고 나머지 은화를 역관에
게 분급하도록 되어 있었다. 역관은 그것으로 물화를 수입 전매한 뒤 대
출시의 관은 전액을 충당하여 반납토록 되어 있으며 그 상환기간은 2년
이었다.109) 역관들은 종래의 비공식적인 은화 대출방식에서 한걸음 나
아가 이제는 공용은을 미끼로 한 사무역 자금을 정부로부터 공식적으로
대출받게 된 것이다. 이로써 공용은의 무상수취 폐단을 없앴으며, 공용
은으로 사용한 은화를 채워 갚아야 하는 조건이 있었으나 오히려 많은
양의 은화를 2년간에 걸쳐 무역자금으로 활용할 수 있는 혜택을 입게 된
것이다.

그런데 공용은 마련을 위한 관은의 대출 규정이 공인되자 이를 계기
로 누차에 걸쳐 강력히 억제해 왔던 각 아문의 사적인 대여 행위가 재현
되기 시작하였다. 영조 3년(1727) 영의정 이광좌(李光佐)는 당시의 사정
을 이렇게 이야기하고 있다. "지금 이 뿌리깊은 폐단은 사(私)가 승(勝)함
에 있습니다. 서울의 각 아문, 각 군문 및 양서의 감·병영 은화가 탕갈
된 것은 오로지 연행에 들여보내기 때문입니다. 대개 품질(品秩)이 높은
사신은 매양 보고하길 은화가 없어서 사사(使事)가 낭패를 보았다고 핑
계댑니다. 이리하여 비록 보통 사행일지라도 반드시 수 만냥을 서울과
지방 각처에 분정(分定)하여 의관과 역관에게 나누어줍니다. 혹 질질 끌
고 미루면 백방으로 주선(周旋)해서라도 반드시 분급토록 했습니다. 또
한 분정하는 이외에도 각 군문·아문·영문이 역관 무리의 안면에 구애
되어 사사로이 빌려줍니다. 일찍이 황력재자관의 부연시에 가져간 은화
의 수도 거의 15만 냥에 달합니다"110)라고 하였다.

---

109) 『비변사등록』 130, 영조 32년 3월 25일.
110) 『비변사등록』 82, 영조 3년 10월 28일.

이와 같이 역관들에게 대청무역활동에 필요한 자금의 융통이 원활해
지고 사적인 이익 추구가 순조롭게 진행되자 자연히 부연 역관의 수적
증가 현상도 나타나고 있었다. 영조 6년(1730) 사은겸동지부사로 연경을
다녀온 윤유(尹游)의 보고에 의하면, "지금 역관이 가지고 가는 것은 당
상관은 3천 냥, 당하관은 2천 냥으로 한번 사행에 팔포를 가지고 가는
자가 거의 40명이나 됩니다"[111]고 하였다.

이상과 같이 부연역관들은 공인된 사무역권이라 할 수 있는 팔포무역
권과 아울러 관아무역의 대행권을 장악함으로써 다량의 은화를 연경으
로 가져갈 수 있는 조건이 주어져 있었다. 그리고 공용은의 염출을 구실
로 관은(官銀)을 공식적으로 대출 받음으로써 무역자금의 융통도 원활하
였다. 게다가 각 아문의 차인(差人)으로 뽑혀 사상(私商)보다 우월한 지위
에서 왜상(倭商)과의 무역이 가능했다.

그런데 이들 역관의 무역활동을 원활하게 한 제반 여건은 이것뿐만이
아니었다. 당시 왜관의 대왜무역을 장악하고 있었던 훈도(訓導)와 별차
(別差)가 곧 동료역관이었다는 점도 주목해야 한다. 17세기 중반부터 18
세기 중반까지 부연역관들은 청으로부터 수입한 물화의 대부분을 부산
의 왜관을 통하여 일본에 수출하고 있었는데,[112] 왜관개시를 담당한 것
은 다름아닌 훈도와 별차였던 것이다. 왜관개시를 통하여 거래된 당시의
주요 물품은 조선이 북경으로부터 사들인 단자(緞子)·견직물(絹織
物)·백사(白絲) 및 국내산 인삼이었고 일본측은 왜은(倭銀)이었다.

111) 『비변사등록』 88, 영조 6년 10월 6일.
　　　윤유의 보고에는 역관을 40명이라 하고 있다. 그러나 이 숫자가 정확한지는
　　　분명치 않다. 영조 39년(1763) 영의정 신만(申晚)은 '『통문관지』의 편간 연
　　　도인 숙종 46년(1720) 이전의 역관은 당하관과 당상관 모두 22명인데, 그 뒤
　　　청학(淸學)과 몽학(蒙學)의 총민(聰敏)과 별선(別選) 공삼등제(共三等第)의
　　　가설(加設)로 3명이 증가되고 다시 당상역관 중에서 별계청역관(別啓廳譯
　　　官)이 늘어 그간 5~6명이 증원되었다'고 했다(『비변사등록』 144, 영조 39
　　　년 6월 21일). 따라서 역관은 총 27~28명으로 생각된다. 40명이었다는 것은
　　　확인할 수 없다. 아마도 군관(軍官) 7명을 합친 숫자인 듯하다.

[그림 6] 초량 왜관도[113]

왜관을 통한 이 조·일무역에는 이상과 같은 현물을 즉석에서 교환하는 상거래 이외에 '피집(被執)'이라 하여 물화를 구매상에게 미리 넘겨주고 그 물화의 대금은 후불케 하거나 아니면 장기 분할하여 불입케 하는 관행이 많이 행해지고 있었다.

어떻든 왜관개시의 주도권을 장악한 훈도와 별차는 대부분 부연역관과 결탁하였고 이들의 무역활동을 원활케 하였다. 이에 "듣는 바에 의하면 절행시에 충당할 수 있는 은화가 대마도(對馬島)에서는 나왔는데도, 왜관의 왜인과 훈도·별차 등이 비밀리에 공모하여 아직 은화가 나오지 않았다고 핑계대고 은화는 샛길로 직접 의주(義州)로 보내고 있습니다"[114]고 하였다.

왜관과 의주가 연결되면서 대일무역과 대청무역이 중개무역의 형태를 띠었음을 분명히 알 수 있는 것이다. 즉 당시 부연역관은 왜관의 훈도·별차와 결탁하여 중국과 일본을 잇는 중개무역을 장악하고 있었

---

112) 『증보문헌비고』 권164, 시적고 관시사례. 왜관무역에 대해서는 다음의 논저가 참조된다.
   김동철, 1999, 「조선후기 왜관 개시무역과 피집삼」 『한국 민족문화』 13.
   정성일, 2000, 『조선후기 대일무역』, 신서원.
113) 출전 : 초량왜관도, 변박. 국립중앙박물관 소장.
114) 『비변사등록』 114, 영조 21년 8월 9일.

던 것이다. 이는 숙종 17년(1691) 호조판서 오시복(吳始復)의 주문(奏文)에서도 찾아 볼 수 있다.

> 이전 대신의 진달(陳達)로 인해 왜관 상고절목(商賈節目)을 계하(啓下)
> 신칙한 것은 오로지 잠상행위를 통금(痛禁)하려는 데 있습니다. 부로세
> (路浮稅)와 매삼은(賣蔘銀)을 몰래 받아내어 우리 나라에서는 사용치 않
> 고, 반드시 청나라로 가지고 들어가 이익을 취하려 합니다. 그 때문에 사
> 행과 재자관(賫咨官)이 들어갈 때 보면 처음에는 은화를 많이 가졌다는
> 말을 듣지 못하나 도강시(渡江時)에 이르면 어디로부터 온 것인지 알지
> 못하는 은화가 거의 수 만냥에 달합니다. 이는 실로 왜관으로부터 몰래
> 받아낸 은화입니다"[115]

그러면 이러한 여러 요건 하에서 대청무역에 종사해 온 부연역관들이 중개무역을 통해서 얻을 수 있었던 차액은 어느 정도였던가. 이에 대해 일일이 상고할 수는 없다. 다만 당시의 가장 중요한 무역품목이었던 백사를 청나라에서 구입하는 가격과 왜관을 통해 일본으로 수출하는 가격을 대비해 보는 것으로 그 윤곽을 잡을 수 있을 것 같다.

> 우리나라 사람이 청나라에서 무역해 오는 백사(白絲)가 모두 왜관으로
> 들어가는데, 바로 큰 이익을 얻기 때문입니다. 백사 1백 근(斤)을 60금(金)
> 에 무역해 와서 왜관에 가서 팔면 값이 1백 60금이나 됩니다. 이런 큰 이
> 익이 있기 때문에 백사는 비록 수만 근이라도 모두 팔 수가 있습니다"[116]

이는 현종 11년(1670) 민정중(閔鼎重)의 보고인데, 왜관에서의 백사 수출 가격은 청나라에서의 수입 가격에 비하여 약 2.7배에 달하고 있었다. 이로 미루어 당시 부연역관들이 중개무역을 통하여 그들의 재부(財富)를 얼마나 축적해 갔으리라는 것은 충분히 이해되고도 남음이 있다. 그 대

---

115) 『비변사등록』 45, 숙종 17년 10월 17일.
116) 『현종개수실록』 권22, 현종 11년 3월 경신.

표적인 예를 숙종대 역관 변승업(卞承業)의 집안에서 찾을 수 있다.[117] 변승업은 밀양(密陽) 변씨로 이 집안에서는 광해군 이후 약 280년간 20대에 걸쳐서 106명이 역과에 합격할 정도로 대대로 역관직을 세습해 왔다. 역관의 합격 비중은 숙종・경종 시기에 절정을 이루다가 점차 줄어들었으며, 청학역관도 있었으나, 왜학역관이 많았다. 이 집안은 변응성(卞應星, 1574~1654) 때부터 중개무역을 통해 재산을 축적했는데, 변승업(1623~1709)도 왜어역관으로서, 서울 장안의 최대갑부로 알려졌었다. 그러나 18세기 중반 이후 왜관무역이 쇠퇴하면서 왜어역관이 많았던 이 집안의 가세는 점차 기울게 되었는데, 이 역시 당시의 시대상과 맞아떨어지는 것이라고 하겠다.

Ⅲ. 역관의 염초밀수입과 국내 화약산업의 발달

17세기 중엽 청나라에 대한 북벌정책을 강력히 추진하였던 효종과 현종 대에는 청나라나 일본으로부터 화약의 원료인 염초와 유황이 비합법적인 루트를 통해서 대량으로 수입되고 있었다. 염초와 유황은 유회(柳灰)와 함께 화약제조의 3대 요소에 속한다. 유회는 어느 곳에서나 쉽게 구할 수 있는 것이지만 염초와 유황은 그렇지가 못하였다. 염초는 해묵은 고가(古家)나 담장 밑의 함토(鹹土)를 주원료로 하여 제조되지만, 제조과정이 복잡하고 숙련된 기술을 요구하는 원료였으며, 유황은 광물로

---

117) 김양수, 1998,「조선후기 역관가문의 연구 - 변응성・변승업 등 밀양변씨가 계를 중심으로 - 」『손보기박사 정년기념 한국사학논총』, 지식산업사.

서 쉽게 산지를 찾아 개발하기가 어려운 것이었다.

　염초와 유황의 품질에 따라 화약의 성능이 결정되었지만 그것은 당시에 있어서 화약병기의 수준을 가늠하였고, 전쟁의 승패마저 좌우했던 것이었다. 이 때문에 일찍부터 조·중·일 삼국에서는 각기 자기 나라의 화약제조기술을 다른 나라에 누설함은 물론이고, 제품의 국외유출을 국법으로 금지하고 있었다. 즉 제조기술을 타국에게 누설하거나 제품을 사사로이 판매할 때에는 극형에 처하도록 규정하고 있었던 것이다. 따라서 외국으로부터 염초나 유황을 구입하려면 비합법적인 방법을 이용해야 하였다.

　그런데 효종·현종 연간(1649~1674)에 조선이 북벌 정책을 추진하기 위해서는 무엇보다도 군비확충을 서두르지 않을 수 없었다. 그러나 이 시기에는 국내의 염초 제조술이 저급한 수준에 놓여 있었고, 유황 광산도 거의 개발되지 않았던 상태였다. 이리하여 조정에서는 사행시의 역관이나 사상인을 통해서 청나라와 일본의 염초와 유황을 수입하려고 노력하였다. 염초나 유황을 대량으로 수입한 자들에게는 높은 관직을 제수하거나 많은 특전을 부여하는 등 포상제를 통해서 수입활동을 장려하였다.

　한편 염초와 유황은 관부(官府)에 납품될 뿐만 아니라 사적인 판로(販路)도 넓게 열려 있었으며, 수입가와 판매가 사이의 차액도 엄청났다. 따라서 청·일 양국으로부터의 염초와 유황의 밀수 활동은 당시의 비합법적인 무역활동의 주류를 이루고 있었다.

1. 염초·유황 밀수입의 시대적 배경

　17세기에 염초와 유황을 국가적 차원에서 밀수입하게 된 동기는 적어도 16세기 말의 왜란시기까지 소급하여 설명하지 않을 수 없다. 그것은 염초·유황의 군사적 수요가 급속히 늘게 된 계기가 왜란이었고, 이를 계기로 전쟁의 주무기가 궁시(弓矢)나 창검(槍劍)이 아닌 총포(銃砲)로 바뀌었기 때문이다.

일본은 1543년에 이미 포르투갈 상인을 통해서 서양의 신무기인 조총(鳥銃)을 받아들여 오다 노부나가(織田信長)와 토요또미 히데요시(豊臣秀吉)의 국내 통일 때에 주무기로 이용하였다. 그러나 중국이나 조선에는 이보다 20년 내지 50년이나 늦게 전래되었다. 중국은 1563년 절강성(浙江省)에 침입한 왜구로부터 전습(傳習)하였다. 그러나 조선은 선조 22년(1589) 대마도주 소오 요시토시(宗義智)가 선물로 보낸 적이 있었으나 별다른 관심도 없이 군기시의 창고에 버려 둔 채 임진왜란을 맞았다. 조총의 탄환은 연환(鉛丸)이라 하여 납이 이용되었고 화약은 연환의 발사물로써 쓰여졌다.

화약생산의 주원료인 염초의 제조기술을 통상 '자초법(煮硝法)'이라 하였다. 이 자초법은 이미 14세기 말에 원나라로부터 배우고 익혀 15세기 전반에는 질적인 개선과 아울러 대규모의 생산이 이루어지고 있었다. 그러나 15세기 후반기부터는 거의 생산이 중단되다시피 하여, 왜란이 발발했을 당시에는 염초의 재고량도 보잘 것이 없었을 뿐 아니라 제조할 기술마저 찾을 길이 없었다.

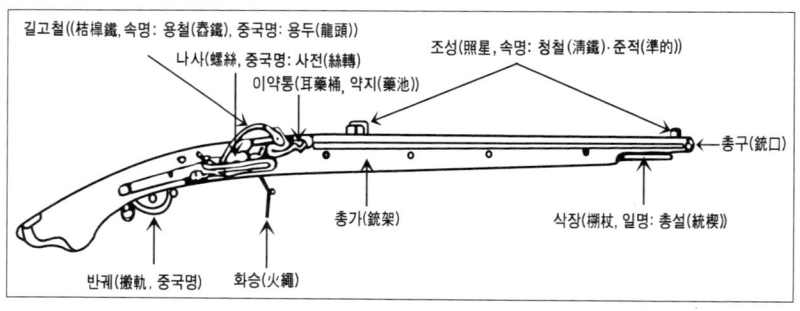

[그림 7] 조총 명칭도

[그림 8] 화약통

[그림 9] 탄환그릇

조총으로 무장한 왜군에게 조선군은 궁시와 창검으로 맞섰던 것이다. 따라서 필연적인 조선군의 패퇴를 만회하기 위해서는 재빨리 조총을 제조하고, 화약과 연환을 생산하여 조선군의 주무기로 바꾸어야만 하였다. 그러나 피난하기에 여념이 없었던 왕과 대신들은 명나라의 원병이 평양성을 탈환한 뒤에야 비로소 이 문제에 착안하게 되었다.

우선 시급한 것은 조총과 연환의 제조와 아울러 우리나라 기술자로 하여금 자초법을 하루속히 익혀서 대규모적인 염초생산에 착수하는 일이었다. 전란 중에 조정에서 자초법을 전수할 수 있는 길은 명의 원병과 왜군의 포로를 통하여 명법(明法)과 왜법(倭法)을 전수하는 방법이었고, 다른 한편으로는 우리나라 사람들 중에서 자초 기술자가 나타나기를 기다리는 일이었다.

자초법의 전습 문제가 최초로 거론된 것은 평양성을 탈환한 직후였다. 선조는 동왕 25년(1593) 정월 좌의정 윤두수(尹斗壽)에게 명나라의 요동도사(遼東都司) 장삼외(張三畏)와 제독(提督) 이여송(李如松)에게 공문을 띄워 자초법을 배우도록 하는 한편 국내에도 명령을 내려 자초법을 습득한 자에게는 당상직(堂上職)을 제수할 것을 지시하였다.[118] 그 결과 동년 3월에 예조판서 윤근수(尹根壽)와 요동도사 장삼외 간의 통역을 담

---

118) 『선조실록』 권34, 선조 26년 정월 계미.

당하고 있던 역관 표헌(表憲)이 명나라의 자초법을 배워왔으며 표헌은
가자(加資)되었다.[119]

그런데 표헌이 전습한 명의 자초법이 얼만큼의 성과를 거두게 되었는
지는 기록상 찾아 볼 길이 없다. 표헌이 기술자가 아니라 역관인 이상
자초법을 전습하였다고 하더라도 그것이 몸소 기술을 익혀서 전한 것이
아니며, 명나라의 자초법을 문자상으로 전달한 데 지나지 않았을 것이기
때문이다. 그러나 성과는 없었더라도 표헌에 의하여 명나라의 자초법이
실험되었고 또 적용하려 노력했던 점만은 분명하다. 전란 중에 자초법이
최초로 시도되었다는 점에서 높이 평가될 문제이다.

선조는 이처럼 요동도사 장삼외와 제독 이여송에게 공문을 보내어 명
나라의 자초법을 전습시키려고 노력하는 동시에 왜병에게 포로로 있다
가 빠져나온 우리나라 사람들과 또 우리 군사에게 붙잡힌 왜인(倭人)을
통해서 왜의 자초법을 전습하려고 노력하였다. 선조는 동왕 26년(1593)
2월 왜인에게 포로가 되어 자초법을 익혔다는 남녀가 있음을 보고 받고
즉시 행재소(行在所)로 올려 보내도록 지시하는가 하면,[120] 대마도주 소
오 요시토시의 진중(陣中)에서 도망쳐 나온 왜어역관(倭語譯官) 김덕회
(金德澮)를 부역죄로 국문할 때에도, 형관에게 지시하여 자초법을 배웠
는지를 추문케 하였다.[121] 그러나 이들로부터는 왜의 자초법을 전습하
는데 도움이 되지 못하였고 역시 포로로 잡은 왜병(倭兵)을 통해서만이
일본의 자초법 전수가 가능하였다.

동년 3월 선조는 승정원을 통해 아래와 같은 내용의 밀지를 이항복(李
恒福)에게 하달하였다.

---

119) 『선조실록』 권36, 선조 26년 3월 임오.
120) 『선조실록』 권34, 선조 26년 2월 기미.
121) 『선조실록』 권29, 선조 25년 8월 계사 및 『선조실록』 권 35 선조 26년 2월
   신축 참조.

조총의 제조법은 이미 전습되었으나 염초 자취법은 아직 전습되지 못했는데 이번에 붙잡은 왜인이 자초법을 안다고 한다. 이 왜인들을 죽여서 이익될 것도 없으니 죽이는 문제는 뒤로 미루고 속히 오응림(吳應林)과 소충한(蘇忠漢)으로 하여금 장인들을 통솔하여 자초법을 배우게 하라"[122]

선조의 밀지에 나타나는 붙잡은 왜인 2명은 이름이 확실치 않고 다만 '조우여문(調于汝文)'이라고만 기록되어 있어, 이것이 두 사람의 이름인지 그 중 한 사람의 이름인지 분간할 수 없다. 어떻든 두 왜인 중 한 사람은 조총제조법을 아는 자였고, 한 사람은 자초법을 아는 자였다.

선조는 밀지에 이어 군기시에 지시하기를 자초법을 아는 자는 영변으로 이송하고 조총제조법을 아는 자는 산철지의 모읍(某邑)으로 이송하되 관원을 딸려보내어 작업에 착수토록 하였다. 그러나 군기시에서는 2~3개월이 넘도록 족쇄를 채운 채 연금해 두고 있다가 동년 6월에야 군관과 관리가 두 왜인을 영변으로 호송하였다.[123] 그러나 이들 왜인 중 조총제조자는 영변에 도착한 뒤 병사(病死)하였고, 자초법을 아는 자만이 관원의 감시 하에 자초역에 종사하면서 우리의 장인들에게 왜의 자초법을 전습시키는데 공헌하였다.[124]

선조는 이처럼 조총과 염초제조에 사역할 목적으로 관례를 깨고 왜인 포로들을 명나라에 넘겨주려 하지 않았다. 즉 조우여문(調于汝文) 등이 "왜가 조선을 먼저 함락하여 입거(入據)한 뒤 이어서 중국을 침범하려 하였지만, 중국 구원병이 조선에 들어와 왜병이 많이 죽었기 때문에 관백(關白)이 회군하여 돌아오라고 했다"는 말을 하여, 비변사에서는 이를 중국의 경략(經略)에게 알려야 한다고 주장하였다. 그러나 선조는 만약에 알리면 이들 두 왜인을 잡아가 버릴 것이니 머물러 두고 조총과 염초

---

122) 『선조실록』 권36, 선조 26년 3월 임인.
123) 『선조실록』 권39, 선조 26년 6월 기해.
124) 『선조실록』 권48, 선조 27년 2월 병인.

의 제조법을 전습케 하도록 하자고 반대하였다.[125] 또 이듬해인 동왕 27
년(1594) 2월에는 다시 조우여문(調于汝文)의 예를 들어 왜인 포로 중 흉
악하고 교활하여 제압하기 어려운 자를 제외하고는 죽이지 말고, 조총과
염초 제조에 투입토록 지시하였다.[126]

이상과 같이 임진왜란 이듬해인 선조 26년(1593)에는 표헌에 의하여
명의 자초법이 전해진데 이어 조우여문 등에 의하여 왜의 자초법이 염
초 생산에 적용되게 되었다. 그런데 『만기요람』에는 확실한 연대는 밝
혀져 있지 않지만 훈련도감이 설치된 선조 26년(1593) 10월 이후에 군기
시 장인(匠人) 대풍손(大豊孫)이 적진에서 빠져 나와 하루에 염초 10여
근씩을 생산해 내었다는 기록이 있다. 곧 '유성룡이 또 조총을 교습하고
자 하였으나, 화약이 없어 걱정하였는데 화약을 제조하여 왜적에게 공급
한 죄로 마땅히 사형에 처하게 되었던 군기시장(軍器寺匠) 대풍손을 특
별히 용서하고 염초를 제조케 하였더니, 풍손이 감사하고 두려워 힘을
다함으로써 하루에 10여 근을 제조해 내었다'[127]는 내용이다.

대풍손은 군기시에 소속되어 있던 장인으로 왜인에게 포로가 되어 염
초 생산에 종사한 자였다는 것으로 보아 전쟁 전에도 군기시의 염초장
이었을 것이다. 그는 우리 나라의 전통적인 자초법을 전수해 온 유일한
자초장으로서 그를 통해서 우리의 전통적인 자초법이 계승되었던 것으
로 생각된다.

그런데 임진왜란 중 자초법의 개발에 특기할 만한 일은 충청도 서천
사람 임몽(林夢)에 의한 해토자초법(海土煮硝法)의 개발이었다. 해토자초
법은 원래 선조가 명나라 사람들이 바닷물로 염초를 제조한다는 낭설을
듣고 소위 해수자초법(海水煮硝法)을 전습하려고 고심해온 데서 발생한
성과였다고 하겠다. 즉 명·왜의 자초법이나 우리 전래의 자초법은 고가

---

125) 『선조실록』권40, 선조 26년 7월 신유.
126) 『선조실록』권48, 선조 27년 2월 병인.
127) 『만기요람』군정편 2, 훈련도감.

(古家)의 추녀 밑이나 담장 밑의 묽고 습한 함토(醎土)만을 채취하여 제조하기 때문에 대규모 생산이 불가능하였다. 따라서 선조는 염초를 바닷물로써 제조할 수만 있다면 하는 허황한 기대 속에 해수자초법을 장려하였고, 그것이 마침내 해토자초법을 발명케 한 것이기 때문이다.

해수자초법에 관한 말들이 언제 누구를 통해서 선조에게 전해졌는지는 정확하지 않다. 다만, 선조 26년(1593) 2월 숙천(肅川) 행재소(行在所)에서 선조는 지중추부사 이덕형(李德馨)과 평안감사 이원익(李元翼)을 부른 자리에서 명나라 군대의 자초법이 어떤 것인가를 물었다. 이원익이 해조백구(海潮白漚)를 많이 모아 자초한다고 말하자, 선조는 그것이 소금 만드는 법이지 어찌 염초를 만드는 법이냐고 말한 적이 있다.[128] 이것이 해수자초법에 관한 최초의 기록이었고 동년 3월에도 좌의정 윤두수가 해수로 자초한다는 사실을 선조에게 말한 일이 있다.[129]

이리하여 선조는 해수로써 염초를 생산할 수 있다는 말을 확신하였고, 어떻게든 해수자초법을 배우도록 할 것을 결심한 것이다. 이 때문에 그는 마침내 동년 9월에 이르러는 다음과 같은 내용의 비망기(備忘記)를 내리게 되었다. "염초를 해수로 끓여 만드는 명나라 사람들의 법을 지금까지 전습한 자가 한 사람도 없다. 지금 마땅히 각별히 명령을 내려 과연 그 해수자초법을 능히 전습하는 자가 있으면 관직이 있는 사람일 경우 당상에 제수하고 그 이하 사람에게는 높은 관직을 제수해야 한다"[130]

선조의 이 비망기에 대해 비변사에서도 해수자초법이 현실의 어려움을 타개할 수 있는 유일한 길이므로 파격적인 포상제를 실시하여 유능한 자초기술자를 분발시켜야 한다고 찬동하였다.[131] 그러나 해수자초법을 배운 사람이 나타나지 않았다. 이에 선조는 동년 10월에도 관심을 보

---

128) 『선조실록』 권35, 선조 26년 2월 을사.
129) 『선조실록』 권36, 선조 26년 3월 경신.
130) 『선조실록』 권42, 선조 26년 9월 을미.
131) 『선조실록』 권42, 선조 26년 9월 경신.

이더니,132) 이듬해 정월에는 철군을 앞둔 명장 낙상지(駱尙志)에게 명나라의 자초법을 상세히 적어줄 것을 청하도록 하는 한편 '언듯 듣기에 산동 지방에서는 해수로 염초를 자련(煮煉)한다고 하는데 그 말을 믿을 수 있는가?' 라고 물어보도록 지시하였다.133)

그런데 낙상지가 해수로 자초하는 것이 아니고 해변의 함토로서 제조한다고 말했는지는 상고(詳考)할 수 없었지만, 선조 28년(1595) 2월 왕은 승정원에 전지(傳旨)하기를 '해변의 함토로 염초를 자취하는 법을 진유격(陳游擊)에게 물어보되 직접 묻기가 어렵거든 그가 거느린 가정(家丁) 중에 다행히 혹 아는 자가 있으면 뇌물을 주고 밀문(密問)하여서라도 전습토록 하라'134)고 지시하였다. 이로 미루어 볼 때 낙상지로부터 해수가 아닌 함토로 염초를 생산한다는 사실을 확인하였음이 확실한 것 같다.

어떻든 선조는 해토자초법을 전습케 하기 위하여 비밀리에 진유격의 휘하에 사람을 보냈을 뿐만 아니라 명나라 군사를 훈련도감으로 불러 해토자초법을 시험키로 하였으나 별다른 성과를 얻지 못하였다. 이러한 분위기 속에 동년 5월 서천의 한 군보(軍保)였던 임몽이 해토자취법을 자력으로 개발하여 훈련도감에 보고하였던 것이다. 이에 훈련도감에서는 감관(監官) 조효남(趙孝南)을 파견하여 임몽과 함께 남양(南陽) 해변으로 내려가서 제조토록 하였다.

임몽은 5일 동안에 해토(海土)로 제조한 염초 1근과 함토 2푼, 해토 1푼을 섞어 제조한 염초 3근을 갖고 훈련도감으로 돌아왔다. 그리고 유황·유회 등과 합하여 화약을 만든 뒤 총에 넣어 쏘아본 결과, 화약의 성능이 아주 좋다는 것을 입증하였다. 그러나 훈련도감에서는 임몽을 자초제조소(煮硝製造所)의 우수한 장인들과 남양으로 다시 내려보내어 장인들에게 자취법을 전습시킨 뒤에 논상(論賞)토록 할 것을 건의하였다.

---

132) 『선조실록』 권43, 선조 26년 10월 임인.
133) 『선조실록』 권47, 선조 27년 정월 무자.
134) 『선조실록』 권60, 선조 28년 2월 경신.

이에 대해 선조는 오히려 유식한 낭청(郎廳)을 파견하여 임몽과 염초장들을 대동하고 남양에 내려가 철저히 시험한 뒤에 논상토록 하라고 지시하였다.[135] 낭청을 따라 남양에 내려간지 24일 만인 동년 6월 훈련도감에서는 임몽의 해토자취법이 성공적으로 끝났으므로 중상을 내림이 마땅하지만, 보인(保人)으로써는 규례상 금군(禁軍)에 제수할 수 밖에 없다고 보고하였다.

그러나 선조는 파격적인 상전을 베풀어 동반 6품의 실직(實職)인 중부주부(中部主簿)에 임명하였다.[136] 이 때문에 사간원에서는 공장천부(工匠賤夫)를 6품 동반직에 제수함은 조정이 '공훈에 보답하는 법'에 어긋남으로 즉시 명령을 내려 바꿀 것을 주장하는 등 많은 물의를 자아내었지만, 선조는 끝내 경청하지 않았다.[137]

이리하여 해토자초법이 비로소 우리나라 사람의 자력으로 개발되었거니와 그로 인하여 한 시골의 보인이 동반 6품의 실직에 제수되는 특례를 낳게 되었던 것이다. 해토자초법은 함토를 해변 인마(人馬)의 왕래가 잦은 지역에서도 채취할 수 있다는 가능성을 입증한 것으로써 함토 채취 범위를 확대시킨 데는 공이 크다고 하겠으나 그것만으로 염초의 질적 개선과 대규모 생산을 보장하는 것은 못되었다.

염초의 필요성은 왜란 중에만 절실한 것이 아니었다. 왜란이 끝난 뒤에도 염초의 수요 문제는 더욱 절실해 가기만 하였다. 그 이유의 하나는 전란 중에 채택한 삼수병제(三手兵制)로 말미암아 포수(砲手)의 수가 급증한데 있었고, 둘째는 만주의 여진족 세력이 위협적인 존재로 부각되고 있었다는 사실이다.

삼수병제는 명나라 장수 척계광(戚繼光)이 창안한 병법이었다. 척계광은 중국의 동남 해안을 노략질하던 왜구를 소탕하는 과정에서 삼수제를

---

135) 『선조실록』 권63, 선조 28년 5월 정유.
136) 『선조실록』 권64, 선조 28년 6월 병인.
137) 『선조실록』 권65, 선조 28년 7월 병술.

창안하여 방대한 병서 『기효신서』(紀效新書)를 남겼다. 삼수는 궁병(弓兵)인 사수(射手)와 창검병(槍劍兵)인 살수(殺手) 그리고 조총병인 포수(砲手)를 말하며, 그 운용의 묘는 당시 일본의 주무기였던 조총의 단위대(單位隊)를 능가하였다. 평양성을 탈환한 명나라 원병 역시 척계광의 병법으로 조직 훈련된 남방병사들이었다. 이 때문에 조선에서도 선조 26년(1593) 10월에는 서울에 훈련도감을 설치하여 기간병을 양성한 뒤 팔도의 군사를 모두 삼수제로 편성 훈련하였다. 이처럼 지방에 편성된 군사를 통칭 '속오군'이라 불렀는데, 양인·천인을 막론하고 16세 이상 60세 이하의 남자가 여기에 편입되었고 병농일치제하에 운용되었다.

삼수제의 적용으로 인한 가장 큰 문제는 조총과 그것에 사용할 화약과 연환을 조달하는 문제였다. 전란으로 국토가 황폐되고 국고가 고갈한 상태에서 정부가 각도 각읍에 편성된 속오군 포수들에게 조총과 화약, 연환을 조달할 도리가 없었던 것이다. 이 때문에 이른바 '제도각읍월과총약환법(諸道各邑月課銃藥丸法)'을 제정 실시하게 되었다.

본법의 제정 목적은 제도 각 읍으로 하여금 당해 읍에 조직된 속오군 포수의 조총·화약·연환을 자체 내에서 조달하도록 하기 위해서이다. 정부는 주·부·군·현의 읍세(邑勢)의 차등에 따라 매월 일정량의 조총과 화약 및 연환을 제조토록 강요하였다. 그러나 각 읍이 이 새로운 물종의 조총·화약·연환을 제조할 원료와 기술자를 구할 도리가 없었기 때문에 대부분이 서울의 시장에서 현품을 구입하였다. 따라서 정부는 조총·화약·연환의 정가제를 실시하여 조총은 1자루 당 쌀 3석 5두, 화약은 근당 10두, 연환은 1백 개 당 5두로 고정시켰다. 이리하여 각 읍에서는 매달 마련해야 하는 조총·화약·연환을 자체 생산하기 보다 쌀과 콩으로 구입함으로써 이것의 상품화를 더욱 촉진하였다.[138]

한편 만주에서는 여진족의 세력이 성장해 가고 있었다. 조선은 군제

---

138) 유승주, 1976, 「조선후기 공인에 관한 연구(상)」, 역사학보 71, 3~11쪽.

의 변화와 만주족의 성장에 따른 군사적인 목적으로 염초의 수용문제가
심각해졌다. 임란 후 선조는 우선 동왕 34년(1601)에 납초면역령(納硝免
役令)을 내려 농민들로 하여금 염초제조업에 적극 참여하도록 권장하였
다. 곧 염초 60근을 국가에 바치는 자에게는 면역의 특전을 부여하는 제
도를 마련하여 국내의 염초생산을 촉구한 것이다.[139] 이처럼 국내 생산
을 장려하는 한편 명나라 염초의 수입 방안도 마련하였다.

비변사에서 국내의 염초 수용량을 고려하여 수입량을 결정하였고 그
것의 값은 호조에서 종합 지불하였다. 그리고 수입절차는 정기사행과 임
시사행을 이용토록 되어 있었다. 다시 말하면 성절·정조·동지·천추
(千秋) 등 정기적인 사행과 사은·진주·진하 등 임시적인 사행시에 염
초를 수입한 것이다. 따라서 염초수입 업무는 정사와·부사 및 서장관
등 삼사와 당상통사·상통사 등 고위역관들이 담당하였다.[140]

사행시에 수입해온 염초의 수입량이 얼마나 되었는지 상세히 밝혀져
있지는 않다. 그러나 몇몇 기록을 살펴보면, 인조 2년(1624) 4월 사은행
에는 절사(節使) 때의 수입정액의 절반에 해당하는 1만근을 수입키로 결
정했다고 하였고,[141] 동년 7월 훈련도감에서는 정기적으로 수입해온 1천
근 외에 별도로 2천근을 수입하고 있다.[142] 이상에서 볼 때 정기사행의
수입정량은 2만근 임시사행시에는 1만근이 수입되고 있었음을 알 수 있
다. 그리고 수입액 중 훈련도감에 정례적으로 배분되는 염초가 1천근이
었음을 살펴 볼 수 있다. 사행시가 아니더라도 유사시에는 요동도사에게
직접 자문을 띄어 수입하기도 하였다.[143] 당시의 염초가는 북경에서 구
입할 경우와 요동에서 구입할 경우, 그리고 구입하는 시기에 따라 차이
가 있지만, 선조 34년(1601) 2월 현재 요동지방의 염초가는 20근에 은화

139) 『선조실록』 권139, 선조 34년 2월 정축.
140) 『광해군일기』 27, 광해군 2년 윤3월 25일.
141) 『인조실록』 권5, 인조 2년 4월 정미 ; 『비변사등록』 3, 인조 2년 5월 28일.
142) 『인조실록』 권6, 인조 2년 7월 갑인.
143) 『광해군일기』 129, 광해군 10년 6월 을유.

1냥이었고[144], 광해군 9년(1617)에는 염초 1백여 근을 목(木) 1동으로 수입하고 있었다.[145]

그런데 염초 무역은 비록 공무역의 성격을 띠고 있었지만 생산지의 사정에 따라 또는 사행시기의 적부에 따라 차질이 생길 때가 있었고, 때로는 수입액을 훨씬 초과하는 경우도 있었다. 그것은 그때 그때의 사정과 관계되는 문제지만 조정에서는 수입 정량을 초과하도록 장려하였다. 수입정량을 초과한 액수가 얼마나 많은가에 따라 포상에도 차이가 있었다. 곧 정사·부사와 서장관을 가자(加資)하거나 승서(陞敍)하고, 역관들에게도 실직을 제수하거나 가자하는 사례가 많았다.[146] 뿐만 아니라 수입에 공이 큰 역관일 경우에는 사행에 따라갈 수 있는 순차에 구애됨이 없이 상시로 수행할 수 있는 특전이 주어지고 있었다.

이상에서 조선정부는 임진왜란 직후부터 정기사행과 임시사행 편에 그리고 요동도사에게 자문을 보내서까지 명나라의 염초를 수입해 왔음을 알 수 있다. 그런데 이 무역을 담당한 것은 역시 역관이었다. 하지만 명나라로부터의 염초 수입로는 항시 순탄하게만 열려 있지 않았다. 곧 광해군 13년(1621) 3월 후금이 심양을 점령하면서부터 북경으로 가는 요동지역의 육로가 차단되었다. 따라서 조선사행은 부득이 평북 선천의 선사포(宣沙浦)에서 해로로 여순(旅順) 앞의 평도(平島)를 거쳐 등주(登州)에 상륙하여 북경(北京)으로 가야만 하였고, 인조 7년(1629)부터 인조 10년(1632)까지는 사행로를 약간 변경하여 선천에서 여순구(旅順口)를 거쳐 북상하여 영변위(寧邊衛)에 상륙한 뒤 산해관(山海關)을 지나 북경으로 통하였다가 그 뒤 다시 앞서의 등주를 거치는 노정을 취하였다. 그러나 정묘호란을 치룬 인조 5년(1627) 이후로는 상기한 명으로부터의 염초

144)『선조실록』권139, 선조 34년 2월 정축.
145)『광해군일기』143, 광해군 11년 8월 경신.
146)『광해군일기』21, 광해군 원년 10월 13일 ;『광해군일기』24, 광해군 2년 정월 16일 ;『광해군일기』27, 광해군 2년 윤3월 25일 등 참조.

수입로는 거의 두절되고 말았다.

　정묘호란으로 조선이 비록 후금과 형제의 화친을 맺기는 했지만 전쟁의 위협이 가신 것은 아니었다. 후금의 태종은 태조 누르하치와는 달리 태자 때부터 이미 조선정벌을 주장해온 자였고 조선의 인조 역시 광해군의 중립외교정책과는 반대로 숭명배금책을 표방한 서인정권에 의하여 추대되었다. 조선과 후금 간에는 언제 전쟁이 발발할지 예측할 수 없는 상태였다. 이러한 시점에서 명과의 염초무역이 단절되었으니 조선으로서는 오직 국내 생산에만 의존할 수 밖에 없었다.

　염초를 국내생산으로 충족시키기 위해서는 무엇보다도 자초기술을 개선하고 거국적인 생산운동이 전개되지 않으면 안되었다. 이러한 시대적 환경은 자초술의 개발을 자극하여 마침내는 별장 성근(成根)의 새로운 자초법을 낳게 하였다. 별장 성근은 우리나라로 도피해온 명나라 사람들로부터 그곳의 자초기술을 묻는 등 자초법의 개량에 노력한 끝에 결실을 보게 되었고, 그것은 곧 군기시에 보고되었다. 당시 군기시 도제조였던 이서는 이를 '신전자취염초방(新傳煮取焰硝方)'이라 이름하여 '화포식(火砲式)'의 부록(附錄)으로 붙혀 인조 13년(1635) 8월에 간행하였다.[147] 이리하여 신전자취염초방에 기초한 자초작업이 전국적으로 실시되었고, 효종·현종 연간에 왜어역관 한세용이 왜인의 자초법을 전래하기까지 성근의 자초법이 이용되었다.[148]

147) 『화포식언해』(전) 부신전자취염초방의 서문과 발문 참조
148) 하지만 한세용의 자초법도 우수한 것은 못되었으며, 만족할 만한 자초법을 얻기에는 숙종 24년(1698)에 반포되는 김지남의 '신전자초방'이 나타나기까지 기다려야만 하였다. 유승주, 1978, 「조선후기 공인에 관한 일연구」 (중) 『역사학보』 78, 67쪽 참조.

2. 밀수입 실태와 국내 염초·유황산업의 발전

조선은 병자호란으로 청나라에 항복하였고 치욕적인 군신관계를 서약하였다. 그러나 조선은 어디까지나 청 배후의 위협적인 존재였으므로 청 태종은 항복조약시에 조선에게 성벽을 고쳐 쌓지 못하도록 다짐하였던 것이다. 그것은 조선으로 하여금 군사력을 갖추지 못하도록 하는 조치임에 틀림없다. 따라서 청나라에서는 염초·유황 등 특히 군기의 유출을 엄금하였고, 군기매매사실이 드러날 경우는 처형되었다. 이러한 청나라의 금령을 무릅쓰고 염초나 유황을 수입한다는 것은 어려운 일이었으며, 동시에 밀수 사실이 발각될 경우, 두 나라 사이에는 커다란 물의가 일게 마련이었다.

그러나 조선에서는 염초와 유황의 국가적인 필요 때문에 비합법적인 수입행위를 오히려 묵인하거나 더 나아가서는 권장하지 않을 수가 없었다. 또한 사행원역들도 수입에 따른 포상과 함께 서울 시장에서 그것을 팔면 많은 이득을 취할 수가 있었다. 그러기에 위험을 무릅쓰고 밀무역을 감행하게 되었다. 이 때문에 염초범금사건(焰硝犯禁事件)만 하여도 수차에 걸쳐 일어났고, 양국 간에 중대한 사단으로 주목되었다. 그 중 한두가지 사례만 들어보자.

효종 8년(1657) 사은사의 귀환시에 봉황성에서 염초밀수품이 발각된 사건이 있었다.[149] 이 때의 사은정사는 효종의 친아우인 인평대군(麟坪大君)이였고 부사는 김남중(金南重), 서장관은 정인경(鄭麟卿)이었다. 이 사건을 심문하기 위하여 도래한 청나라 칙사 4명은 국왕의 입회 하에서 심문과 구형을 끝낸 다음 '염초사핵주문(焰硝査覈奏文)'을 작성하여 청황제에게 바쳤다. 그 진주문의 내용은 다음과 같다.

---

149)『효종실록』권18, 효종 8년 3월 신미.

"의주인 김추립(金秋立)은 법금(法禁)을 모범(冒犯)하여 염초를 투매한 뒤 사실이 발각되자 마부인 김두리송(金頭里松)을 꼬여 자기 죄를 대신 지도록 하기 위해 그가 의주부 옥중에 있을 때 노유(潞紬), 은자(銀子), 소모(小帽) 등을 뇌물로 주고 그의 이름을 숨기려 하였다. 그러나 소도지(所都只) 등 3인의 증언과 대질심문이 또한 매우 명백하니 김추립은 참죄(斬罪)에 의의(議擬)함.

최진남(崔振南)은 직책이 통관장(通官長)으로 자신이 범한 죄를 그의 종인인 주질금(注叱金)을 교사, 타인(김효남)이 휴대한 것이라고 말하게 하고 이름을 성길(成吉)로 고쳐 거짓으로 고하게 하였는데 염초를 투매한 것이 사실이라 최진남은 참죄에 의의함.

박경인(朴庚仁)은 법금을 모범하고 염초를 투매한 죄를 자복하였으니, 박경인은 참죄어 의의함.

하득(河得)은 스스로 금지된 법을 함부로 범하여 염초를 투매하였는데 자기의 죄를 모면하려고 타인(宋所都只)을 평계하였고, 또 노상에서 습득한 것처럼 속였으니 범죄한 사실이 명백히 드러나 하득은 참죄에 의의함.

김내홍(金乃泓)은 영리(營吏)로서 금지된 법을 함부로 범하여 염초를 투매하고 자기 죄를 모면키 위하여 마부(金忠立)를 평계하였지만, 간악한 진상이 탄토되자 마침내 자복하였으니, 김내홍은 참죄에 의의함.

김두리송은 김추립이 관리하는 마부로 염초를 투매한 사실을 이미 알고도 고발하지 않았으므로 결곤(決棍) 40에 의의함.

주질금(注叱金)은 주인인 최진남의 부탁을 받고 주인의 죄를 엄폐하려고 이름을 성길(成吉)이라 속이고 또한 진술을 꾸며댔으니 결곤 40에 의의함.

유의립(劉義立)은 직책이 사자관(寫字官)이면서 종인(宋所都只)의 범법행위를 잘 점검하여 바로잡지 못한데다가 하득이 속이는 말을 믿고 도리어 죄없는 소도지를 고발하였으니 결곤 30에 의의함.

김효남은 최진남이 그 종을 벗어나게 하고자 이름을 빌려 엉뚱하게 대신 잡혔고, 김질동(金叱同)은 그 주인인 이면(李㴐)이 돌아온 뒤 4일 되던 날 박경인과 함께 오다가 은자를 빌려준 것 때문에 잡혀왔으며, 송 소도지는 하득에게 무고 당했으니 이상 3인은 모두 죄가 없으므로 용서 하여 면죄함이 마땅하다고 의의함.

인평대군은 사행시에 능히 검칙(檢飭)치 못하여 원역(員役)이 금법을 어겨, 염초를 투매하게 되었고 사실이 발각되어서는 또한 봉황성의 관리 에게 덮어주도록 요청하였으므로 벌금으로 은화 2천 냥을 의정하고, 부 사 김남중과 서장관 정인경 등은 원역들을 잘 엄칙하지 못하여 사건을 발생케 하였고, 또 대군과 함께 덮어주도록 애걸하였으므로 김중남은 5 급, 정인경은 4급을 강등키로 각각 의정함"[150]이라 하였다.

이 사건에서의 구형량을 간추려 보면, 정사는 벌금 2천 냥, 부사와 서 장관이 각각 5급·4급씩을 강등토록 되어 있고, 사자관 유의립에게는 결곤 30을 구형하였다. 참형이 구형된 자들은 의주인 김추립을 비롯하여 통관장(通官將) 최진남, 박경인, 하득, 영리 김내홍 등 5명이며, 불고지죄 로써 김추립의 마부 김두리송과 김진남의 종인 주질금은 각각 결곤 40 을, 김내홍의 종인 김충립은 결곤 30을 구형하였다.

사행원역 중에서 염초를 밀수한 자는 곧 참형에 구형되었다. 이들 중 김추립은 마부를 관리하여 이끌고 간 의주인이라고 한 것을 보면, 당시 의주부에서 뽑아 파견하던 만상군관(灣上軍官)이다. 통관장 최진남은 역 관들을 통솔하는 우두머리의 당상역관이며 영리 김내홍은 당시 평안감 영 등에서 파견하던 무역별장이다. 박경인과 하득의 경우도 직명(職名) 이 명시되어 있지 않아 확인할 수는 없으나, 문맥상 통관장 최진남에 이 어 기록된 점으로 보아 역관들일 것으로 보인다. 이상에서 볼 때 당시 사행편을 이용하여 청나라의 염초를 밀수입한 자들은 역관들과 만상군

150)『효종실록』권18, 효종 8년 4월 갑술.

관 및 무역별장으로써 전술한 명나라 염초를 수입할 때의 원역(員役)과 별로 다를 바가 없다.

그런데 조정에서는 이러한 사건이 발생하면 우선 심문 과정에 있어 혹 국가의 군비 확장문제와 조정에서 밀수를 권장한 사실이 드러날까 우려하였다. 그 때문에 조정에서는 청의 통관들에게 뇌물을 주게 마련이었고, 밀수자들에게 염초의 군사적 용도를 감추고 은장(銀匠) 또는 숙피(熟皮)시의 약품으로 쓰기 위해서라고 변명토록 함으로써 사건을 무마하려 노력하였다.

한가지 사례만 더 들어보자. 현종 7년(1666)에는 최선일(崔善一)의 염초 투매 사건이 발생하였다. 밀수의 경위는 자세히 알 수 없지만 공사(供辭)에 의하면, 그는 의주인으로서 우가장에서 심양에 분납할 폐물을 교부하고 돌아오는 길에 설리참(薛里站;松站)에서 염초를 매입하였다는 것이다. 그런데 이 사건과 함께 동년에는 조선인 안추원(安秋元)이 청나라에 살다가 본국으로 도주해 온 것을 만나 본 사건도 발생하였다.[151]

이 때문에 청나라에서는 두 사건을 조사키 위하여 동년 6월에 상사(上使) 뇌호(雷虎), 부사(副使) 목서(穆舒), 제독(提督) 이일선(李一先), 대통관(大通官) 김거군(金巨軍)·김삼달(金三達) 등을 파견하였다. 조정에서는 이 사건을 최대한 문제없는 선에서 처리되도록 하기 위하여 제독과 대통관들에게 무려 1만 5천 8백 냥의 은화를 증여하였다.

이 때의 염초 밀수범을 조사한 내용을 살펴보면, 당시 청나라가 군기(軍器) 투매(偸買) 사건을 얼마나 철저히 다루었던가를 헤아릴 수 있다. 현종이 서연청(西宴廳)에 나아가 청사(淸使)와 서로 인사하고 차를 마신 뒤에 상사 뇌호의 의사대로 염초 밀수범의 사핵이 먼저 시작되었다.

"이일선(李一先)이 묻기를, '염초(焰硝)는 법으로 금한 물건인데 어떻게 샀느냐? 금하는 물건인지 모르고 샀다고 할 것인가?'하니, 최선일(崔

---

151)『현종실록』권11, 현종 7년 1월 병신.

善一)이 대답하기를, '어리석고 못난 사람이 과연 금한 물건인지 몰랐으며, 사온 것은 실로 몸에 종기가 나서 약으로 쓰려는 것이었습니다.' 하자, 상이 이르기를, '사신이 매번 금하는 물건이라고 신칙하였을 텐데 어찌 모를 리가 있었겠는가. 이놈은 정상이 매우 간사하니 국문해야 하겠소.'하였다.

이일선이 말하기를, '어디에서 샀으며, 판 사람은 누구인가?'하니, 최선일이 대답하기를, '판 사람은 송참(松站)에 사는 왕씨 성을 가진 자인데, 성만 기억하고 있을 뿐이고 이름은 모릅니다. 사실 금지된 물건인 줄 알았으나 죽을 날이 닥쳐오므로 법을 무시하고 샀으니, 만번 죽여도 달게 받겠습니다.'하였다.

이일선이 또 묻기를 '사신은 몰랐는가?'하니, 최선일 대답하기를, '사신은 북쪽을 향하여 가고 저는 돌아올 때에 몰래 사 가지고 왔으니, 사신이 어떻게 알겠습니까. 사신이 매우 엄하게 신칙하였는데 함부로 범하였으니 죽을 죄를 졌습니다.' 하였다.

또 묻기를, '염초는 몇 근이나 되었는가?'하니, 최선일 대답하기를, '한 주먹 정도밖에 되지 않는 작은 양이었습니다.' 하였다. 정태화가 이일선에게 말하기를 '판 자나 산 자가 다 죄가 있으니, 대국(大國)도 엄히 금해야 할 것입니다.'하니, 이일선이 수긍하였다.

또 청평위(靑平尉) 심익현(沈益顯) 등을 불러들여 월대(月臺) 위에 앉히고 묻기를, '데리고 간 사람이 금령을 범하였으니 무슨 말로 대답하겠소?' 하니, 대답하기를, '사신이 들어간 뒤에 그가 중도에서 되돌아오다가 송참에서 몰래 샀으니 사신이 어떻게 알 수 있었겠습니까.' 하였다.

이일선이 또 묻기를, '법으로 금한 물건이니 범하지 말라고 과연 신칙했습니까?' 하니, 대답하기를, '영장(領將)도 함께 불러 매우 엄히 신칙했습니다.'하였다.

또 영장 박선일(朴善一)과 황산이(黃山伊)를 불러들여 묻기를, '너희는 영장으로 있으면서 데려간 사람이 법령을 범하는데도 금하지 못하고는 도리어 몰랐다고 하겠느냐? 사신이 처음부터 엄히 신칙하지 않아서 그런 것이 아닌가?' 하니, 대답하기를, '엄히 신칙하지 않은 것은 아니나 금한 물건을 몰래 사서 자루 속에 숨겨두었으니 어떻게 알았겠습니까.' 하였다. 이일선이 말하기를, '너는 중도에 수색하였느냐?' 하니, 대답하기를, '그렇습니다.' 하자, 말하기를, '그렇다면 어떻게 자루 속의 물건을 몰랐다고 하느냐? 수색했다고 하고서는 또 몰랐다고 하니, 간악한 정상이 이미 드러났다. 서로 짜고 사왔음을 알 수 있다.' 하였다.

상이 이르기를, '이 자들이 거짓말을 하고 있으니 신문을 하면 반드시 바른대로 고할 것이오.' 하니, 이일선이 통관들과 함께 나가서 중문 밖에서 신문하였는데, 영장 등이 애당초 수색하지 않았다고 진술하였다. 이일선이 또 최선일을 국문하여 사신이 신칙했는지의 여부를 알아내고자 요청하였다. 상이 허적에게 명하여 나가서 죄인에게 말을 이랬다저랬다 하지 못하게 하라고 하였다.

일선이 이어 신문하자 죄인이 말하기를, '신칙함이 매우 엄하였는데도 불구하고 몰래 스스로 금령을 범하였으니 죽을 죄를 졌습니다.' 하였다. 또 묻기를, '영장들과도 짰느냐?' 하니, 대답하기를, '진실로 그런 일은 없습니다.' 하였다. 이일선이 말하기를 '이 한 가지 일은 조사를 다 하였는데, 어떤 죄목을 적용해야 하겠습니까?' 하자, 칙사가 말하기를, '금령을 범한 사람은 참죄(斬罪)를 적용하고, 영장들은 한 등 낮은 법률인 장형 1백대에 삼천리 밖으로 유배 보내는 형벌을 적용함이 마땅하겠습니다.' 하니, 상이 허락하였다"152)

최선일이 매입한 염초는 한 웅큼밖에 안된 것이었고, 창질(瘡疾)에 필요한 약용으로 구입한데 불과하다고 했다. 그러나 청에서는 양의 다소에 관계없이 염초가 금수품이라는 이유 하나만으로써 참형을 구형할 뿐 아니라 그를 인솔한 영장까지도 사형 다음가는 법률을 적용하는 등 가혹

---

152) 『현종실록』 권12, 현종 7월 7월 기축.

한 처벌을 실행하고 있었던 것이다. 이처럼 청나라의 수검이 삼엄하고 국가적인 수모가 컸으므로 정부는, 국내의 염초 생산을 독려하게 되었고 염초의 밀무역도 점차 사라지게 되었다.

어떻든 상기한 염초밀수사건의 경위와 처리방법은 유황밀수사건이라 하여 하등 다를 것이 없었다. 그런데 당시 염초와는 달리 청나라로부터 유황을 밀수입하는 일은 그다지 성행하지 않았던 것 같다.[153] 『통문관지』에 의하면 현종 2년(1661) 청나라 예부의 자문에 '진과관(進果官) 최수간(崔守間)의 종인(從人) 이철서(李哲瑞)가 유황(硫黃) 2근 10 냥을 몰래 가졌다가 붙잡혔다'[154]고 하였고, 다시 현종 4년(1663)에는 '사은사의 귀환시에 허용(許龍)과 언남(彦男) 등이 유황을 몰래 샀다가 봉황성에서 붙들렸다'고 하였다.[155] 이 두 기록 중 허용의 사건은 다소 자세하다.

허용은 역관 양효원(梁孝元)의 고인(雇人)이었고 언남은 사자관 이익신(李翊臣)의 고인이었다. 이들을 심문하기 위하여 현종 2년(1661) 11월에는 청사(淸使)가 우리나라로 왔다. 국왕과 동석한 자리에서 당시의 사신과 역관 및 고인들을 신문하였고 구형량을 결정하였다.

허용과 언남은 금물을 밀매한 죄로 참죄에 처해졌고, 역관 양효원은 대솔인(帶率人) 범금죄(犯禁罪)로 3급을 강등하도록 의정(議定)하였으며 역시 역관 이익신도 대솔인 범금죄로 직책을 바꿔쳤고, 장(杖) 1백에 의의(擬議)하였다. 그리고 정사 정유성(鄭維城)과 부사 이만은 검칙하지 못했다는 죄목으로 직책을 바꿔치도록 의의하였다. 이어 유황투매사건에 대한 심문 결과와 구형량은 「유황사핵주문(硫黃查覈奏文)」으로 갖추어졌고, 정사인 우의정 홍명하(洪命夏) 등의 진주사절(陳奏使節)을 파견하

---

153) 유황의 수입은 일본과 성행하였다. 이에 대해서는 유승주, 1978, 「17세기 사무역에 관한 일고찰―조·청·일간의 염초·유황무역을 중심으로―」『홍대논총』 10, 참조.
154) 『통문관지』 권9, 기년 현종 2년 신축.
155) 『통문관지』 권9, 기년 현종 4년 계묘.

여 청 황제에게 보고하였다.[156]

이상과 같이 염초와 유황 밀수사건은 때때로 국왕까지도 칙사로부터 수모를 당하는가 하면, 칙사일행에 대한 접대와 뇌물 등으로 재정적인 손실도 컸다. 이 때문에 현종은 마침내 대신과 비변사 신하들을 인견한 자리에서 도승지 김수홍(金壽興)에게 "염초·유황 범금인(犯禁人)들이 만약 책문에서 수검할 때에만 발각되어 붙잡히지 않으면 두 배 이상의 이익을 얻기 때문에 모조리 없앨 도리가 없다. 앞으로 사신은 귀환시 도강할 때는 철저히 수검함이 옳다'[157]고 지시하는 등 우리측에서도 염초, 유황밀수를 철저히 단속하게 되었다. 이리하여 청나라로부터의 염초 유황밀수는 단절되어 갔다.

하지만 염초 유황의 밀수가 단절된 근본 원인은 염초 생산 기술의 발전과 국내 유황광산의 개발에 있었다. 더 이상 염초와 유황의 수입이 필요없어졌기 때문이었다. 즉 왜어역관(倭語譯官) 한세룡(韓世龍)의 자초법이 발명되어 염초의 국내 대체가 가능해졌고, 국내 유황 광산 개발도 촉진되어, 현종 2년(1661)에는 전라도 진산(珍山)에 유황 광산이 전란 후 처음으로 개발되었다. 그리고 점차 국내 각처 유황광산이 속속 개발되기 시작하여 현종 9년(1668)에 이르면 유황광산은 전국 곳곳에서 채굴되고 있었다고 할만큼 국내에서도 대량 생산되기에 이르렀다. 염초와 유황의 국내 생산은 17세기 후반에 이르면 질적 양적으로 늘어가고 있었던 것이다.[158] 따라서 청나라와 일본으로부터 염초와 유황을 더 이상 수입하지 않아도 되었던 것이다.

---

156) 『통문관지』 권9, 기년 현종 5년 갑진 ; 『현종개수실록』 권10, 현종 4년 11월 계유 『현종실록』 권8, 현종 5년 6월 갑진.

157) 『현종실록』 권12, 현종 7년 7월 무자.

158) 유승주, 1969, 「조선후기 유황광업에 관한 연구」 『한국사학논총』, 382~390쪽.

제 2 장

18세기 역관·사상의 상권다툼과
사상의 산업부문침투

조선의 대청무역 구조는 18세기에 접어들면서 청·일간의 직교역과 동북아시아 무역환경의 변화에 따라 새로운 국면으로 전환되었다. 곧 18세기 전반기 대청무역의 양상은 역관과 사상(私商) 상호 간의 경쟁 속에 사상의 꾸준한 약진과 역관무역의 상대적 침체로 요약된다. 역관은 청·일간 직교역의 영향으로 대일 중개무역을 통해 왜은(倭銀)을 얻을 수 없었고, 또한 무역자금으로 대출 받던 관은(官銀) 확보도 어려워졌다. 이와 달리 사상은 국내 생산과 물화의 유통을 장악하고, 책문후시를 통해 활로를 넓혀 나갔다. 이에 역관과 사상 간에 치열한 경쟁과 다툼이 벌어졌으며, 이 과정에서 대청무역의 주도권에도 변화가 왔다. 숙종 33년(1707) 책문후시의 공인은 사상들이 독자적으로 무역을 할 수 있는 여건을 이루어낸 것으로 조선후기 상업사에 있어서 전환기적 의미를 갖는다해도 과언은 아닐 것이다.

18세기 후반기의 무역은 자연히 사상이 주도하게 되었으며, 그 양상을 모자수입무역에서 찾아 볼 수 있다.[1] 모자는 중국의 관동물화(關東物

貨)로써 처음에는 역관이 중심이 되었다가 나중에는 사상이 중심이 되어 수입한 방한용 물품이었다. 관모(官帽)무역은 역관무역의 침체로 사행 경비인 공용은조차 마련키 어려워지자, 정부가 역관에게 관은을 출급하여, 그 돈의 일부는 공용은으로 사용하고 나머지 돈으로는 모자를 사들여와 이익을 얻도록 한 제도이다.

그러나 관모무역은 그 모자 구입 자금으로 관은을 출급해야 하는 경제적 부담을 안고 있었으며, 정부가 무역을 통해 이익을 얻으려 한다는 명분적 부담을 안고 있었다. 따라서 관모무역은 사상의 자금으로 모자를 수입해 오는 대신 조선정부가 그 물품에 과세하는 세모무역으로 전환되었다. 관모무역으로부터 세모무역에로의 전환은 결국 18세기 후반기 대청무역에 있어 사상의 우위를 다시 한번 확인시키는 것이었다.

한편 모자무역은 경제사적으로도 빠르게 극복되어야 할 무역형태였다. 모자무역의 주체가 역관이든 사상이든 간에 모자 수입을 위해 국내의 은화가 청으로 빠져나갔기 때문이다. 이에 모자무역은 은화를 나라밖에 갖다버리고 사치성 소비재를 수입한다는 비판을 크게 받았다.[2]

그런데 이 시기 사상 중 일부는 국내 상업권을 장악하고 대청무역으로 자본을 축적하는 한편, 축적된 자본을 인삼재배업과 홍삼제조업, 광산개발 등에 투자하는 자들도 있었다. 이 때문에 18세기 후반기 모자수입무역의 구조는 동세기말에 이르러 홍삼수출무역으로 전환될 수 있었고 동시에 중개무역의 침체를 홍삼수출무역으로 타개해 나갈 수 있었다.

이 장에서는 숙종 33년(1707) 책문후시 공인을 전후한 시기로부터 정조 21년(1797) 홍삼무역이 공인될 때까지의 시기를 검토한다. 이 시기 조선에서는 각종 명목을 띤 총 231회의 사행, 즉 매년 평균 2.6회 이상의

---

1) 조선의 모자수입 무역은 이철성, 1996, 「18세기후반 조선의 대청무역 실태와 사상층의 성장-모자무역을 중심으로-」『한국사연구』94 ; 김정미, 1996, 「조선후기 대청무역의 전개와 무역수세제의 시행」『한국사론』36 등이 참고된다.
2) 『정조실록』권16, 정조 7년 7월 정미.

사행이 청나라로 들어갔다.[3] 이에 비해 청나라의 칙행은 총 42회에 불과
하였다.[4] 조선과 청나라의 외교현안이 17세기에 비해 안정화되었던 것
이다. 자연히 사행 중에 이루어진 대청무역의 경제적 의미는 확대되고
있었다. 따라서 여기서는 사상의 성장과 무역활동이란 시각에 사상과 역
관과의 대청무역을 둘러싼 갈등과 경쟁, 책문후시의 실상과 존폐 과정을
살필 것이다. 그리고 18세기 후반기 모자무역의 전개와 그 양상 및 모자
수입무역이 홍삼수출무역으로 전환한 데 대한 의미도 파악하려 한다.

[그림 10] 청나라 칙행의 압록강 도강[5]

---

3) 『동문휘고』 보편 권7, 사행록 ; 이 책의 부록 표 참조.
4) 『동문휘고』 보편 권8, 조칙록.
5) 출전 : 봉사도(奉使圖), 阿克敦著, 『중한문화교류사료총서』.

Ⅰ. 역관과 무역별장의 사행무역

17세기 대청무역을 주도한 것은 역관이었다. 그러나 역관과 함께 사상도 성장하고 있었다. 사상들이 대청무역에 참여하는 길은 대체로 세 가지로 나눌 수 있다.

첫째는, 역관과 결탁하여 사행원역 중 마부(馬夫)・노자(奴子)・구인(驅人)등의 명색으로 부연하는 경우며, 둘째는 개성부(開城府), 관향(管餉)・운향(運餉) 및 평안병영(平安兵營)・해서감영(海西監營) 등 지방관아의 무역별장(貿易別將)에 뽑혀 해당 아문의 팔포무역을 수행하는 동시에 사적인 이익을 도모하는 길이다. 셋째는 사행이 책문에 들어갈 때와 나올 때에 사행의 복물(卜物)을 운반하기 위하여 의주부에서 파견해 보내는 '여마(餘馬)'와 '연복(延卜)' 제도에 편승하여 책문에 들어가 무역하는 길이었다.

이처럼 사상이 대청무역에 참여하는 세 가지 형태는 각기 분리되어 이루어지는 동시에 상호 밀접한 유대 관계 하에 진행되고 있었다. 사행원역(使行員役)의 구성에 관해서는 이미 앞에서 논한 바 있듯이 역관을 주축으로 하여 사신의 행차가 움직여 갔거니와, 수행하는 수 백 명의 마두・노자・마부・구인들과 수많은 마필(馬匹)이 이들 역관에 의하여 장악되고 있었다. 그러나 이들 사행원역의 수는 대개 제한되어 있었고 무제한의 입연(入燕)이 가능한 것은 아니었다. 대개 특별한 경우를 제하고는 정관(正官)이 데리고 가는 인마(人馬)와 방물・세폐의 수량은 정해져 있었으며, 국내 사행로의 각 관문에 알리는 선문(先文 ; 路文)과 청측의 각 관액(關阨)에 보고하는 보단(報單)에도 항시 인마의 수를 기록하도록 되어 있었다. 인원 증가는 각 참(站)의 접대에서도 문제가 컸기 때문에

불필요한 인원을 데리고 가는 것을 막은 것이다.[6]

인마에 대한 엄격한 수검(搜檢)은 조선의 마지막 관문인 의주부에서 행해졌다. 이곳에서는 서장관·평안도 도사·의주부윤이 함께 참석하여 복물(卜物)을 수검하고 인마를 점검하였다.[7] 따라서 부연사행을 따라가 무역을 도모하려는 상인들은 부득이 역관의 도움을 얻지 않을 수 없었다.

역관이 상인을 데리고 갈 수 있는 방법은 우선 개인적으로 거느릴 수 있었던 노자·마두·마부·구인(驅人) 등을 상인과 대체하는 방법과 방물·세폐 운반꾼을 상인으로 바꿔 넣는 방법이었다. 역관은 사상을 종인(從人)으로 가장시켜 이끌고 가줌으로써 그들로부터 일정한 이익을 얻을 수 있었다. 따라서 숙종 3년(1677) 대사간 이원정(李元禎)은 "신(臣)이 경자년(현종 1년<1660>)에 부연하고 경술년(현종 11년<1670>)에 또한 부연하게 되었는데, 상인들의 판매가 전에 비하여 배나 되었고 차량이 수 십리에 뻗쳐 있어 보기에 지극히 해괴하였습니다. 이는 팔포법이 폐지되어 상인들이 은화를 가지고 가는 데에 제한을 받고 있지 않기 때문입니다"[8]라고 하면서, 우선 팔포법을 엄수하고 팔포 이외의 상인무역을 금지하자는 주장을 폈다.

그러나 숙종 33년(1707)에 이르러 정부는 보다 더 구체적으로 "원역 및 군관 중에서 노자라 칭하고 사상을 끼고 들어간 자는 아울러 엄금하고 만약 정해진 숫자 이외에 데리고 가는 자가 있으면 수검관(搜檢官)은 종중논죄(從重論罪)하고 그 노자의 이름을 판자도 역시 범삼(犯蔘)의 차율(次律)로 논단(論斷)"하도록 규정하였다.[9] 이상과 같이 상인은 역관들과 결탁하는 기회를 교묘히 이용하여 왔고 따라서 정부는 인마의 검열

---

6) 『통문관지』 권3, 사대 선문·도강장·입책보단·입경하정 참조.
7) 『통문관지』 권3, 사대 도강장.
8) 『비변사등록』 33, 숙종 3년 8월 24일.
　『통문관지』 권3, 사대 팔포정수 참조.
9) 『통문관지』 권3, 사대 도강장.

과 팔포법의 준수문제를 강력히 단속하였다.

　사상들이 사행무역에 참여할 수 있는 두 번째 방법은 사상 중 일부의 유력자가 소속된 지방관아의 팔포무역권을 대행하는 길이었다. 이것이 곧 무역별장제(貿易別將制)였다. 그 당시 팔포무역권을 손쉽게 획득할 수 있었던 아문은 청국 사신과, 조선 사신의 접대 및 군사상의 중요한 임무를 띄고 있었던 서로연변(西路沿邊)의 관아들이었다. 이 무역별장제 는 일찍이 숙종 7년(1681) 5월 강화유수(江華留守) 이선(李選)이 강화부 에 아문팔포를 허락해 줄 것을 건의한 별단(別單)에서부터 그 면모를 더 듬어 볼 수 있다. 즉 강화유수 이선은 "부유한 상인을 널리 모아 별장(別 將)에 임명하고 재화(財貨)를 관장케 하되, 매년 관향·운향·개성부의 경우와 같이 연경이나 우가장(牛家庄) 등지에 정해진 액수를 들여보내고 또한 왜관에 있어서도 면세 거래케 하여 군수(軍需)에 보태게 하십시 오"[10]하였다.

　그러나 이 주장은 받아들여지지 않는데, 이듬해인 숙종 8년(1682) 8월 강화유수 조사석(趙師錫)이 다시 "강화부는 서울과 개성 사이에 끼여 있 고 뱃길 또한 삼남(三南)에 통합니다. 관서 천류고(泉流庫)의 예에 의거 별장을 뽑아 그로 하여금 전판(轉販)하는 책임을 전적으로 맡기면 혹은 미곡(米穀)을 수입해서 군향(軍餉)에 충당하기도 하고, 혹은 물화를 준비 해 은화와 포(布)로 바꾸기도 하며, 시세에 따라 매매하여 이익을 볼 것 입니다. 매년 꼭 같이 하면 몇 년이 안 가서 재정은 여유 있게 되고 물화 는 썩거나 상할 걱정이 없을 뿐 아니라 또한 백성의 생활에도 보탬이 될 것입니다"[11]라고 주장하고 있었다.

　이상에서 볼 때 각 아문의 재화를 운용하기 위하여 도입된 제도가 각 아문의 팔포무역이며 이 무역권을 대행한 상인을 무역별장이라고 불렀 다. 그리고 이러한 제도는 이미 숙종 7년(1681) 이전에 관향·운향·개

---

10)『숙종실록』 권11, 숙종 7년 5월 계유.
11)『비변사등록』 36, 숙종 8년 8월 26일.

성부에서 시행되어 왔음을 알 수 있다.

그러나 강화부의 무역별장제는 실현되지 못하였고,[12] 숙종 12년(1686)에는 관향·운향·개성부의 경우에 있어서도 특진관(特進官) 김덕원(金德遠)이 "우리나라가 상고(商賈)를 여전히 거느리고 가므로 의외의 사건이 발생할 염려가 있으니 관향·운향의 무역별장 각 1명에 한하여서만 복마(卜馬) 1마리를 지급하여 들여보내도록 하자"고 건의함에 따라 개성부 무역별장의 입송(入送)은 금지되고 있었다.[13] 그러나 그 후 무역별장의 수는 점차 증가하여 숙종 33년(1707) 금삼절목(禁蔘節目)을 마련할 때는 오히려 개성부·해서·관향·운향·평안병영 등 5곳에 무역별장 각 1명씩을 두도록 결정하였다. 따라서 이 5곳의 별장 각 1명 외에는 일체 금단(禁斷)할 뿐만 아니라 비록 이 5곳의 경우에도 긴급하게 전판(轉販)할 일이 없으면 반드시 매번 들여보내지 말고 부득이 들여보내야 할 때에는 반드시 그 아문이 위치한 지역의 관청 일을 맡은 토착상인을 들여보낼 것이며 일체 다른 지역의 상인에게 돈을 받고 대신 보내는 것을 허락하지 말도록 규정하였다. 그리고 이 5곳의 무역별장이 북경으로 갈 때 데리고 갈 수 있는 인마(人馬)는 자기마(自騎馬) 1필로 제한하고 구인(驅人)을 두지 못하게 하였다.[14]

이와 같이 상인을 무역별장에 임명하여 관청의 재산 관리를 맡기는 한편, 관향고와 운향고 및 해서감영에서는 별도로 감색(監色) 각 1명과 색리(色吏) 각 1명씩을 따로 뽑았다. 이들은 단련사(團練使)를 도와 심양에서 방물의 일부를 내려놓은 뒤 돌아오는 인마(人馬)를 인솔하는 임무를 맡았다. 그러나 숙종 32년(1706)에 사신(使臣)의 장계(狀啓)로 인하여 3고(庫)의 감색 중 1명을 보내도록 정했는데, 1명의 감색을 「별장」이라고 불렀다. 결국 단련사(團練使)는 이 1명의 별장과 3고(庫)의 색리(色吏)

---

12) 『비변사등록』 82, 영조 3년 10월 8일.
13) 『비변사등록』 40, 숙종 12년 9월 22일.
14) 『통문관지』 권3, 사대 도강장.

3명만을 거느리게 되었으며, 별장과 색리에게는 모두 자기마(自騎馬)가 있었다.15)

어떻든 이상과 같이 하여 개성부, 평안감영, 평안병영, 황해감영, 의주부 등 다섯 군데는 매년 청나라의 물화를 수입하여 이익을 도모하여 왔다. 그리고 이들 각 아문에 공인된 별포(別包) 수는 계속 증가하여 영조 3년(1727)에는 의주 6자리(窠), 평안감영·개성부 각 2자리, 평안병영·황해감영 각 1자리 모두 12자리나 되었다.16)

이처럼 조선후기의 대청무역에 있어서 사상 가운데 일부의 상인들은 역관과 결탁하여 마부·노자 등의 이름을 빌어 참여하였고, 다른 일부의 유력 상인들은 관부(官府)와 결탁하여 무역별장에 선발됨으로써 활동할 수 있었다. 그러나 무역별장을 맡은 상인은 17세기 말엽 급격히 증가한 상인들 중 그 일부에 지나지 않았고, 대다수 상인들은 대청무역에 참여할 기회를 얻지 못하고 있었다. 이 때문에 이들 사상들은 부득불 비합법적인 밀무역의 기회를 모색하지 않을 수 없었다.

사상들의 비합법적인 밀무역의 기회는 첫째, 사행이 압록강을 건너 책문에 들어갈 때 방물과 세폐를 실은 말 가운데 혹은 전복될 우려가 있어 「여마(餘馬)」를 들여보낼 때와 둘째는, 사행이 돌아올 때 책문에서 의주에 오기까지 복물(卜物)을 맞이하기 위하여 보내는 「연복(延卜)」의 제도를 이용하는 것이었다. 이 여마(餘馬)와 연복마(延卜馬) 중 사상의 참여가 일찍부터 시작된 것은 전자였다.

여마의 압록강 도강은 사행과 동시에 행해졌다. 때문에 역관들은 의주부에서 수검할 때에 여마라 핑계하고 사상들을 공식적으로 데리고 들어갔으며 이들에 의한 책문에서의 밀무역은 점차 확대되어 갔다. 숙종 12년(1686) 우의정 남구만(南九萬)은 사행 중 사상의 폐단과 아울러 여마

---

15)『통문관지』권3, 사대 도강장.
16)『비변사등록』82, 영조 3년 11월 17일.
　　『비변사등록』82, 영조 3년 11월 19일.

의 수적 증가에 따른 폐단을 금하도록 다음과 같이 건의하고 있었다. "이번 사행 때는 상인들과 의주부의 여마를 모두 들여보내지 말아 달라고 청나라에서 이미 이야기했습니다. 이 두 가지 일은 비록 그들이 말하지 않더라도 일찍부터 금지했어야 마땅한 것이거니와 지금에 이르러서는 더욱 더 엄금하지 않을 수 없습니다. 소위 여마라고 하는 것은 의주로부터 책문에 이르는 사이에 혹 말(馬)이 죽거나 다쳐 복물을 운반하기가 어려울까 걱정해서 별도로 아무 것도 싣지 않은 말 십여태(十餘駄)를 들여보내는 것인데 요즈음 점차 날로 늘어나는 단서가 되었습니다. 여러 지역의 잡스런 상인과 여러 사행원역까지 각각 물화를 갖추어 가지고 사행이 도강(渡江)할 때 여마라 칭하고 한꺼번에 강을 넘어 가는데 그 수는 거의 천 여태(千餘駄)에 달합니다. 지난해 신이 중국으로 갈 때 만상(灣上)에 이르러서야 비로소 이러한 폐단이 있음을 알았습니다. 그러나 미리 지시를 해 두지 않았기 때문에 도강할 때에 물화를 갖추어 강변(江邊)으로 도착한 사람들을 갑자기 쫓아내기 어려운 형편이어서 부득이 이전과 같이 거느리고 갔습니다. 또한 부연하는 상인들에는 비단 평안도뿐만이 아니고 서울 및 개성부·황해도의 상인들도 있었습니다. 이들 상고와 여마를 모두 금단(禁斷)한다는 뜻을 미리 각도와 각 지역에 분부한 연후에야 바야흐로 사단이 벌어진 때에 가서 처리키 어려워할 걱정이 없게 될 것입니다"[17]

이러한 남구만의 주장에 숙종은 상인과 여마를 아울러 금단한다는 뜻을 미리 여러 곳에 지시하라고 명령하였다. 그러나 여마의 폐단은 상인들의 집요한 상혼(商魂)에서 나온 것으로 완전히 금지할 수는 없었다. 이에 의주부에서는 이들로부터 약간의 은화를 받고 인원수에 제한을 두지 않고 도강을 허락하게 되었다. 이리하여 언제나 해질 무렵이면 어지럽게 다투어 건너갔으며 금지된 물건을 끼고 가는 일도 많았다.[18]

---

17) 『비변사등록』 40, 숙종 12년 5월 4일.
18) 『통문관지』 권3, 사대 도강장.

이로 인해 숙종 33년(1707)에 방물세폐마(方物歲幣馬)는 매 10필(匹)에 여마 1필, 사신의 복태(卜馱)는 20필에 여마 1필로 말의 숫자를 정하여 도강을 허락하였다. 그리고 원복태(元卜馱)를 일시에 수검(搜檢)할 뿐 아니라 사행이 책문에 들어가고 난 뒤 여마가 돌아 나올 때에도 역시 의주부에서 조사하여 일체 계문(啓聞)토록 규정하였다.[19]

이러한 조치가 있은 뒤로 여마제에 의한 사상의 책문후시는 사료상 그 폐단이 지적되고 있지 않은 것으로 미루어 점차 쇠퇴해졌던 것 같으며, 이에 대신하여 성황을 이룬 것이 연복법(延卜法)에 의한 사상들의 책문무역이었다.

당초의 연복법은 중국으로 들어갔던 사행이 책문으로 돌아오면, 의주부에서는 빈말(空馬)을 책문에 들여보내어 복물을 운반해 왔던 것이었다.[20] 그러나 점차 연복을 위해 빈 말이 들어가는 틈을 타 몰래 물화를 지니고 들어가 책문에서 무역하게 되었다. 이런 연복제가 문제시되기 시작한 것은 17세기 말엽이었다. 곧 영조 4년(1728) 우의정 오명항(吳命恒)은 "숙종 20년(1694) 사신(使臣)은 돌아오는데 급급하여 먼저 책문을 나오고 복물은 추후에 책문에서 나왔습니다. 때문에 역관들은 복명(復命)한 뒤에 다시 의주로 가서 머무르며 복물이 오기를 기다려야 했는데, 연복이라 칭하고는 수많은 인마(人馬)를 들여보냈습니다. 그런데 이들이 은화를 지니고 가서 책문 밖에서 무역을 행했습니다"[21]고 말하였다. 연복법의 폐단이 이미 17세기 말부터 문제화되었음을 알 수 있다.

그런데 연복법 폐단의 원인은 단순히 돌아오는 것에 급급한 사신이 역관과 상인들의 복태(卜馱)와 동시에 책문을 나오지 않음으로써 이루어진 것만은 아니다. 즉 그 이면에는 이러한 연복법을 이용하여 다양한 책문물화를 수입해 들여오고자 하는 사상들의 조종과 동시에 청나라 상인

---

19) 『통문관지』 권3, 사대 도강장.
20) 『일성록』, 정조 10년 정월 초6일.
21) 『비변사등록』 84, 영조 4년 7월 초3일.

의 책동이 있었기 때문이다.[22]

청나라 상인의 책동은 대개 난두배(攔頭輩)에 의하여 실현되고 있었다. 난두배는 숙종 16년(1690)에 출현한 요봉차호(遼鳳車戶) 12인을 말하는 데, 이들은 요동과 봉황성(鳳凰城) 간에서 청부운수업(請負運輸業)을 하던 조직적인 거마군(車馬軍)이었다. 이들은 당시 책문에서 부연사행이 오고 갈때에 복물(卜物)을 운송하여 왔다. 그런데 운임 수입이 점차 늘어나자 난두배들은 관동(關東)의 부패한 관리들과 몰래 짜고 이익을 도모하였고 그 대신 심양에 세금을 냄으로써 화물을 다량으로 운송할 수 있었는데, 동시에 책문무역에도 참여하여 많은 이익을 얻고 있었다.

[그림 11] 봉황성 노숙 장면[23]

22) 『비변사등록』 84, 영조 4년 7월 3일.
23) 출전 : 봉사도(奉使圖), 阿克敦著, 『중한문화교류사료총서』.

따라서 사행의 마부나 노자로 잠입(潛入)하였던 의주상인·개성상인 등의 사상들은 이들과 결탁하여 사행의 행차를 일부러 지연시키고 사신을 먼저 책문 밖으로 나가게 한 뒤 마음껏 매매하고 돌아왔던 것이다.[24]

한편 여마제와 연복법에 의한 책문무역을 더욱 조장시킨 것은 단련사(團練使)가 이끄는 심양 팔포무역, 일명 단련사후시(團練使後市)였다. 당초 부연사행은 인조 15년(1637) 이후 인조 22년(1644) 청나라 세조가 북경으로 들어가기 전까지의 기간에는 당시의 수도 심양에만 왕래하였고 그 후는 북경까지 들어갔는데, 현종 6년(1665) 심양에 성경부(盛京府)가 설치되자 사행은 심양에 들러 방물의 일부를 분납(分納)하게 되었다. 심양은 청나라의 발상지며 따라서 청나라 황제의 선조들이 묻혀 있는 곳이기에, 심양에 분납하는 예물은 찹쌀 등 황실 능묘의 수용(需用)을 위한 것이었다.

숙종 5년(1679) 우가장 통과가 금지되기까지는, 사행이 우가장에 도착하여 심양에 분납할 폐물을 그곳의 압차장경(押車章京)에게 교부하였다. 심양에 분납할 물품을 교부할 때에는 조선측의 압물종사관(押物從事官)과 청학 역관이 같이 심양으로 가서 호부(戶部)에 납품을 하였다. 그러나 숙종 5년(1679) 우가장 통과가 금지된 뒤부터는 사행이 직접 성경에 들러 방물을 분납하였고 이로 말미암아 분납품을 싣고 갔던 인마(人馬)는 부연길의 도중에서 귀환하게 되었다. 이때 중도(中途)에서 귀환하는 인마를 인솔하는 임무를 띤 것이 곧 단련사였다.[25]

이 단련사가 심양을 왕래하는 편에 파고들어 무역의 특허를 얻은 것이 앞서 말한 무역별장 12자리였다. 이들 무역별장은 단련사의 인솔 아래 팔포를 가지고 사행과 같이 심양까지 따라들어 간 것이다.[26] 영조 3년(1727) 비변사에서는 "상역(商譯)으로 들어가는 인원수가 점차 증가하

---

24) 『증보문헌비고』 권164, 시적고 중강개시.
25) 『통문관지』 권3, 사대 심양교부분납.
26) 『비변사등록』 82, 영조 3년 11월 17일.

여 근래에는 전려에 비해 여러 곱절에 달할 뿐 아니라 한번 가지고 가는 팔포은화는 그 수량을 헤아릴 수도 없게 되었다"[27]고 하기에 이르렀다.

단련사가 이끄는 이들 상인들은 심양에서도 무역하였지만 대개는 돌아오는 길에 책문에서 중국의 물화를 많이 사들여 왔다. 이를 흔히 단련사후시라고 하였다. 그러나 이 단련사후시는 회환인마(回還人馬)의 인솔을 맡은 단련사의 이름을 따서 붙인 명칭일 뿐 이 역시 책문후시의 범주에 속하였다. 그런데 단련사가 이끄는 심양 팔포무역도 심양이나 책문에서 구입하는 물화의 수량이 증가됨에 따라 돌아오는 빈 말에도 다 실을 수 없는 지경에 이르러 단련사가 돌아올 때에도 사행이 돌아올 때와 같이 연복제가 실시되기에 이르렀다.[28]

이렇게 보면 책문무역의 범주에는 여러 형태의 무역행위가 포함되어 있었다. 곧 부연사행이 책문을 들고 날 때 사행원역이 행한 무역과, 여마·연복법에 의한 사상의 책문무역 그리고 단련사가 돌아오는 길에 이루어진 심양·책문무역 및 단련사의 연복무역 등이 모두 이에 속했던 것이다. 이 때문에 "후시가 열리는 횟수가 1년에 4~5번에 이르렀는데, 매번 사행이 응당 가지고 가는 팔포를 합해 계산하면 1년에 압록강을 건너는 은화가 거의 50~60만 냥에 이르렀다"[29]고 했던 것이다. 하지만 책문무역의 여러 형태 중 팔포무역 이외에는 국가가 공인한 무역의 형태가 아니라 비합법적인 일종의 밀무역 행위였기 때문에, 통칭 '후시(後市)'라 하였고 그것이 책문에서 성행함으로써 책문후시(柵門後市)라 부르게 된 것이다.

---

27) 『비변사등록』 82, 영조 3년 10월 29일.
28) 『영조실록』 권11, 영조 3년 4월 임인.
29) 『통문관지』 권3, 사대 개시.

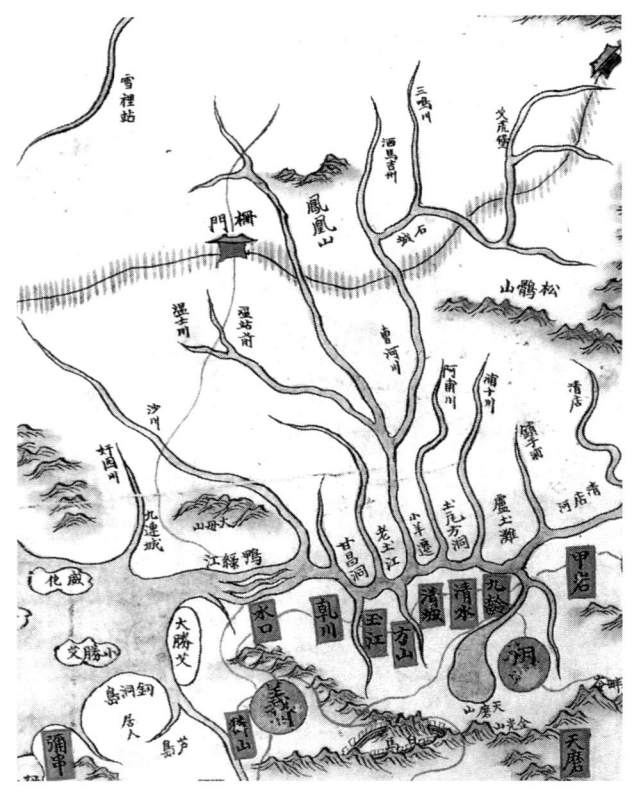

[그림 12] 책문 위치도[30]

　이 책문후시는 걷잡을 수 없을 만큼 번성하여 마침내 숙종 33년(1707)
에는, 의주부윤이 "책문후시가 난잡하고 범법자 또한 많아 일일이 조사
하여 다스린다는 것은 어려우니 차라리 이들로부터 세금을 받아 운향고
자금에 보태는 것이 더 낫다"고 생각하고 드디어 책문으로 들어가는 상
인들을 조사하지 않고 들여보낸 다음, 돌아올 때 그들의 포수(包數)를 헤
아려 세금을 부과하였다.[31]

---

30) 출전 : 『해동지도』 평안도 의주부.
31) 『통문관지』 권3, 사대 개시.

이로써 사실상 책문의 후시는 합법적인 사무역으로 공인된 셈이었다. 이제 사상은 종래 역관 및 관부(官府)와 결탁함으로써만 가능했던 무역형태나 비합법적인 밀무역 형태에서 벗어나, 물화의 다소에 따라 의주부에 세금을 납부하는 것만으로써 충분히 무역에 종사할 수 있는 공인된 무역상인으로 변모하였다. 물론 책문후시는 이후에도 몇 차례 치폐(置廢)의 과정을 겪지만 곧 회복되어 유지되었다.32) 책문후시의 공인은 전적으로 사상들의 성장으로 이뤄낸 것으로 조선후기의 상업사에 있어서 전환기적 의미를 갖는다고 해도 과언이 아닐 것이다.

그러나 사상의 성장은 반대로 그간 사행의 인마(人馬)를 장악하고 팔포의 특권을 누리며 대청무역의 총아로 군림했던 역관에게는 커다란 위협이 아닐 수 없었다. 곧 사상의 성장과 책문후시의 공인으로 대청무역의 주체는 역관과 사상으로 양립되었고 이들 양자는 적대·대립관계에 놓이게 된 것이었다.

책문후시가 공인된 숙종 33년(1707) 직후에는 역관과 사상의 대청무역은 상호 마찰이 표면화되지 않은 가운데 성황을 이루고 있었다. 그러나 영조 초년인 1720년대에 접어들면서부터는 국내외 사정의 급격한 변화에 따라 역관·사상 간에 치열한 대립이 표면화하기 시작하였다. 무역환경의 변화 중 하나는 청·일 두 나라 간에 직접적인 무역이 활발해지기 시작하였다는 점이다. 청나라는 그 초기부터 해금(海禁)을 엄중하게 실시하여 외국과의 무역을 행하지 않았으나 숙종 10년(1684)에 이르러 부분적으로 해금을 풀기 시작하여 마카오(澳門)를 비롯한 기타의 해항

---

32) 책문후시의 치폐(置廢)를 연표로 나타내면 다음과 같다.

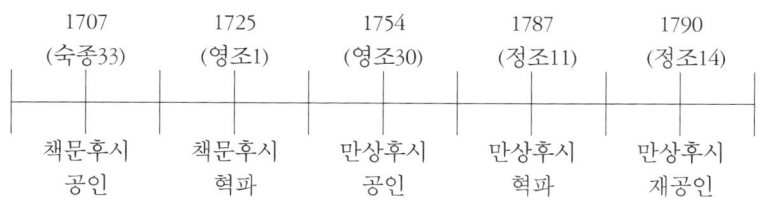

1707	1725	1754	1787	1790
(숙종33)	(영조1)	(영조30)	(정조11)	(정조14)
책문후시 공인	책문후시 혁파	만상후시 공인	만상후시 혁파	만상후시 재공인

(海港)을 개방하게 되었다.

이리하여 그 이듬해인 숙종 11년(1685) 7월에는 비로소 복주(福州)·하문(廈門)의 상선(商船)들이 일본의 나가사끼(長崎)에 도항(渡航)하였으며 숙종 15년(1689)에는 나가사끼에 청나라가 상관(商館)을 설립하게 되었다. 이로부터 점차 청·일 간에 직교역이 성행해 감으로써 종래 왜관무역을 통하여 청나라의 물화를 일본 본토에 전매(轉賣)해 왔던 왜상(倭商)들은 그 수가 점차 감소되어 갔고 왜관무역은 쇠퇴 일로를 걷게 되었다.

그러나 왜관무역의 쇠퇴가 조선의 중개무역에 미친 영향이 심각해진 시기는 청·일 간의 직교역이 개시되고 50~60년이 지난 이후의 일이었다. 그것은 정조 5년(1781) 이조참의(吏曹參議) 조시위(趙時偉)가 "건융(乾隆) 이후(영조 12년<1736>) 청나라가 나가사끼와 통상하기 시작하여 역관의 무역로가 상호간에 막히고 단절되었다"[33]고 했고, 정조 16년(1792) 사관(史官)이 "영조 23년(1747) 이전에는 청나라 사람이 왜인(倭人)과 서로 교역하지 않았기 때문에 왜인으로서 중국물품을 무역하려는 자는 반드시 동래(東萊)에 와서 구입해야 하였다. 때문에 동래부에는 다른 지역에 비하여 은화가 많았고 나라 안 유통량의 대다수가 왜은(倭銀)이었다. 국내 여러 광산의 채굴량(採掘量)도 풍부하였다. 그러나 그 뒤(영조 23년 이후) 청나라 사람과 왜인이 서로 무역을 하여 왜인이 직접 나가사끼로 가서 교역하였고 동래에는 다시 오지 않았다. 이로 말미암아 국내에는 은화가 크게 결핍하게 되었다"[34]고 하였다.

또 영조 34년(1758) 동부승지(同副承旨) 홍중효(洪重孝)는 "중고(中古)에는 일본이 중국과 통상하지 않았기 때문에 필요한 연화(燕貨)는 모두 우리 나라의 동래부로부터 전매(轉賣)하여 가져갔다. 이리하여 매년 왜은의 수입량은 거의 30~40 만 냥에 가까웠으므로 동래부가 10분의 1을 수세하는데 그 수세액을 3분하여 3분의 2는 호조에 상납하고 동래부가

---

33) 『일성록』, 정조 5년 6월 21일.
34) 『정조실록』 권36, 정조 16년 10월 신미.

3분의 1을 사용하여 동래부의 지출에 충당하였다.[35] 그러나 옹정년간(雍正年間 ; 경종 3년<1723> ~ 영조 11년<1735>)에 중국과 일본 나가사끼 간에 직접 통상이 이루어지면서 동래에 나오는 왜은의 양이 매우 적게 되었다"[36]고 하였다. 이러한 사례를 모두 종합해 볼 때 중개무역의 쇠퇴가 심각해진 시기는 대개 1720년대를 기점으로 하여 1730~1740년대 이후라고 느껴지거니와 그것은 동시에 호조의 매년 세입은의 변천에서도 그 일면을 살펴 볼 수 있다.

[표 12] 호조의 연간 세입은화 변동

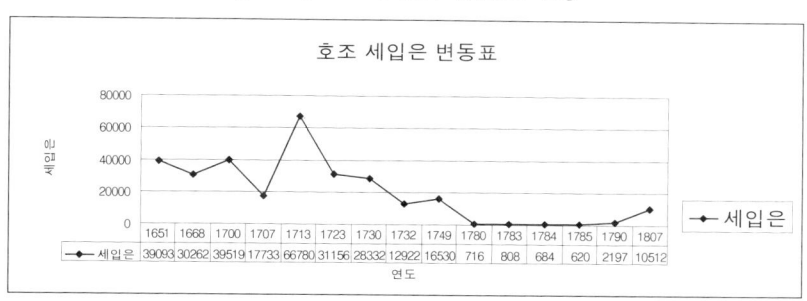

자료 : 『증보문헌비고』 권 155, 재용고 2 호조일년 경비출입수
      『만기요람』 재용편 4 호조일년경비에 의거함

앞에서 말한 바와 같이 동래부는 왜관호시(倭館互市)에서 무역 상인들로부터 10분의 1의 세은을 징수하여 왔고 그 징수 총액 중 1/3은 동래부의 경비에 충당하며 나머지 2/3는 호조에 납부하였다. 그런데 1730년대 이전에는 왜은의 매년 수입양이 30~40만 냥에 가까웠다고 하였다.
이렇게 볼 때 <표 12>에서 호조의 수세은(收稅銀)이 가장 많았던 숙종 39년(1713)을 예로 들어 왜은의 수입량을 추정해 보자. 호조의 수세은

---

35) 호조의 왜관 수세책에 대해서는 박소은, 2000, 「17·18세기 호조의 왜관수세책 변화」『조선시대사학보』 14.
36) 『비변사등록』 134, 영조 34년 정월 초5일.

총 66,780냥의 거의 대다수가 왜은이었다고 전제하고 1/3인 동래부 경용
조(經用條) 33,390냥을 여기에 가산하면 연간 총수입액은 100만여 냥에
달한다. 그리고 이것을 숙종 4년의 상정가37)에 의거 미가(米價)로써 환
산하면 60~70만여 석에 달하는 양이었음을 알 수 있다.

그러나 이 시기를 정점으로 하여 호조의 세은 수입액은 떨어지기 시
작하여 영조 25년(1749)에 16,530냥이었던 것이 정조 4년(1780)에는 716
냥에 불과하게 되었다. 이러한 경향은 1720년대 이후 왜관무역의 쇠퇴
현상을 실증적으로 반영해 주고 있다. 결국 이 시기는 조선후기 대외무
역사에 있어서도 일대 전환기를 긋는 시기였고 동시에 역관의 중개무역
에도 일대 타격이 가해진 시기였음에 주목하지 않을 수 없다.

이러한 사태는 역관들로 하여금 왜관에 피집(被執)한 중국 상품의 대
가를 받아내는 시기를 지연시켰고 나아가서는 수출 그 자체가 거의 불
가능한 상태에 이르게 하였다. 이 때문에 숙종 23년(1697)에 공인된 관은
대출규정에 따라 역관에게 빌려준 은화와 역관에게 사사로이 대출한 관
은의 회수가 부진하게 되었으며, 갖가지 이유로 상환치 못하는 경우가
빈발하였다. 따라서 정부는 결국 역관들로부터 부채를 받아내기 위하여
영조 2년(1726)에는 상채청(償債廳)을 설치하기에 이르렀다.38)

이로 말미암아 불시의 사행 특히 진주(陳奏)·주청(奏請)·참핵(參覈)
등 유사사행(有事使行)만은 별공용(別公用)이란 명목으로 사신들이 일정
량을 양서(兩西)의 영읍(營邑)에서 청득(請得)하도록 허락하였다. 그리고
그 은화는 공용에 사용하였을 경우에는 회감(會減)하지만, 사용치 않았
을 경우 반납토록 하였고,39) 이 이외의 사행에는 관은 대출을 일체 금지

---

37) 『비변사등록』 34, 숙종 4년 윤 3월 24일.
38) 『영조실록』 권10, 영조 2년 7월 28일. 이 상채청은 영조 19년에 혁파되었다
    (영조실록』 권57, 영조 19년 4월 14일 ; 『비변사등록』 104, 영조 21년 11월 11
    일).
39) 『만기요람』 재용편 5, 불시사행.

하였다. 다만 관향고와 운향고의 정은(丁銀) 각 500냥을 「불우비은(不虞備銀)」이란 명목으로 가지고 가도록 하되, 이 역시 만약 꼭 필요하여 썼을 경우는 장문(狀聞)하여 회감(會減)하고 안 쓰면 반납토록 규정하였다.40) 이리하여 종래의 관은차대규정은 사실상 폐지된 셈이었고 동시에 역관들에게 사사로이 관은을 대출해 온 관행도 금지되었다.

그러나 이러한 관행이 즉시 근절되지는 않았다. 이에 영조 3년(1727)에 영의정 이광좌(李光佐)가 건의하여 "앞으로는 경외(京外)를 막론하고 은화를 역관에게 사사로이 빌려주거나 혹은 아문의 무역을 핑계로 함부로 은화를 주는 것을 엄격히 금지하며 이를 범하는 자는 비록 높은 직위의 관료라 할지라도 중가책벌(重加責罰)하는 등 일절 용서치 않는다"고 규정하였다.41)

이러한 규정에 이어 영조 5년(1729) 2월 왕은 "우리나라에 은화가 부족한 것이 아니라 역관과 사상들이 사행 때에 많은 양을 가지고 가서 청나라에 헛되이 쌓아 왔기 때문이다. 오늘날 국내의 은화가 줄어들게 된 것도 오로지 이에 말미암으니 상역(象譯)들이 팔포 외에 은화를 소지하고 가는 것을 엄격히 금지하라"42) 하였고, 11월에는 이를 법규로서 성문화했는데, 그 조문을 보면 "개시나 사행을 막론하고 400냥 이상을 소지하였다가 의주부가 압록강에서 수검할 때 현착(現捉)되거나, 규찰 당해 고발된 자는 모두 압록강에서 효시(梟示)하고 300냥 이하는 3차례 엄한 형벌을 가한 뒤 전 가족을 변방으로 내쫓되 앞으로 사면(赦免)의 특전도 고려치 말라"는 내용이었다.43)

이상과 같이 하여 1730년대는 부연역관의 중개무역은 심각한 상태에 몰리게 되었다. 관은의 대출이 중단됨으로써 역관은 일부의 부유한 자들

---

40) 『만기요람』 재용편 5, 불우비은.
41) 『비변사등록』 82, 영조 3년 10월 28일 ; 『영조실록』 권13, 영조 3년 10월 24일.
42) 『비변사등록』 85, 영조 5년 2월 23일.
43) 『비변사등록』 88, 영조 6년 11월 17일.

을 제외하고는 무역 자금을 마련할 수가 없게 되었다. 무역 자금의 마련
이 가능했다 하더라도 대일본 수출로가 거의 단절되어 가고 있어 상품
의 판로마저 용이치 않게 되었다. 역관들은 중국 물품의 판로를 국내에
개척해야 할 상황에 부딪친 것이다.

그러나 책문후시가 공인된 이후 중국 물품은 사상들에 의하여 공공연
히 대량으로 수입되었고, 그것은 국내의 각 도시뿐만 아니라 심지어는
농촌의 향시를 통하여 심산궁곡(深山窮谷)에까지 침투되고 있었으므로
역관의 국내 판로 개척은 더욱 어려웠다. 이에 부연역관들은 사상무역을
봉쇄하는 데에 관심을 집중하게 되었다.

사상무역을 봉쇄하는 방법은 사신을 통하여 사상무역 봉쇄의 정당성
을 정부에 인식시키고 정책으로 반영하는 것이었다. 역관에 의한 사상무
역 봉쇄는 단계적으로 실현되어 갔다. 그 중 중요한 사실만 간추려 보면,
첫째 책문무역에 있어서 청상측 실력자들이었던 소위 난두배(攔頭輩)의
해체였고, 둘째는 연복제에 의한 책문무역을 금지하는 것이었으며, 셋째
는 심양 팔포무역의 봉쇄와 단련사를 혁파하는 것이었다.

난두배는 개성상인·의주상인 등 사상과 결탁하여 사행이 돌아오는
때에 복물(卜物)의 운송을 지연시켰고, 사신이 먼저 책문을 나온 다음에
는 책문에서 연복마를 맞아들여 대대적으로 무역함으로써 책문무역의
이익을 독점했던 청나라의 운수청부업자들이었다. 난두배 혁파는 경종
2년(1722) 성경(盛京)의 예부(禮部)에 난두배의 혁파를 요청하면서 시작
되었다.44) 그리고 이듬해인 경종 3년(1723)에는 역관 한영희(韓永禧)·
김경문(金慶門)·유재창(劉在昌)·김택(金澤) 등이 직접 청의 사관(査官)
과 담판한 끝에 결국 난두배를 해체시켰다.45) 이리하여 사상과 난두배의
결탁에 의한 사행 복태(卜駄)의 지연 내지 책문후시의 조종 역할이 배제
되었다.

---

44) 『동문휘고』 보편 권7, 사행록 ; 『증보문헌비고』 권176, 교빙고 경종 2년.
45) 『동문휘고』 보편 권7, 사행록 ; 『증보문헌비고』 권176, 교빙고 경종 3년.

영조 원년(1725) 역관은 연복에 의한 책문무역도 금지시켰다. 그리고 영조 3년(1727)에는 "연복무역을 금지하니 금하는 것을 범하는 자는 강변에서 효시한다"고 규정하고 사상의 책문무역 금지 조치를 재차 강조하였다.[46]

심양팔포제의 폐지와 단련사의 혁파문제는 영조 3년(1727)에 발생한 '청채욕국(淸債辱國)' 사건에서 발단되었다. 책문후시가 공인된 이후 사상 무역이 활발해지면서 조·청상인 간에는 외상 거래가 공공연히 실시되고 있었다. 이로 인해 일부의 소규모 상인들은 판매상의 손해 등 각종 이유를 핑계로 청나라 상인의 채무를 이행하지 못하는 경우가 많았다. 그 청채(淸債)의 액수는 점차 증가되어 영조 초에 이르러는 무려 은화 7만여 냥에 달했다.[47] 청나라 상인들은 그들의 조정에 부채의 상환을 요청하게 되었고, 청 조정은 조선정부에 조속한 상환을 강경히 요구해 왔다. 이 문제로 조신(朝臣) 간에 엄청난 논란이 일어나게 되었다.[48]

청채에 대한 해결책은 기본적으로 부채를 진 상인을 색출하여 빚을 받아내는 길 밖에 없었다. 그러나 영부사(領府事) 민진원(閔鎭遠)이 "청나라의 자문(咨文) 중에 기록된 성명(姓名)은 또한 모두 살아 있는 사람의 이름인지 알 수가 없습니다. 일찍이 역관들이 전하는 말을 들으니, 우리나라 상인들이 저들과 무역할 때 대부분이 성명을 변환(變幻)하는데 혹 아이 때의 이름을 대든가, 아니면 다른 이름을 댄다고 합니다. 그렇다면 지금 여기 기록된 부채인 성명도 반드시 가명(假名)이나 허명(虛名)이 많을 것이므로 비록 받아내려 해도 적발하기 어려울 것 같으니 실로 난처합니다"[49]라고 한 것처럼 부채 상환은 쉬운 문제가 아니었다. 즉 사상은 청으로 들어가 자신의 이름 대신 아명(兒名)을 쓰던가 성명을 바꾸어

---

46) 『비변사등록』 84, 영조 4년 7월 3일.
47) 『비변사등록』 81, 영조 3년 3월 27일.
48) 『비변사등록』 81, 영조 3년 윤3월 4일.
49) 『비변사등록』 81, 영조 3년 윤3월 29일.

외상 거래를 해 왔기 때문에 사상들의 부채를 구체적으로 밝혀내고 징수할 방법이 없었던 것이다.

결국 이 사건은 역관들에 의한 사상 무역 금지에 큰 명분을 제공했고, 정부로서도 단호히 금지하지 않을 수 없는 일이었다. 이에 영조 3년 (1727) 11월에는 심양팔포의 해체를 논의하였고,[50] 이듬해에는 진주사행 (陳奏使行)에 역관 김경문(金慶門)을 특파하여 심양 팔포무역을 폐쇄했으며, 이어 단련사 제도까지 혁파해 버렸던 것이다.[51]

이상과 같이 역관들에 의해서 경종 3년(1723)에는 난두배가 혁파되고 영조 원년(1725)에는 연복제에 의한 사상의 책문무역이 금지되었으며, 영조 4년(1728)에는 단련사와 5개처 아문의 팔포가 제거되었다. 이에 책문무역 곧 사상의 대청무역은 완전히 봉쇄되었고 대청무역은 이제 원점으로 환원된 채 부연역관에 의해서만 수행되게 되었다.

이처럼 사상들의 대청무역이 역관들의 직접 내지는 간접적인 노력에 의하여 전면적으로 봉쇄되자 그 반응은 자못 심각하였다. 우선 의주부에서는 역관들이 팔포 외에 가지고 가는 은화를 철저히 기찰(譏察)하였다. 전술한 바 영조 5년(1729) 11월에 400냥 이상은 효시(梟示)하고 300냥 이하는 세 차례 엄형(嚴刑) 뒤 전가(全家)를 사변(徙邊)한다는 금령이 내렸지만[52] 이보다 앞서 영조 4년(1728)에는 역관 현유강(玄有綱)이 체포되어 기찰한 사람을 시상(施賞)하기도 하였다.[53] 의주부에 의한 역관 기찰은 아주 철저하여, 영조 5년(1729) 역관 김문경(金文慶)은 천은(天銀) 586냥을, 한두강(韓斗綱)은 천은 94냥과, 정은(丁銀) 15냥을 각각 팔포 외에 가지고 있다가 의주부의 기찰장교(譏察將校)에게 붙잡혔고[54] 용천(龍川)

50) 『비변사등록』 82, 영조 3년 11월 17일.
51) 『영조실록』 권15, 영조 4년 정월 신유 ; 『비변사등록』 82, 영조 3년 10월 8일 ; 『통문관지』 권7, 인물 김경문.
52) 『비변사등록』 88, 영조 6년 11월 17일 참조.
53) 『승정원일기』 698, 영조 5년 12월 10일.
54) 『승정원일기』 698, 영조 5년 12월 10일.

대동역노(大同驛奴) 영빈(永彬)은 은화 200냥을 휴대하였다가 붙들렸다.[55] 기찰에 대한 역반발로 의주지역민이 역관에게 피살당하는 불상사도 일어날 정도였다.[56] 어떻든 이러한 의주부민들의 역관에 대한 수색행위는 자신들의 상로(商路)를 봉쇄한 데서 나온 보복이었다.

다라서 영조도 "지금 의주인들은 역관을 증오하는 마음이 골수에 박혀 있으니 만약 이들로 하여금 검찰(檢察)케 하면 반드시 공연히 무소(誣訴)할 폐단이 있을 것이고, 또한 의주부윤만으로 검찰케 한다고 해도 마땅치 못할 것이니 서장관과 의주부윤이 동시에 검찰하도록 신칙(申飭)함이 옳다"[57]고 해서 즉 영조 6년(1730) 10월 의주 사람의 기찰을 중지하는[58] 한편 강변수검규정(江邊搜檢規定)을 강화하였다. 곧 "이후로는 출입을 단속하는 문안에서 붙잡힌 경우 은화 1백 냥 이상 소지자는 강변(江邊)에서 효시(梟示)하고 1백 냥 이하는 3차 엄형(嚴刑)한 뒤 전가(全家)를 사변(徙邊)한다. 그리고 출입을 단속하는 문 밖에서 붙잡힌 경우 1백 냥 이상 소지자는 3차 엄형한 뒤 전가를 사변(徙邊)하고 1백 냥 이하인 자는 1차 엄형한 뒤 정배(定配)한다"[59]고 규정하였던 것이다.

사상의 대청무역, 특히 책문무역의 봉쇄로 말미암아 청나라 측의 손해도 관부(官府)나 상인(商人) 모두 다 같이 컸을 것은 당연하다. 그러나 청나라 상인이 조선 사행에 직접 관여할 만한 능력은 없었기 때문에 그들의 불만은 관헌(官憲)을 통하여 발현되었다. 또한 책문후시가 열렸을 때에는 봉황성의 관리가 상세(商稅)를 징수하였는데 그 수익 역시 적지 않았으므로 그들이 입는 손해만으로도 충분히 불만을 표시하지 않을 수 없게 되어 있었다.

영조 4년(1728) 동지사가 귀국할 때, 상인들이 사신을 수행하지 않았

55) 『비변사등록』 88, 영조 6년 11월 17일.
56) 『영조실록』 권34, 영조 9년 6월 경신.
57) 『비변사등록』 88, 영조 6년 10월 6일.
58) 『승정원일기』 698, 영조 5년 12월 10일.
59) 『비변사등록』 88, 영조 6년 11월 17일.

고 연복제에 의한 책문매매가 이루어지지 않자, 봉성장군(鳳城將軍)은
직접 조선 역관에게 "우리들이 책문에서 수세하는 2천 냥은 어떻게 마련
해 줄 것이냐? 연복 매매를 한 뒤에야 너희들의 복태(卜駄)를 내보내 주
겠다"고 협박하였고 복물(卜物)이 이미 책문을 나온 뒤에도 장경(章
京)·갑군(甲軍)의 무리들이 봉황성장의 분부라고 하고 복물을 가로막
고 순순히 돌아가지 못하게 방해하였다.60)

이런 사태가 발생한 데에는 물론 앞서 말한 바와 같이 봉황성의 관리
(官吏)와 청나라 상인이 사상무역의 철폐로 입는 손실이 컸던 탓도 있겠
으나 더 큰 것은 당시 청나라 관리들의 부패상이 여실히 반영되어 있다
고 하겠다. 이들의 행패는 여기서 그치지 않았다. 영조 8년(1732) 동지사
가 귀국할 때에도 책문의 세관(稅官)이 "세금은 없을 수 없다. 이는 곧
황제에게 바치는 세금"이라고 하면서 소위 책문 통관세를 강요하였다.61)
그리고 영조 13년(1737)에는 이미 조선과의 사상무역이 불가능함을 알았
던지 청 예부(禮部)로부터 "조선내지상민(朝鮮內地商民)을 중강개시에
참여케 해 달라"는 자문(咨文)이 오게 되었다.62) 이 요청은 종래 관원에
의해서 실시해 온 공무역을 양국 사상(私商) 간의 사무역으로 변모시키
려는 것이었다. 이에 조선정부는 극력 반대하였고 그들은 뜻을 이루지
못하였다. 하지만 청측이 사상무역의 봉쇄 조치로 입게 된 손해가 컸다
는 것은 짐작하고도 남음이 있다.

한편 책문후시의 혁파에 이어 단행된 개성부·평안감영·평양병영·
황해감영·의주부 등 5개 처의 심양팔포 12자리 역시 없어졌다는 것은
이미 서술하였다. 그런데 이 지방아문의 팔포무역권은 무역별장으로 뽑
힌 사상에게 주어졌고, 사상은 이를 통하여 심양과 책문에서 상업상의

---

60)『비변사등록』 84, 영조 4년 7월 3일.
61)『비변사등록』 91, 영조 8년 5월 11일.
62)『영조실록』 권43, 영조 13년 정월 병진 ;『영조실록』 권43, 영조 13년 2월 기
사.

이익을 도모하여 왔다. 그러나 심양 팔포 무역권의 박탈로 아문은 커다란 이권을 상실하였고 동시에 무역별장들의 대청무역 그 자체가 불가능해 졌다. 이에 사상들은 각 아문으로 하여금 팔포권을 회복하도록 요청하였다.

그러나 종래의 무역별장제에 의한 심양팔포의 형태는 요청하기가 어려웠다. 따라서 서울의 각 군문(軍門) '별포(別包)' 형태로서의 포외월송(包外越送)을 요구하고 있었다. 5개 처의 이러한 요청에 대하여 정부는 "만약 한번 허락하면 반드시 상인들의 무역 통로를 터주는 결과를 낳을 것이다"[63]라고 하여 사상의 개입이 불가피할 것임을 지적하였다. 따라서 논의를 꺼낸 개성유수 서명균(徐命均)을 "사람됨이 결코 상인의 설득에 움직였을리 만무하다"고는 하였으나 은연중 상고들의 책동에 영향받았던 것임을 암시한 다음 영조는 차후의 이러한 요청을 근절시키기 위해서란 명분을 내세워 개성유수(開城留守)를 추고(推考)하라고 명령하였다.[64]

이상과 같이 하여 사상들에게는 대청무역의 기회가 완전히 배제되었다. 그러나 종래 천 여태(千餘駄)의 마필(馬匹)에 짐을 싣고 책문에 가서 무역해 왔던 이들이 법금(法禁)에 의하여 좌절될 리 없었다. 따라서 이제는 그 무역의 양상을 변모시켜 국경지대나 해안을 통한 비합법적인 밀무역의 기회를 모색하였던 것이다.

그 중 특히 압록강변의 의주(義州)·강계(江界)·초산(楚山)·창성(昌城)·삭주(朔州)·위원(渭原)·벽동(碧潼) 등 소위 '강변칠읍(江邊七邑)'과 이산진(理山鎭)·고산진(高山鎭)·만포진(滿浦鎭) 등지가 가장 주목되는 밀무역의 거점들이었다. 여기는 일찍부터 각종 피물과 인삼 및 은화의 산지를 주변에 두고 있어서, 서울·개성·의주상인들을 위시하여 평양·안주 등지의 상인이 빈번하게 왕래하는 지역이었다. 더구나 접경

---

63)『비변사등록』90, 영조 7년 7월 7일.
64)『비변사등록』90, 영조 7년 10월 23일.

지로서의 지리적인 호조건을 구비하고 있어서 미미하게 나마 종래부터 밀무역이 감행되어 온 곳이다.

이리하여 정부는 일찍이 "평안도 강변칠읍(江邊七邑)에서 동전을 사용하는 자는 일률(一律)로 논죄(論罪)한다"[65]고 규정하여 화폐의 유통을 엄금하였고, 이어 "양계(兩界)의 양인(良人)을 노비로 제 것인 양 꾸며 이끌고 오는 자와 상인들을 몰래 유인하여 서울로 데려오는 자는 모두 장(杖) 1백대에 3천리 밖에 귀향 보낸다"[66]고 성문화하여 상인의 출입을 엄금하여 왔다.

그러나 이러한 규정은 이 무렵에는 한갓 허문(虛文)에 불과하였다. 법을 지켜야 할 수령(守令) 자신들이 솔선하여 범법행위를 자행하고 있었던 것이다. 일례를 들면 영조 15년(1739) 관서어사(關西御史) 이성효(李性孝)가 복명(復命)하기를 "삭주부사(朔州府使) 이만유(李萬囿)가 의주부 상인에게 비단을 수입토록 할 것을 약속하고 쌀 수 백 석을 지급하였다는 소문을 들었습니다. 신(臣)이 몰래 (삭주) 장시(場市)에 들어가 상고들이 자주 왕래하는 기생집에서 상고의 문적(文蹟)을 수검하려 하였는데 이만유가 이 소문을 듣고 포교들을 풀어 데리고 갔던 서리를 포박하여 버렸습니다"[67]하였다. 이처럼 수령들이 사상들과 결탁하여 범법행위를 저지르고 있는 한, 조·청 양국의 사상들 간에는 이미 무역의 기회를 서로 약속하고 밀무역을 자행할 수 있었던 것이다. 감사도 관내 상인들의 밀수 행위를 비호하였다. 곧 영조 10년(1734) 평안감사 박사수(朴師洙)는 "서토인(西土人)으로 경성인물(京城人物)을 불러 끌어들인 자는 비록 사형으로 다스려져야 하지만 전매(轉賣)한 사실이 드러나지 않았는데 호인(胡人)과 매매한 것으로 단정하고 사형에 처함은 왕정(王政)의 마땅함이 아니라"[68]

---

65) 『속대전』 형전 금제.
66) 『속대전』 형전 잡령.
67) 『영조실록』 권50, 영조 15년 9월 계축.
68) 『영조실록』 권38, 영조 10년 6월 무오.

고 하여 증거가 불충분하다고 변명하고 있다. 여기서 우리는 평안감사와 조정 간에는 밀무역행위에 대한 견해차가 컸음을 알 수 있다.

이처럼 감사나 수령의 비호하에 사상들의 밀수행위가 자행되고 있던 상황이어서 "평안도 상인인 승 석훈(釋訓) 등이 전백(錢帛)을 소에 싣고 창성(昌城)을 지나다가 잘못하여 소가 강에 빠져 청나라 사람이 건져 주었다"[69]는 기록이라든가 "만포진(滿浦鎭) 앞 압록강 중의 작은 섬에서 밀수상인들이 통화(通貨)한다"[70]는 등, 밀무역에 대한 단편적인 사실들을 당시의 사료상에서 흔히 발견할 수 있다. 그러나 보다 구체적인 사례로서 영조 9년(1733) 평안감사 권이진(權以鎭)이 강변(江邊)의 사정을 염탐한 뒤에 보고한 사실은 주목할 만 하다.

즉 권이진은 "강계군·위원군의 두 나라 국경지대 중 고산진(高山鎭)·벌등진(伐登鎭) 건너의 세동(細洞)·구낭(九郎)·합동(哈洞)·고도수동(古道水洞)·추동(秋洞)·갈헌동(乫軒洞)·둔동(屯洞)·황제성평(皇帝城坪) 등지에는 청나라 사람들의 이주자가 날로 증가하여 많은 곳은 16~17호에 인구가 300~400명에 달하며 이들의 창고에는 중국 물화가 꽉 차있다. 이 지역의 주호(主胡)인 산서인(山西人) 이등서(李登西)·심양인(瀋陽人) 왕삼평(王三平) 및 당(唐) 혹은 탕(湯)이란 성을 가진 자 등 3인은 모두 만금대고(萬金大賈)들이다. 이들은 일찍이 사업에 실패하였거나 죄를 저질러 이곳으로 도망해 온 자들인데 이들의 수하(手下)에는 조선에서 도망해 간 자 3, 4인을 두고 양국 간의 밀무역을 위한 정보교환 및 문서사무 등을 맡기고 있다. 그들은 조선상인들과 물화를 무역하기 위해 매일같이 왕래하고 있다"[71]고 하였다.

결국 사상들의 대청무역은 비록 비합법적인 밀무역 행위에 의존하였을지라도 상호 간의 물화무역이 성황을 이루었다. 때문에 당시 조정의

---

69) 『영조실록』 권10, 영조 10년 6월 무오.
70) 『비변사등록』 95, 영조 10년 3월 2일.
71) 『영조실록』 권35, 영조 9년 7월 임진.

관료들도 황해도와 평안도를 "당물(唐物)·은화·명주가 모두 생성되는 곳이며 모든 물화가 폭주하는 곳"[72]으로 지칭하고 있었다. 그러나 밀무역은 항시 법망을 피해 이뤄지는 한계성을 갖고 있었기 때문에 영조 10년(1734) 이조참의(吏曹參議) 이종성(李宗城)은 "청채욕국(淸債辱國) 이후 연복 무역을 철저하게 금지해 왔기 때문에 청나라측과 우리의 밀수 상인들이 이익을 잃은 지 오래 되었다. 이로 말미암아 기회만 있으면 한 번이라도 서로 무역하고자 밤낮으로 이익을 엿보는 무리와 팔 곳을 갈구하는 상인들이 떼지어 있다"[73]고 한 바와 같이 사상들의 욕구는 책문후시의 재개에 의한 공인된 무역을 되찾는 데 있을 수 밖에 없었다.

이에 영조 원년(1725) 연복무역이 금지된 이후, 30년 만인 영조 30년(1754)에 '의주부의 탕채(蕩債)와 변민(邊民)의 생활'을 위한다는 명분 하에 비로소 연복무역 곧 책문무역이 재개되었다. 그런데 이번의 책문무역은 사상 중 의주상인에게만 허용되었기 때문에 「만상후시」라고 불렀으며, 의주상인에게 부여된 정액 무역권을 만포(灣包)라고 불렀다. 결국 이 만상후시의 재개는 대청무역상 사상의 존재를 다시금 확인시킨 사건이었다.

Ⅱ. 만상의 책문후시와 역관의 관모무역

1. 만상무역과 비포절목

청·일간 직교역으로 조선을 위시한 동북아시아의 무역환경이 크게

---

72) 『비변사등록』 99, 영조 12년 6월 3일.
73) 『영조실록』 권39, 영조 10년 12월 계축.

바뀌자, 역관과 사상층 모두는 17세기 중엽이후 약 1백여 년 간 중개무역을 통해 누렸던 이익을 잃게 되었다. 그러나 왜관무역 쇠퇴에 가장 큰 타격을 본 것은 역관이었다. 사상은 앞에서 지적하였듯이 책문무역의 공인 이후 청화(淸貨)의 수입을 통해 수출 뿐 아니라 국내의 판로도 개척하고 있었으며, 국내 상권을 기반으로 나름대로의 활로를 열어 가고 있었다.[74] 이에 상대적으로 위기에 처한 역관들은 권력을 이용하여 사상들의 대청무역로를 봉쇄하려 했고, 이를 통해 그들의 실리를 만회하려 하였다.

그런데 역관들에 의해 취해진 사상 무역 금지책 중 가장 큰 영향을 미친 것은 영조 1년(1725) 연복제에 의한 책문무역의 폐지와 영조 4년(1728)의 심양팔포 무역 및 단련사의 혁파였다. 이에 사상은 밀수상인으로 전환하여 밀무역을 감행함으로써 역관 위주의 조선정부 무역정책을 허물고 있었다. 그 결과 마침내 영조 30년(1754)에는 연복무역 곧 책문무역의 재개를 이끌어 내는데 성공하였다.[75] 그러나 이번에 허가된 책문무역은 의주상인에게만 허용되는 제한적인 것이었다. 때문에 만상후시라고도 불렸으며, 의주상인에게 부여된 정액 무역권을 만포(灣包)라고 불렀던 것이다. 따라서 여기서는 만상후시가 실시된 이후 반포된 비포절목(比包節目)을 통해 대청무역상 사상의 성장과 그 의미를 밝히고자 한다.

의주상인에게 후시가 공인되자 사행원역의 사무역 이외에 밀무역이 다시 발생하는 등 각종 폐단이 나타날 우려가 생겼다. 때문에 정부는 영조 30년(1754)에 비포절목(比包節目)을 마련 반포하였다.[76] 비포절목 제정의 일차적 목적은 사행 때 가져가는 각종 포은(包銀)과 돌아올 때 수입한 물화를 철저히 검사하여 밀수상인을 규제하려는 것이었다.[77] 따라

---

74) 『비변사등록』82, 영조 3년 10월 8일.
75) 『만기요람』재용편 5, 책문후시.
76) 『비변사등록』143, 영조 39년 5월 초2일.
77) 『비변사등록』127, 영조 30년 8월 초5일「비포절목(比包節目)」참조. 이후 비포절목과 관련된 서술은 위 자료에 의하며, 필요한 경우에 한하여 전거를 제

서 비포절목의 규정은 크게 사행팔포에 대한 비포규정과 연복시 만포에 대한 비포규정으로 나뉘었다.

행중포은(行中包銀) 즉 사행원역의 팔포에는 은화를 채워가야 했으나, 경우에 따라서는 은화를 채울 수 없는 사람들도 있었다. 이에 비포절목에서는 예전처럼 은화를 가지고 갈 수 있는 원역 가운데 팔포를 채우고도 은화가 남는 사람과 팔포를 가져갈 수는 없으나 은화가 있는 사람 그리고 팔포는 가져갈 수 있으나 은화가 없는 사람들이 서로 매매를 통해서 팔포의 수를 채울 수 있도록 하였으며,[78] 반드시 은주(銀主)와 포주(包主)의 이름을 구별하여 적어두게 하였다.

이 기록은 사행이 귀국할 때 중국에서 사들여 온 물화의 가격과 지니고 간 은화의 수량을 상호 비교하는데 필요한 증빙 문서였는데, 이는 팔포 이외의 은화가 중국으로 넘어가는 것을 막으려는 의도였다. 따라서 귀국한 후 지니고 간 은화의 수량보다 더 많은 양의 물건을 사들여 올 경우 밀수상인에게 가하는 형율로 다스리고 그 물화를 관청에서 몰수토록 규정하였다.

비포제의 성패는 수검을 얼마나 엄정하게 하느냐의 여부에 달려 있었다. 그렇기 때문에 팔포에 대한 수검의 책임 한계와 상세한 규정이 필요하였다. 사행이 책문을 나온 뒤의 수검을 책임진 것은 서장관과 의주부윤이었으며, 책문으로 들어간 뒤부터 책문으로 돌아오기까지 팔포의 규정을 지키도록 신칙(申飭)하는 책임은 정사(正使)에게 있었다. 또한 서장관은 복명(復命)이 늦는 한이 있더라도 복물(卜物) 짐바리의 숫자를 철저히 점검하고, 복물이 다 나온 연후에 책문을 나서도록 하였다. 비포문서는 각자가 연화(燕貨)의 무역을 끝낸 뒤 문서를 작성토록 하였고, 책문에서 사용한 은화의 수량도 기록하게 하여, 이를 심양 남쪽지점에서 제출

시한다.

78) 비포절목 이전에도 사행원역의 팔포는 실제 거래의 대상이 되고 있었다.『승정원일기』648, 영조 3년 10월 24일;『승정원일기』973, 영조 20년 6월 11일.

토록 했는데, 이는 연화(燕貨)와 책화(柵貨)를 구분하여 검사하기 위한
것이다. 그리고 모든 문서는 책임관원 이외 3～4인의 관리가 따로 검토
케 함으로써 특히 책문의 물화를 간교하게 많이 가져오는 폐단이 없도
록 각별히 신경을 썼다.

한편 연복무역 즉 만포무역은 만포 정액을 지켜, 초과하는 폐단이 없
도록 하였는데, 만포의 정액은 정기사행인 절사에 1만 냥, 임시사행인
사은행에 5천 냥, 재자행에 1천 냥을 초과하지 못하도록 규정하였다.79)
또한 만포는 정해진 가격만큼의 피물과 잡물을 채우도록 하였으며, 만약
은화로 가지고 갈 경우에는 밀수상인 처벌법으로 다스리고 의주부사와
서장관까지도 논책토록 하였다. 이 밖에도 비포절목에서는 사행원역의
크고 작은 복태(卜馱)도 보고토록 하여 몰래 운반하는 물건이 없도록 하
였고, 사행원역이 연행 중에 따로 떨어지거나 변동이 있을 경우는 제반
사항을 보고토록 하였음은 물론, 심지어는 종이와 부채 등을 과다하게
가져가는 것도 막기 위해 직위에 따른 한도액을 정하기까지 하였다.

결과적으로 비포절목은 "각자가 팔포에 채운 물종과 저쪽에서 판 가
격을 순서대로 적고 그 아래에는 또 수입한 물종의 가격을 낱낱이 기록
하여 서장관에게 바치면, 서장관은 교열을 마친 뒤에 수결을 하고 도장
을 찍게 하며, 귀국시 압록강을 건넌 뒤에 이를 의주부윤과 함께 입회하
여 수검하고 만일 은닉하거나 누락시켜 틀리는 것이 있으면 밀수상인
처벌법으로 다스린다"는 내용을 골자로 하고 있었다.80) 결국 비포절목
은 사행원역에 의한 밀무역은 물론 만상후시에서 일어날 수 있는 밀수
상인의 폐단을 막으려는 조선정부의 조치였던 것이다.

그러나 조선정부가 잠상으로 지칭하던 사상들의 밀수 행위는 계속되
었다. 즉 비포절목에 따라 우리측 역관과 상인이 가져가는 은화나 피잡
물의 가치와 수입한 물품의 중국측 가격을 서로 맞추어 봄으로써, 밀수

79) 『비변사등록』127, 영조 30년 8월 초5일 ; 『만기요람』재용편 5 책문후시.
80) 『만기요람』재용편 5, 비포.

를 막으려는 수검(搜檢)이 엄격해졌다. 그러자 사상들은 사행원역과 결탁하거나 각종 명색으로 사행을 수행하는 방법을 이용해 합법 또는 비합법의 무역활동을 전개하였다. 사행원역의 복물(卜物)은 수검이 다소 느슨하였고 면세의 대상이었기 때문에 사상들은 이 틈을 비집고 들어갔던 것이다. 곧 비포절목이 반포된 이듬해에 '연행시 원역이 정수를 넘어서 겸복을 물론하고 사사로이 데리고 가는 인원 수가 8~9명에 달했다'[81]고 하는 보고가 나오기 시작한 것도 이 때문이었다.

한편 역관들은 의주상인을 제외한 서울·개성·평양 등지의 부상들을 흡수하기 위해서도 사행시에 그들의 위상을 확고하게 할 필요가 있었다. 이 무렵 그들의 위상을 침해하던 부류는 의원·화원·사자관·일관 등 다른 관서의 관원들과 삼사신이 거느리는 군관들이었다. "무릇 사행의 원역(員役)에는 각기 명목이 있는 것입니다. 중국 땅에 들어간 뒤대소의 공적인 일은 역관이 전적으로 담당하여 주선하는 까닭에 당상역관을 일당상·이당상이라 하며, 당하역관을 일종사관·이종사관이라하는 것입니다. 의관·화원·사자관·일관(日官)은 비록 관질(官秩)이높은 사람이라 하더라도 반드시 그 직사(職司)의 이름을 따라 칭하는 것은 그 뜻이 바로 이러한 데 있는 것입니다. 또한 입책보단(入柵報單)에는 3사신·3대통관(大通官)·압물관(押物官) 24원을 열서(列書)하여 30명정관(正官)의 수를 채우는데, 압물관은 곧 역관을 일컫는 것으로 당연히역관으로 그 수를 채워야 하는 것입니다. 그러나 중고(中古) 이래 잘못된규례로 인하여 다른 관서와 군관을 막론하고 직차(職次)만 따져 섞어서써넣기 때문에 역관은 태반이 정관의 수효에서 빠지게 되었습니다. 이는실로 책임을 지워 일을 맡기려는 본의에 어긋나는 것입니다. 청컨대 앞으로 부연정관은 반드시 역관들로 수를 채우고 역관이 부족한 연후에다른 관서와 군관들을 채우도록 할 것을 정식으로 삼아 준행토록 함이

---

81) 『비변사등록』 128, 영조 31년 6월 14일.

어떠합니까"라고 하니 왕도 그렇게 하도록 하였던 것이다.[82]

즉 책문무역의 재개 바로 다음해인 영조 31년(1755) 사역원의 역관들은 다른 관서의 관원 및 삼사신의 군관(軍官)들을 직품만 따져 정관에 넣지 말고 역관으로 정관수를 채운 뒤 모자라는 숫자만 다른 관서의 관원이나 군관들로 채울 것을 요청하였고 국왕도 승낙했던 것이다.

이리하여 역관들이 사행길을 확실히 장악하고 사상들을 직·간접으로 대동했기 때문에 영조 38년(1762)에는 사행이 선문(先文)으로 미리 밝힌 인원 이외에 더 데리고 가는 인원과 말이 있으면 일체 금하도록 신칙하였다.[83] 남솔(濫率)·남기자(濫騎者)의 문제는 변금(邊禁)에 관한 것임과 동시에 사행로에 위치한 여러 고을의 폐단을 줄이는 문제이기도 하였다. 따라서 이 문제에 대한 계속적인 조치가 취해졌던 바, 영조 39년(1763)에는 높고 낮은 사성(使星)의 선문(先文) 규례를 혁파하고 인솔하는 각 명색과 노정이 자세히 적힌 노문변통절목(路文變通節目)을 반포하였고 이를 준수토록 하였다.[84] 이때 반포된 각종 사성(使星)의 노문변통절목(路文變通節目) 가운데 부연사행과 관련된 부분을 뽑아 적으면 <표 13>과 같다.

노문(路文)은 왕명을 띠고 지방으로 출장가는 관원과 수행 인원에게 침식과 말을 제공토록 연도의 역참에 미리 통고하던 문서였다. 따라서 부연사행의 경우는 노문별단에 기록된 인원과 말(馬)의 수효가 압록강을 건널 때의 그것과 일치하는 것은 아니다. 그러나 <표 13>에서는 공식적인 사행 때에 사신들이 인솔하는 인마의 수효만은 짐작할 수 있는데, 정사·부사·서장관이 갖추어진 절행의 경우 삼사신의 수행인원은 67명, 마필은 22필로 규제되고 있었다. 그리고 역행이나 재자행 등 주로 역관들이 이끄는 약사(略使)인 경우에도 대솔 인원 20명에 말이 10여 필이었

---

82) 『비변사등록』 129, 영조 31년 11월 13일.
83) 『비변사등록』 142, 영조 38년 10월 초7일.
84) 『비변사등록』 143, 영조 39년 2월 초4일.

다. 특히 삼사신을 갖추었을 때의 인마 규모와 역관 및 의원·화원들이 인솔하는 인마를 합친다면 이 당시의 사행 인마수를 파악할 수 있다. 그런데 부연역관의 정원은 숙종 46년(1720) 이정(釐整) 이후『통문관지』의 정원수를 따르도록 함으로써,[85] 그 간의 인원 증가에도 불구하고 역관의 정원은 20명 내외로 한정되어 있었음을 보게 된다.[86]

<표 13> 부연사신(赴燕使臣)의 수종 인마(人馬)

사신 명색	정사행	부사행	서장행	종사관행
군관(員)*	4(중신 3)	3	1	3
반당(人)*	1	1	1	1
노자(名)*	1	1	1	2
나장(雙)*	1	1	1	1
군뢰(雙)*	1(대군2)	1	1	1
기수(雙)*	2(대군3)	1		2
취수(名)*	6(具馬)	6 (無馬)	2 (無馬)	2 (無馬)
인신마	1		1	
기복마	5	4	3	변동
역인부	11	11	8	8
계	27명(22필)	25명(12필)	15명(8필)	20명(10여필)

자료 : 1.『비변사등록』143, 영조 39년 2월 초4일
　　　　2. *는 말(馬)이 딸림을 표시

어떻든 만상후시를 공인한 이후 조선정부가 비포절목을 통해 철저한 수검을 하도록 하고, 사행원역의 수를 제한하려던 것은 사상들의 밀무역 활동을 억제하고 무역물품에 대한 과세를 철저히 하기 위한 것이었다. 또한 부연원역의 수를 다시 한번 확인하고 통제하려 했던 것도 사행에

---

85)『비변사등록』143, 영조 39년 6월 21일.
86)『통문관지』권3, 사대 부연사행 참조.

잠입하여 밀무역하려던 사상들을 규제하려는 데 일차적인 목적이 있었
다. 그런데 같은 시기 반대로 역관들에게는 영조 34년(1758)에 모자무역
(帽子貿易)의 특권을 부여하는 관모제가 실시되어 대조적인 모습을 보
이고 있다.

하지만 조선 정부의 비포절목 제정과 사행원역의 인원 제한 조치는
오히려 역관들의 무역활동을 위축시켜 갔다. 즉 1720년대 이후 왜은(倭
銀)이 수입되지 않은데다 관은의 대출이 사실상 봉쇄되자, 역관의 연행
팔포는 때때로 마매의 대상이 되고 있었다. 자금조달이 어려웠던 역관들
은 비포절목을 통해 행중팔포의 마매가 공식화되자, 부득이 사상과 결탁
해야 하였으므로 역관들이 대청무역상에 처한 입지는 좁아질 수 밖에
없었다. 이에 역관들은 비포절목의 허점과 의주부의 검사가 느슨한 점을
틈타 사상과 결탁하여 무역을 행하는 한편 무역 여건을 근본적으로 타
개하고자 그들의 요구로 반포된 비포절목을 그들 스스로가 폐지토록 요
청하기에 이르렀다.[87] 또한 역관은 '팔포로 사들인 물화의 가격에 대해
청국측의 수표(手標)를 받으면 서장관이 그 문권(文券)에 서명하고 의주
부가 비준하여 팔포의 수량을 넘지 못하게 한' 규정을 이용, 청국측과 문
권을 조작하여 규정외의 무역을 은폐하려 하기도 하였다.[88]

때문에 조선 정부는 비포절목이 유명무실하게 된 것은 역관들의 농간
때문이라고 여겼다. 이에 비포제의 폐지에 대한 찬반 논의를 거치면서,
영조는 비포제를 혁파하려던 처음의 생각을 바꾸어 비포제를 강화하는
정책을 취하였다. 즉 서장관과 의주부윤에게 신칙하여 비포제의 실효를
거두도록 하고 이를 어기는 자에 대해서는 엄중하게 처벌하도록 분부하
였던 것이다.[89] 이처럼 18세기 후반 사상의 무역 활동은 활발히 진행되
었으나 역관무역은 침체에 빠져들었다. 조선정부로서는 역관의 이러한

---

87) 『비변사등록』 143, 영조 39년 5월 초2일.
88) 『영조실록』 권101, 영조 39년 4월 계축.
89) 『비변사등록』 143, 영조 39년 5월 초2일.

상황을 타개하여 그들의 생계를 보장해주고 공용은을 마련해야할 필요
에 직면하였다. 이에 실시한 것이 관모무역(官帽貿易)이었다.

2. 관모제 실시와 운영

18세기 후반 역관무역이 침체되자 부연역관 가운데는 그들의 팔포를
다 채우지 못하는 현상이 일어나는가 하면,[90] 임시사행인 경우 그들의
팔포가 거의 텅 비는 지경에 이르렀다.[91] 역관들이 사행무역에서 이익을
잃게 되자, 역관자제들이 역과의 응시를 기피하는 현상도 나타나고 있었
다.[92] 부연사행을 통해 청과의 외교관계를 유지하던 조선정부로서는 역
관들을 부양할 수 있는 방도를 찾아야 하였다. 이에 조선 정부는 공용은
을 마련함과 동시에 역관들의 무역 이익을 보장해 주는 방안으로, 영조
34년(1758)에 관모제(官帽制)를 실시하였다.

관모(官帽)란 관청에서 출급(出給)한 자금으로 부연사행에 필요한 공
용은을 제하여 쓰고, 남는 자금으로 모자를 수입 판매한 뒤 이 이익금으
로 원금을 채워 대출한 관청에 반납하는 제도였다. 이러한 형태의 관모
무역은 영조 32년(1756)부터 이미 모색되고 있었다.[93] 그러나 관모제는
영조 34년(1758) 서울과 지방의 각 아문에 관은(官銀) 4만 냥을 나누어
마련케 하고,[94] 이를 호조와 의주부가 반씩 맡아 관리케 하면서 정식으
로 실시되었다. 이렇게 마련된 정은(丁銀) 4만 냥은 사행의 당상상통사

---

90)『비변사등록』114, 영조 21년 8월 9일.
91)『비변사등록』115, 영조 22년 4월 초3일.
92)『비변사등록』135, 영조 34년 10월 26일.
93)『비변사등록』130, 영조 32년 4월 초6일.
94) 이 때 관은(官銀)은 훈련도감 2,000냥, 수어청·총융청 각 3,000냥, 병조·금
위영·어영청 각 4,000냥, 평안감영 12,000냥, 평안병영 2,000냥, 의주(義州)·
선천(宣川)에 각 3,000냥 씩 나누어 배정하였다.

(堂上上通事)나 역관 중 재력을 갖춘 자에게 지급되었는데, 그들에게는 이 중에서 사행의 연례적인 비용을 제외하고 난 나머지를 무역자금으로 삼아 청나라의 모자를 수입하는 권한이 부여되었다.

모자(帽子)는 요동(遼東)의 중후소(中後所)에 있는 모자창(帽子廠)에서 생산되었는데 주로 양털을 재료로 써서 제조한 방한용 모자였다.[95]

청으로부터 수입된 모자는 척(隻) – 부(釜) – 죽(竹) – 입(立)의 단위로 계산되었다.[96]

[그림 13] 조선사신과 모자[97]

---

95)『계산기정』권5 부록 의복 및『연원직지』권2 출강록 모창기 참조. 그러나 아직 이때 수입된 모자의 실물과 수량의 단위를 밝힌 사료를 찾지 못하였다. 향후 구체적인 자료가 찾아지는대로 모자의 실상과 가격, 실생활에서의 이용도를 밝혀낼 생각이다.
96)『비변사등록』177, 정조 14년 7월 26일.
97) 출전 : Art Coréen, Collection de Mr et Mme Frqnƺois P. Mallt.

입과 죽은 각기 명수사(名數詞)의 하나로, 대개 입은 1개·죽은 10개를 이르는 말이었다.[98] 부와 척은 명확치 않다. 그러나 죽·입이 십진법적 수량 단위이므로 1부(釜)는 100립(立), 1척(隻)은 1,000립(立)으로 추정된다.[99]

18세기 후반 모자는 1년에 600척에서 1,000척 가량 수입될 수 있었으므로, 그 수량으로만 따지면 60만 립에서 100만 립에 이르는 방대한 규모였다. 그러나 수입된 털모자를 사용한 계층은 역시 사대부가의 남녀를 비롯한 부유층으로 생각된다. 당시의 인구 추정치를 고려하고[100] 또한 당시 신분에 따라 엄격한 복식 규정이 적용되었을 것을 생각하면 그 수요층을 짐작할 수 있기 때문이다.

수입 모자에 대한 수요층 문제와 그것이 국내 경제에 미치는 영향은 그 무역의 성격을 규정지을 수 있는 중요한 사안이다. 이런 점에서 모자는 시간이 흐를수록 수입의 부당성이 지적된 물품이었다는 점에 주목할 필요가 있다. 즉 정조 4년(1780) 중국에 다녀왔던 박지원은 "모자는 한 사람이 삼동(三冬)을 지내는데 필요한 물건으로, 봄이 되어서 해어지면 버리고 말뿐이니, 천년을 가도 헐지 않는 은화로써 삼동을 쓰면 내버리는 모자와 바꾸고, 산에서 캐어내는 한도(限度)있는 은(銀)을 한 번 가면

---

98) 『한국한자어사전』 권3, 立 및 『한국한자어사전』 권3, 참조.
99) 부(釜)는 용량 단위로 6두(斗) 4승(升)을 담을 수 있는 짐꾸러미를, 척(隻) 또한 말이나 소 한 마리에 실을 수 있는 일정량의 짐꾸러미를 의미할 수도 있으나 정확치 않다. 『대한화사전』 금부 및 추부 참조.
100) 조선시대 전국 인구의 추정에는 많은 한계가 있는 것이 사실이다. 그러나 권태환·신용하(1977, 「조선왕조시대 인구추정에 관한 일시론」 『동아문화』 14)의 연구에 의하면, 18세기 후반 전국 인구는 1천 7백만을 상회하는 것으로 나타나고 있다. 『호구총수』의 수치를 따른다 해도 전국인구는 700만을 상회한다. 따라서 모자를 사용하는 층은 전체 인구의 5~6%에서 많아야 10% 내외에 그쳤다고 생각된다. 결국 이는 대중적인 것이라기 보다는 일부 계층의 수요에 한정된 물품이라고 보는 것이 타당할 듯하다. 또한 통상 관모(冠帽)가 신분의 고하에 따라 엄격히 규정되었던 사실에서도, 방한용 난모(暖帽)의 수요층을 짐작할 만하다.

다시 돌아오지 못하는 땅에 갖다 버리니 그 얼마나 생각이 깊지 못한 일인가"[101]라고 비판하였다. 홍량호(洪良浩)도 1회성 소비재인 모자 수입을 경사(經史) 어디에서도 예법(禮法)을 찾아볼 수 없는 물건이라며 강력히 비판하였다.[102]

이처럼 관모제는 역관을 부양하고 공용은을 마련하려는 국가 외교상의 필요에 의해 시작되었다. 그러나 관모무역은 국내의 은화 보유량이 크게 감축된 상황에서 관은을 마련하여 모자를 무역함으로 인해 오히려 국내의 은화를 더욱 소모케 하는 자기모순에 빠질 수 밖에 없었다. 이런 점에서 모자무역은 하루 빨리 중단해야 할 무역 형태였다.

어떻든 관모제가 시행되면서 역관들이 1년에 무역해 온 모자의 수량은 약 640척에 달하였다.[103] 역관들은 사행이 압록강을 건너오면 의주부윤과 더불어 수입해 온 모자 척수에 대한 엄격한 검사를 받은 뒤 절반은 의주부에, 나머지 절반은 호조에 납부하였다. 의주부에 유치된 모자는 평안감사와 의주부윤의 책임하에 모자값을 받고 상인들에게 나누어주었으며, 호조에 수납된 모자 역시 같은 방법으로 서울의 시전상인인 모자전민(帽子廛民)에게 출급하고 있었다.[104] 모자를 지급받은 상인과 모자전민은 은화로 그 대가를 해당 관청에 납부토록 하였다. 상인들에 대한 모자 발매가는 통상 은화 80냥이었으며, 상인이 한번에 가격을 납부하기 어려우면 몇 차례로 나누어 낸 뒤에 모자를 받아갈 수 있도록 하였으나, 7월 이후에는 이들 상인 이외의 다른 상인들에게 넘기는 것도 허락되었다.

101) 『열하일기』 일신수필 7월 22일.
102) 『정조실록』 권16, 정조 7년 7월 정미.
103) 『비변사등록』 135, 영조 34년 11월 초6일 「사행시관은구획절목」 참조. 이후 관모(官帽)의 수입 규정과 관련된 서술은 위 자료에 의거하며, 필요한 경우에 한해서만 전거를 제시한다. 또한 「사행시관은구획절목」은 「관모절목」으로 약칭한다. 「사행시관은구획절목」은 흔히 「관모절목」으로 이해되기 때문이다. 『비변사등록』 144, 영조 39년 7월 21일.
104) 모자전(帽子廛) 시민은 곧 중국산 물화를 취급하는 청포전인(靑布廛人)이다. 『탁지지』 권2, 판적사 시전 유분각전.

모자값으로 상인들과 모자전민이 은화로 바꾸어 낸 액수는 적어도 각기 2만 2천 냥씩 모두 4만 4천 냥은 될 것으로 예상되었는데, 이 가운데 4만 냥은 다시 다음해의 사행에 송부하고 나머지 4천 냥은 호조에 회록(會錄)하여 별사시 소용되는 관은(官銀)이나 기타 연행(燕行)과 관련되는 불시의 비용으로 사용하며 또 차차 은화를 낸 아문의 원금을 갚는 데에도 사용토록 하였다.105)

역관들이 수입한 관모를 넘겨받아, 국내에 판매하는 전매권을 처음으로 얻어낸 상인은 서로(西路)에서는 의주상인이었고 서울에서는 모자전민이었다. 그러나 영조 35년(1759)에는 개성상인에게도 일정량의 관모 판매권이 부여되었다. 개성상인이 사행 때의 은화 마련에 큰 역할을 함에도 불구하고 관모의 판매권을 얻지 못한 것은 형평에 어긋난다는 지적에 따른 것이었다. 곧 개성상인에게도 의주부 유치분의 1/3과 호조 수납분의 1/4에 해당하는 관모 185척의 판매권이 주어졌다.106) 그러나 의주부 유치분의 모자 가운데 개성상인에게 출급한 관모 107척은 곧 평안도로 되돌려졌다. 그것은 개성부 상인들의 사정이 매우 어려운데 관모를 개성의 상인들과 부민들에게 강제로 나누어주어 원망이 자자해졌고, 매년 1만 냥에 달하는 은화를 마련해 내기도 어렵다는 것이 명분이었다.107) 하지만 점차 관모의 전매권으로 차지하는 이익이 증가하자 영조 39년(1763) 3월에는 오히려 개성유수 윤득양(尹得養)이 관서의 107척을 다시 개성부에 소속시켜 줄 것을 요구하여,108) 관서분의 모자 107척을 재차 개성부에 출급하도록 조처하고 있었다.109) 이처럼 의주상인·개성상인·모자전민은 모자의 독점 판매를 통해 점차 많은 이익을 누리게 된 것이다. 정확치는 않으나 호조와 의주부도 모자수입에 의한 이익이

---

105) 『비변사등록』 135, 영조 34년 11월 초6일.
106) 『비변사등록』 136, 영조 35년 4월 14일.
107) 『비변사등록』 137, 영조 35년 11월 14일.
108) 『비변사등록』 143, 영조 39년 3월 17일.
109) 『비변사등록』 144, 영조 39년 11월 16일.

컸던 것으로 생각된다. 영조 38년(1762) 「사행시관은구획절목(使行時官銀區劃節目)」에 모자 1척의 판매 값은 통상 은화 80냥이라고 하였다. 따라서 호조와 의주부가 640척의 모자를 상고들에게 발매하면 본은(本銀) 4만 냥을 제외하고도 많게는 은화 1만여 냥에서 적게는 은화 4천여 냥까지의 축적이 생길 수 있었기 때문이다.

모자를 수입해 온 역관·상인에게도 이익은 컸던 것 같다. 일례를 들면, 영조 34년(1758) 「관모절목(官帽節目)」이 제정되었을 당시 조선정부는 관모(官帽)에 대비되는 사모(私帽) 300척의 사무역을 공인하고, 이를 상역(商譯)들의 자금에 충당토록 하였다.[110] 그 후 사모를 둘러싼 역관과 의주상인 간의 다툼으로 영조 36년(1760) 사모 300척을 이들에게 각기 150척씩 분급토록 하였다. 그런데 이 사모 300척은 조선 정부의 모자 1척 당 판매값인 은화 80냥을 기준으로 환산할 때 무려 2만 4천 냥에 이르는 규모였다. 따라서 청의 구입가와 국내 판매가 간의 차액이 점차 커지면서 모자 수입은 엄청난 이권 사업으로 변모되었던 것으로 생각된다. 이 때문에 역관과 의주상인 간에는 사모를 둘러싼 다툼이 일어났던 것이며,[111] 역관들은 청나라에서 모자값이 치솟더라도 국내로 수입하려 애썼던 것이다.[112]

그러나 관모제는 몇 가지의 제도적 결함과 운영상의 문제점을 지니고 있었다. 첫째 관모제는 원칙적으로 정기사행에게만 관은 4만 냥을 출급하여 공용은을 마련하고 모자를 수입토록 되어 있었다. 따라서 임시사행의 경우에는 따로이 관은을 사행경비로 지급해야 하였다.[113] 그러나

---

110) 그러나 「관모절목」에서 따로이 사모(私帽)를 두었다는 구체적 언급은 없다. 단지 "수입되는 모자는 책비(柵費)를 제외하면 실제 수는 6백 4십척이 된다"(『비변사등록』 135, 영조 34년 11월 초6일)고 하여, 경비의 개념으로 보이는 책비(柵費)가 관모에 대비되는 사모(私帽)로 이해된 것이 아닌가 한다.
111) 『비변사등록』 144, 영조 39년 7월 21일.
112) 『비변사등록』 138, 영조 36년 6월 23일.
113) 『비변사등록』 138, 영조 36년 5월 14일.

1760년대에는 연례적으로 사용된 별사의 비용이 이미 은화 수 만냥에 이르고 있어, 더 이상 별행에 따르는 관은출급은 어려운 실정이었다. 따라서 별사에도 관모무역을 허락하게 되었으므로,[114] 관모무역은 이제 그 규모가 커지고 절제하기도 어려워져 갔다.

둘째 관모무역이 실효를 보기 위해서는 절사와 별행이 구입해 올 수 있는 모자의 척수를 엄격히 제한하고 생산지에서의 가격 폭등을 막아 모자 수입가를 안정시켜야 하였다.[115] 그래야만 국내 모자의 가격과 공급도 순조로울 수 있었다. 이에 조선정부는 청측이 모자 가격을 올리려는 의도가 있으면, 5천~6천 냥의 관은을 별도로 지급하여 사용하는 한이 있더라도 모자를 수입하지 못하도록 규정하였다.[116]

그러나 부연사행을 통해 상업상의 이익을 노렸던 역관층은 사신을 속이고 사사로이 고가로 모자를 수입하였고, 자연히 국내의 모자가격은 등귀하고 있었다. 따라서 일시적이나마 관은의 출급이 정지되었고, 특히 역관들이 개인적으로 수입한 내용을 보고치 않을 경우 사신 일행을 제서유위율(制書有違律)로 처벌하게 하였다. 또 재자관(賷咨官)일 경우 이러한 폐단이 발생하면 해당 역관을 먼 변방에 유배하고 영원히 사역원에서 제명하도록 하였으며, 상역(商譯)이 아닌 자가 모자를 높은 가격으로 사매(私買)한 경우는 엄한 형벌을 가한 뒤 유배토록 하였다.[117] 이렇듯 조선 정부는 엄격한 법규를 마련하여 역관들이 높은 가격으로 모자를 수입하는 것을 막으려 했으며 동시에 역관들의 무역을 권장하기 위한 상벌규정도 제정하고 있었다.[118] 정부가 이처럼 모자를 고가로 수입하는 것을 강력히 규제했지만, 모자 수입에 따른 상업적 이익이 컸기 때문에 고가수입의 폐단은 근절되지 않았다.

---

114) 『비변사등록』 142, 영조 38년 12월 26일.
115) 『비변사등록』 137, 영조 35년 10월 28일.
116) 『비변사등록』 138, 영조 36년 5월 초10일.
117) 『비변사등록』 138, 영조 36년 6월 23일.
118) 『비변사등록』 142, 영조 38년 11월 초2일.

셋째 역관이 사들여 온 모자는 그것의 관리를 맡은 의주부와 개성부 그리고 호조가 모자 값을 받은 연후에 출급하는 것이 원칙이었다. 분명히 밝힐 수는 없지만 「관모절목」을 반포한 뒤 어느 시점부터는 정부가 모자를 우선 출급하여 판매케 한 뒤에 본은(本銀)을 환납토록 규정하였다. 곧 역관이 수입한 모자를 서울의 시전 상인이나 서로(西路)의 상인에게 우선 분급하여 발매하도록 한 뒤에, 그들로 하여금 은화로 원가를 갚도록 하였으며, 그 대신 원가 이외에 매 척당 은화 18냥을 더 납입토록 하여 사역원의 공용에 충당하였던 것이다.[119] 따라서 모자를 분급 받은 상인들이 손해를 보거나 은화를 구할 수 없어 관은(官銀)을 환납치 못할 경우, 조선정부는 공용은 마련을 위해 또 다른 재정적인 출혈을 감수해야 하였다.

넷째는 당시 조선정부의 재정이 극도로 어려웠다는 사실이다. 영조 47년(1771), 호조의 1년 간 동전의 세입이 불과 1천 냥 정도였던 데 비하여 한 번의 사행에 드는 비용은 10만 냥에 이른다[120]는 기록은 비록 과장된 측면도 있지만 사행에 필요한 자금 지출을 고려할 때 호조의 재정이 그만큼 어렵다는 사실을 알 수 있다. 그리고 영조 50년(1774) "호조의 1년 동전 세입이 19만 냥인데, 세출액이 22만 냥이므로 3만여 냥이 부족하다"[121]는 호조판서 서명응(徐命膺)의 호소는 당시의 재정 상태를 객관적으로 전해 준다고 보아도 좋겠다. 정부의 재정적인 결핍은 왜은의 유입이 끊기면서 가속화되었으며 호조는 사행시에 필요했던 내의원과 상의원의 무역자금 마련조차 힘들어하였다. 이 당시는 정부 뿐 아니라 사회 전반에 걸친 은화의 부족 현상이 갈수록 심각해졌다. 따라서 서울의 상인 몫으로 모자를 분급 받아 판매한 모자전민(帽子廛民)들은 은화를 구할 수 없다는 핑계로 호조에 바칠 모자 값의 은화를 기한을 늦추면서 납

---

119) 『만기요람』 재용편 5, 공용 참조.
120) 『비변사등록』 155, 영조 47년 4월 19일.
121) 『비변사등록』 156, 영조 50년 3월 13일.

부하지 않는 사태도 발생하곤 하였다.[122] 결국 관모 값인 은화 1만여 냥
을 새로이 마련하는 것조차 어려움을 겪자, 영조 50년(1774)에는 관모제
자체에 대한 재검토가 불가피해졌다.[123]

다섯째는, 정부의 이러한 재정적인 어려움에 더하여, 영조 40년(1764)
보민사(保民司)가 설치됨에 따라 관모 수입을 통해 매년 저축했던 은화
중 5천 냥(=작전가 12,500 냥)이 이곳으로 이획되면서,[124] 관모 수입 자
체의 명분에 문제가 제기되었다.[125] 즉 관모제는 사행의 공용비를 마련
키 위해 임시로 설치되었던 것으로 우선 관에서 모자를 매매하여 재정
에 보태 쓰는 것이라는 점, 또 사행의 비용은 사역원 소관으로 호조에서
맡을 것이 아니라는 점, 그리고 모자 무역의 잉여를 보민사에 획급하여
쓰는 것도 바르지 않다는 명분상의 문제들이 제기된 것이다. 그러나 이
러한 명분론 이면에는 왜관을 통한 왜은의 유입이 끊기면서 국내의 재
정이 심하게 압박 받는 상태였고, 관모 비용으로 출급되었던 관은 4만
냥이 출급한 관청으로 모두 환납(還納)된 상태에서, 호조가 관은 마련의
부담을 더 이상 질 필요가 없다는 의도가 다분히 깔려 있었다.[126]

이에 결국 관모제는 환납된 4만 냥을 사역원에 출급하고, 사역원이 다
시 이를 역관들에게 팔포 정액 외에 지불하여 공용은을 마련토록 하는
방안을 채택하면서 영조 50년(1774) 11월에 관모제를 폐지하였다. 그런
데 사역원에 넘겨주기로 결정했던 4만 냥을 그 뒤 다시 2만 냥씩 나누어
사역원과 보민사에 각기 분급하자는 논의가 일어나, 결국 사역원에는 2
만 냥만이 출급되었다. 그러나 관모라는 명색은 부활되지 않았다.[127] 관
모제는 시행된지 16년만에 폐지되었던 것이다.

---

122)『비변사등록』156, 영조 50년 10월 21일.
123)『비변사등록』156, 영조 50년 10월 28일.
124)『비변사등록』146, 영조 46년 11월 27일.
125)『비변사등록』156, 영조 50년 11월 초1일.
126)『비변사등록』156, 영조 50년 11월 초1일.
127)『비변사등록』156, 영조 50년 11월 초1일.

은화 2만 냥을 사역원에 내주게 하여 사행

시에 무역하고 공용은을 마련토록 규정하였지만 그것을 총체적으로 관리하는 문제가 염려되었다. 그 자금을 비변사에서 맡아 관리한다면 종전과 같이 분급한 은화를 받지 못하는 폐단이 있을 것이고, 역관들 손에만 맡겨 두면 은화가 점차 소모되고 말 것이기 때문이었다. 이에 호조판서 구윤옥(具允玉)은 모자의 수입과 판매를 모두 사상들에게 맡기고 관동물화에 과세하는 예에 따라 수세하는 방안을 제안하여 왕의 재가를 받아 냈다. 이른바 세모법이 시행되기에 이른 것이다.[128] 세모법은 정조 1년(1777) 「세모절목」이 반포된 뒤에 본격 실행되었다. 그런데 관모제의 폐지와 세모법의 시행은 모자무역의 주체가 역관으로부터 의주상인과 개성상인으로 대체되는 대청무역상의 커다란 변화였다. 그리고 이는 18세기 중반 이후 의주상인과 개성상인이 서울상인과 더불어 대청무역을 대표하는 상인층으로 확고히 자리잡게 되었음을 시사하는 것이기도 하였다.

요컨대 관모제는 1720년대 대외무역상의 여건 변화로 야기된 조선내부의 은화 부족현상을 배경으로 실시되었다. 즉 청·일 간의 직교역으로 은화 수입로가 막힘에 따라 역관들은 그들의 팔포를 은화로 채울 수 없게 되었을 뿐만 아니라 사행 중의 공용은 부담을 전제로 행해지던 관은대출도 어려워졌다. 자연히 사행무역을 통해 막대한 이익을 보았던 역관들이 궁지에 빠지면서, 공용은 마련에 대한 조선정부의 대책마련이 시급하였다. 이에 조선정부는 관에서 마련한 관은을 역관들에게 내주고 관모를 수입케 함으로써, 역관들의 이익을 보장해 주고 공용은도 마련하려 한 것이다.

그런데 관모제는 서울과 지방의 각 아문과 군문에서 마련한 관은 4만 냥을 역관에게 출급한 것이었다. 따라서 이는 조선정부가 모자무역을 위

---

128) 『비변사등록』 156, 영조 50년 11월 초10일.

해 관은을 대출하는 형태를 띠고 있었다. 또한 조선정부는 역관에게 관은을 가지고 모자를 무역해 오도록 하였고, 호조와 의주부를 통해 서울의 모자전민, 의주상인, 개성상인 등에게 모자의 전매권을 줌으로써 관모무역구조에 포함된 자들 모두가 이익을 볼 수 있도록 하였다. 이런 점을 고려할 때 관모제는 역관을 이전 시기와 마찬가지로 대청무역의 중심에 둔 채 공용은을 마련하고, 자본력을 갖춘 시전상인과 사상들에게 모자의 국내 판매권을 부여하는 양면성을 띤 무역정책이었다고 하겠다.

Ⅲ. 사상의 세모무역과 만상의 책문후시

1. 세모무역의 실시와 운영

영조 30년(1754) 만상후시의 공인은 1720년대 취해진 일련의 사상 억압책에도 불구하고, 사상층이 꾸준히 성장했음을 인정하는 사건이었다. 비록 이때의 후시(後市)가 의주상인에게 국한되는 한계는 있었지만, 그간 공식적 무역이 봉쇄되었던 국내의 사상들에게는 의주상인을 통해서나마 무역의 통로를 얻는 것이었다. 또한 사상은 사행원역의 팔포무역권을 사거나 그들 명의로 부연하는 방식을 통해 대청무역의 진출 통로를 넓혀 가고 있었다. 이에 역관들은 사상의 행위를 규제하기 위해 비포절목을 입안토록 요청하였고, 정부도 사행무역에서 일어날 수 있는 폐단을 막기 위해 이를 받아들였다.

그러나 비포절목이 반포된 지 10년 만에 역관들은 이 절목의 폐지를 그들 스스로 요청할 만큼 역관의 대청무역은 자금과 판로면에서 어려움에 처해 있었다. 역관들은 그들에게만 허가하는 팔포를 채우지 못할 정도로 무역자금 조달이 어려웠으며,129) 수입한 관모의 국내 판매를 주로 사상이 전담하여 이익을 얻고 있는 데서 나타나는 것처럼 국내시장의 판로도 사상이 장악하고 있었던 것이다.

그런데 이 시기 대청무역을 활발하게 전개한 사상의 실체는 서울의 시전 상인과 아울러 의주상인과 개성상인이 중심이 되고 있었음을 확인할 수 있다. 그 중 지방 상인들인 의주상인과 개성상인은 18세기 중엽 역관의 사상무역 탄압의 주대상이었고, 이들은 한때 밀수상인으로 규정되기까지 하였다. 그러나 관모제의 운영에서 나타나듯 역관은 사상들의 협조 없이는 수입한 모자의 국내판로를 열 수 없었다. 관모제는 표면상으로는 역관우위의 무역체계를 갖추고 있었으나 내용상 그것은 사상층의 국내 판매권을 기반으로 유지되고 있었던 것이다.

18세기 후반 사상무역의 성장과 역관무역의 쇠퇴 그리고 조선정부의 공용은 마련의 필요성 등 여러 요인이 겹치면서 시행된 것이 바로 세모법(稅帽法)이었다. 즉 세모법은 관모제 폐지와 더불어 사역원으로 보내진 은화 2만 냥을 어떻게 맡아 관리할 것인가에 대한 논의가 진행되는 가운데, 영조 50년(1774) 호조판서 구윤옥이 그간 역관에게 맡겼던 모자의 수입과 판매를 모두 사상에게 맡기되, 관동물화에 과세하는 예에 따라 세를 거두어 공용에 충당하자는 건의에 따라 시행된 것이었다.130)

세모법은 모자무역을 통해 공용은을 마련하려는 제도였다는 점에서 관모제와 크게 다를 것이 없었다. 그러나 첫째 모자 무역의 주체가 역관에서 사상으로 바뀌었다는 점, 둘째 모자 무역에 드는 자금 또한 관은(官銀)에서 상인들의 자금으로 바뀌었다는 점, 셋째 모자의 국내판매와 그 수익금의 관리도 관으로부터 상인들의 손으로 넘어가게 되었다는 점에서 크게 달랐다.

세모법은 영조 50년(1774)에 처음 시작되었다. 그러나 구체적인 시행

---

129) 『정조실록』 권6, 정조 2년 9월 병진.
130) 『비변사등록』 156, 영조 50년 11월 초10일.

세칙을 갖추어 본격적으로 시행된 것은 정조 1년(1777)이었다. 이때 마련된 「세모절목(稅帽節目)」에 의해 모자무역의 자세한 내용을 간추려 보면 다음과 같다.[131]

먼저 「세모절목」에서는 청나라로부터 수입해 올 모자의 수효를 정하고 그것을 철저히 준수토록 하였다. 이는 영조 50년(1774) 11월 세모법이 시행된 이래 모자의 수효가 임의로 결정되고, 계속되는 별사의 파견에 따라 세액이 감축되는 폐단이 있었으므로 이를 막고자 한 것이다. 이에 「세모절목」에서는 크고 작은 사행을 막론하고 한 해에 무역해 올 수 있는 모자의 수효를 1천 척으로 한정하고, 그 가운데 절사(節使)는 7백척, 역행(曆行)은 3백척으로 한정하였다. 만일 뜻밖의 별사(別使)와 별자행(別咨行)이 있어도 모자의 수입량은 절행과 역행의 수효에서 적절히 떼어내 조정하되, 별사는 2백척을 넘지 못하며 별자행은 1백척을 넘지 못하도록 하였다. 만약 이를 어겨 한 척(隻)의 모자라도 더 내오는 경우가 생기면, 이를 범한 자는 3차례 엄한 형벌을 가한 뒤 먼 변방으로 정배하며, 그 모자는 의주부에 귀속시키도록 하였다.

한편 세액은 모자 1척 당 동전 40냥씩으로 정하였으므로, 1천 척의 모자를 수입하면 총세액은 4만 냥이었다. 모자 1천척의 세전 4만 냥 중 1만 8천 냥은 매년 절사의 공용은을 마련하는 비용으로 사용하고, 5천 냥은 역자관(曆咨官) 공용의 모자세로 대체하며, 1천 8백 냥은 의주부에 이속시켜 구인(驅人)의 반전(盤纏)에 충당하고, 3천 냥은 의주부에 떼어 주어 매년 모세를 거두는 비용으로 하며, 1만 2천 2백 냥은 사역원에 회록하여 그간 꾸어 쓴 공금을 갚거나, 불시의 별행 비용으로 사용하게 하였다.

세액의 출납은 사행의 역관이나 자관(咨官)이 담당하였는데, 강을 건

---

131) 『비변사등록』 158, 정조 원년 6월 11일 「세모절목」 참조. 세모(稅帽)의 수입과 관련된 서술은 위 자료에 의거하며, 필요한 경우에 한해서만 전거를 제시한다.

너 돌아온 후에 사역원 제조(提調)에게 보고하면, 사역원의 훈상(訓上)·교수(敎授)가 세액의 다소와 공용비를 조목조목 계산하여 장부를 만들었다. 이 회계 장부는 2부를 만들어, 하나는 비변사에 제출하고 다른 하나는 사역원에 비치토록 하였다.

또 모자를 내주고 세금을 받는 일은 서울과 지방의 역관들이 책임지지만, 만약 서울과 지방의 역관들이 담당하지 않고 아전들로 하여금 관리케 할 경우에 대비하여 비변사에서는 엄격한 규정을 만들어 시행하도록 하였다. 모자세는 즉시 거두기 어려우면 한 달 안에 사역원에 수납토록 하되, 운반과정에 소용되는 태가(駄價)와 잡비는 서울과 지방의 관리를 맡은 해당 역관이 수시로 보고한 뒤, 계감(計減)하도록 하였다.132)

모자세로 걷히는 세전 4만 냥은 당시 은화 1냥이 동전 5냥이므로,133) 이를 환산하면 은화 8천 냥이었다. 이 은화 8천 냥은 사행별 소요 공용은을 기준으로 따져 볼 때,134) 1년에 정기사행인 절사(節使)와 역행(曆行) 그리고 한 차례의 별자관(別咨官)이 파견될 경우의 공용은 8천 냥과 맞아떨어지는 수세액이었다. 따라서 이 4만 냥이라는 세입은 우선 한 해에 역행과 절행의 정기사행만이 있고, 이를 통해 규정된 1천 척의 모자를 모두 수입해 온다는 것을 가정할 때에만, 은화 1천 냥의 잉여가 남는 대단히 빡빡한 액수였다.135) 따라서 매년 1천 척의 모자가 나오지 못할 때는 공용은이 항상 부족 현상을 보일 수 밖에 없었다.

세모법의 시행 초기에는 모세(帽稅)에서 문안사(問安使)의 공용은을 염출하기도 하는 등136) 그런대로 여유 있는 모습을 보였다. 그러나 정부의 재정이 전체적으로 어렵게 되자, 모세는 사행의 공용은이 아니라 칙

---

132) 『정조실록』 권3, 정조 원년 6월 을사 참조. 모자 1태(駄)의 마세(馬貰)는 6냥이었다(『비변사등록』 158, 정조 원년 6월 11일).
133) 『비변사등록』 158, 정조 원년 6월 11일.
134) 『만기요람』 재용편 5, 공용.
135) 『비변사등록』 163, 정조 5년 11월 12일.
136) 『비변사등록』 159, 정조 2년 5월 초5일.

사의 접대비 마련을 위한 용도로 전용[137]되기도 하는 등 다른 용도로 쓰여, 점차 사행의 경비를 충당하기가 어려워졌다. 이에 정조 8년(1784)에는 의주부에 공용조(公用條)로 남아 있는 모세가 1천 냥에 불과하여 부족한 공용은 3천 5백 냥을 관은(官銀)을 대출하는 예에 따라 관서지방의 관은을 빌려주도록 요청하여 허락되고 있었다.[138] 곧 공용은을 모세(帽稅)로 충당하지 못하자, 부족한 공용은에 대한 관은의 대출이 다시 시작된 셈이다.

이렇게 된 원인을 단순히 보면, 모자 무역량이 1천 척으로 한정되어 1년 동안 거둘 수 있는 모세 4만 냥으로는 공용은을 대기에 충분치 못했다는 점을 지적할 수 있다. 그러나 보다 근본적인 이유는 모자 무역의 담당 주체의 변화와 그에 따른 무역 환경의 변화에서 찾을 수 있다. 즉 이전 관모제 하의 모자무역은 역관이 모자 무역의 중심에 있었으므로, 역관들은 청나라 상인의 가격책동에도 불구하고 모자의 고가 매입도 불사하였다. 그렇지만 세모법이 시행되자 상황은 급변하였다. 역관에게 무역자금으로써의 관은이 대출되지 않는 상황에서 역관들은 모자무역에 소극적일 수 밖에 없었고, 사상들은 한정된 모자 수입량을 감히 초과하여 수입하지 못하였으므로 공용은의 결핍을 초래한 것이었다.

세모법에 의한 모자의 수입과 국내 판매를 담당하고 있었던 상인들은 주로 서울의 모자전 상인과 의주상인 및 개성상인들이었다.[139] 서울의 모자전상인과 의주상인 및 개성상인은 관모제하에서도 수입된 모자의 국내 판매를 담당한 바 있었다. 서울의 모자전민들은 국역을 지던 상인들이었고 의주상인은 만상후시의 무역권을 공인 받은 상인이었으며, 개성상인은 사행의 왕래시에 필요한 은화의 상당 부분을 대고 있었다.[140]

---

137)『비변사등록』 161, 정조 4년 4월 21일.
138)『비변사등록』 167, 정조 8년 11월 초3일.
139)『비변사등록』 182, 정조 18년 11월 초2일.
140)『비변사등록』 136, 영조 35년 4월 14일.

따라서 모자무역의 자본과 국내 판매과정에서 이들을 배제하고 다른 상인을 참여시킬 수는 없었다.[141] 결국 모자전민과 의주상인 및 개성상인들은 세모법의 시행으로 모자무역과 그 판매의 주체로 등장한 것이다.

그런데 의주상인과 개성상인은 세모법의 시행 초기에는 서울의 모자전민(帽子廛民)에게 큰 타격을 입히면서 모자무역에 적극 참여한 것으로 추측된다. 곧 정조 5년(1781) 모자전민들은 "세모법이 비록 역관의 공용은 마련을 위해 만든 것이지만 매년 수입하는 모자의 척수가 많지 않은데다 가격도 점차 등귀하여 향시(鄕市)에서는 판매되고 있으나 서울의 시전에는 모자가 절종되었습니다. 본전시민은 해마다 이익을 잃어 살아갈 방도가 없으니 변통해주기 바랍니다"고 호소하였던 것이다.[142] 따라서 모자전민들은 첫째 관모제를 복설해 줄 것, 둘째 세모법을 영원히 혁파할 것, 셋째 모자 수입의 양을 늘리고 면세조치를 취해 주되 그들에게 모자의 수입권을 부여해달라는 세 가지 요구를 제시하기에 이르렀다.[143]

정부는 이에 대해 관모제를 부활할 경우 그 수입가를 관에서 마련하기 어렵고, 면세 조치를 취할 경우 공용은의 마련이 어렵다는 이유로 그들의 요청을 받아들이지 않았다. 다만 다음해의 만상후시부터 매년 모자 1천 척 이외에 2백 척을 모자전민들이 수입할 수 있도록 조치해 주었고 동시에 2백 척에 대한 세전(稅錢) 8천 냥을 면제해 주었다.[144] 이는 모자전민의 생계를 돕는 동시에 이들을 통해 한성부의 경비를 간접적으로 충당하려는 의도에서 허락된 것이지만, 모자전민들은 이를 기화로 모자를 서울로 들여오기 전에 높은 가격으로 지방 장시에 내다 팔아 이익을 챙기고 있었다.[145]

141) 『만기요람』 재용편 5, 공용 세모지법 및 「비변사감결」 장 2 − 3322 임자 8월 21일 등 참조.
142) 『비변사등록』 163, 정조 5년 11월 12일.
143) 『비변사등록』 163, 정조 5년 11월 17일.
144) 『비변사등록』 163, 정조 5년 11월 17일. 면세 모자에 대한 변천에 관해서는 『비변사등록』 184, 정조 20년 11월 30일.

그런데 모자전민에 대한 면세모 2백 척이 인정된 이후, 정조 5년(1781)
부터 정조 14년(1790)까지, 의주상인과 개성상인이 수입한 모자의 수량
은 <표 14>와 같이 규정된 1천 척을 채우지 못하고 있었다. 자연히 모
세의 수입도 줄어들고 있었다. 이에 정조 18년(1794)에는 개성상인과 의
주상인 및 역행·절행의 역관들로 하여금 책문무역시에 모자 1천 척부
터 사게 한 연후에 비로소 다른 물종을 매매하도록 규정하였다.146) 그러
나 이후에도 수입되는 모자의 수는 6백~7백 척에 머무르고 있었다.147)
모자수입의 부진에 대해 당시 자료는 은로(銀路)가 막혀 무역자금의 마
련이 어려워졌고 또 모세를 주관하는 책임 있는 관부(官府)가 없었기 때
문이라고들 하였다.148)

<표 14> 각년 공세모(公稅帽) 수입척수

연 도	황력행	동지행	총 수
정조 5(1781)	100 − 0 − 0 − 0	215 − 0 − 0 − 0	565 − 0 − 0 − 0
정조 6(1782)	300 − 0 − 0 − 0	252 − 5 − 5 − 0	552 − 5 − 5 − 0
정조 7(1783)	300 − 0 − 0 − 0	632 − 7 − 9 − 0	932 − 7 − 9 − 0
정조 8(1784)	300 − 0 − 0 − 0	575 − 7 − 2 − 7	875 − 7 − 2 − 7
정조 9(1785)	300 − 0 − 0 − 0	538 − 0 − 0 − 0	838 − 0 − 0 − 0
정조10(1786)	209 − 0 − 0 − 0	495 − 7 − 2 − 9	704 − 7 − 2 − 9
정조11(1787)	278 − 5 − 0 − 0	332 − 1 − 6 − 0	610 − 2 − 1 − 0
정조12(1788)	300 − 0 − 0 − 0	314 − 0 − 0 − 0	614 − 0 − 0 − 0
정조13(1789)	300 − 0 − 0 − 0	299 − 1 − 5 − 6	599 − 1 − 5 − 6
정조14(1790)	300 − 0 − 0 − 0	307 − 4 − 6 − 8	607 − 4 − 6 − 8

자료 :『비변사등록』177, 정조 14년 7월 26일
단위 : 척(隻) − 부(釜) − 죽(竹) − 입(立)

하지만 세모무역 위축의 근본적인 원인은 다음 장에서 살피겠지만 정

145)『비변사등록』171, 정조 11년 12월 17일.
146)『비변사등록』182, 정조 18년 11월 초2일.
147)『비변사등록』184, 정조 20년 11월 30일.
148)『비변사등록』174, 정조 13년 5월 29일.

조 5년(1781) 세모 1천 척 외 2백 척의 모자에 대한 면세 조치가 있은 이후, 세모 무역과 판매에 대한 사상들의 의욕이 떨어졌기 때문이다. 곧 개성상인과 의주상인들은 1780년대 후반에 접어들면 잡화(雜貨) 속에 몰래 은화를 숨겨가 무역하였는데 그 양이 4~5만 냥에 달하고 있을 정도로, 책문무역과 밀무역을 통해 많은 이익을 보고 있었다.[149] 따라서 일정량의 수입 규제와 세전을 받쳐야 했던 모자무역을 기피하고 합법 혹은 비합법적인 무역을 통하여 보다 많은 이익을 얻으려 하였던 것이다.

요컨대 세모법은 역관이 모자를 수입하던 관모제와는 달리 서울의 모자전민, 의주상인, 개성상인에게 모자를 수입하게 하고, 수입물량에 대한 세전을 수취함으로써 역관을 보호하고 사행시 공용은을 마련하려던 무역 정책이었다. 따라서 세모법은 조선정부가 사상들의 성장을 인정하고 무역에 참여시킬 만큼 사상이 성장했다는 것을 반영하는 동시에 역관들과 대청무역상 어깨를 나란히 하게 되었음을 의미하기도 했다.

2. 세모무역의 추이와 쇠퇴

세모법은 전술한 바와 같이 정조 5년(1781)에 모자전민들에게 면세모 2백 척을 공인하면서 본래의 의미를 잃기 시작하였다. 즉 모자전민들은 세모(稅帽)가 비록 역관의 공비(公費)를 마련하기 위해서 시작된 것이나, 1년에 사들여 오는 모자의 수가 1천 척에 불과해서 가격이 점차 오르고 있다고 하였다. 또한 모자의 수입과 판매를 의주상인 및 개성상인이 담당함으로써 서울의 모자전에는 모자가 절종(絶種)되어, 그들은 해마다 이익을 잃게 되었다고 호소하였다.[150] 이에 조선정부는 서울의 모자전 시민에게 세모 1천 척 외에 2백 척을 수입 판매할 수 있는 권한을 주었

---

149) 『비변사등록』 168, 정조 10년 정월 초7일.
150) 『비변사등록』 163, 정조 5년 11월 12일.

으며, 아울러 이에 대한 8천 냥의 세전도 면세해 주었다.[151]

세모의 수입량이 연례적으로 6백~7백 척에 그치는 상황에서 모자전민에게 취해진 2백 척의 모자 무역권과 그에 대한 면세조치는 필연적으로 많은 문제를 초래하였다. 즉 모자전민은 무세모자(無稅帽子) 2백 척에 대한 무역과 판매의 특권을 부여받았으나, 그 수입가는 모자전민 스스로가 마련하여 비변사에 내면, 이를 다시 비변사가 공문서를 발송하여 포외월송(包外越送)하도록 되어 있었다.[152]

그런데 모자전민은 이를 핑계로 삼아 정부로부터 관은을 대출 받으려 노력하였다. 그러나 정부는 이 요구를 받아들이지 않았다.[153] 이에 모자전민은 역관과 짜고 외견상으로는 포외월송의 형태를 취하지만, 실제로는 역관의 팔포에 가탁하여 한푼도 내놓지 않고는, 사행이 돌아올 때에는 세금을 내야할 모자를 모자전민이 수입하는 면세 받은 모자라고 핑계대고 통관시켰기 때문에 공용으로 거두어야 할 모세가 매년 감축되는 폐단을 빚었다.[154]

또한 수입할 모자 수입자금을 은화로 마련하기 어려웠던 모자전민들은 마침내 그들의 팔포에도 잡물을 채워 갈 수 있도록 요청하였다. 그러나 사역원에서는 각종 가죽 등의 잡물은 곧 서상(西商)의 상품이므로,[155] 모자전민들과 이들이 서로 짜고 세금을 탈루하여 이익을 분점할 우려가 있으니, 이를 엄격히 규제해야 한다고 주장하였다.[156] 단지 각종 가죽과

---

151) 『비변사등록』 163, 정조 5년 11월 17일.
152) 「비변사감결」 장 2-3322 임자 8월 21일.
153) 『비변사등록』 168, 정조 10년 정월 초5일.
154) 「비변사감결」 장 2-3322 임자 8월 21일.
155) 이 책에서는 조선후기 상업계의 다양한 상인의 모습을 밝히려는 의도에서 사료상의 서상(西商)이 역관(譯官)·서울상인(京商)과는 상반된 이해관계를 지닌 개성상인, 의주상인을 범칭하는 점에 주목하고, 이들을 서상(西商)이라 개념화하여 부르려 한다. 자세한 개념 규정에 대해서는 이책의 2장 4절 참조.
156) 「비변사감결」 장 2-3322 임자 8월 21일

잡물을 모두 금하면 모자전민이 은화를 마련할 방도가 없으므로 지물만
은 가지고 가도록 허락하였다.[157] 이처럼 모자전민들은 역관은 물론 서
상과도 결탁하여 무역상의 이익을 취하고 있었음을 짐작하게 한다.[158]

모자전민에게 취한 2백 척의 면세조치는 곧 모세(帽稅)의 감축을 가져
왔다. 이는 공용은 마련이란 차원에서 보면 심각한 세원의 누출이었다.
그러나 조선정부로서는 국역을 지고 있던 모자전민의 생계를 위하고 또
한성부의 경비를 보충하려는 입장이었기 때문에 크게 문제될 것이 없었
다.[159] 다만 예외 없이 모세를 내야 했던 사상층에게는 면세모(免稅帽)
가 세모무역의 의욕을 잃게 할 우려가 있었던 것이다.

이러한 여러 요인으로 세모법은 시행 된지 10년이 채 못되어, 매년 사
행에 필요한 공용조의 비용을 모세로 충당키 어려운 상태에 빠지게 되
었다. 이에 모세로 충당치 못한 공용은의 부족분은 관은을 대출하는 전
례에 따라 평안도의 관은이 지급되기 시작하였다.[160] 이는 공용은에 한
정된 것이지만 관은 대출의 길을 열어 놓았다는 점에서 세모법 본래의
의미를 퇴색케 하는 것이었다.

그런 가운데 정조 11년(1787)에는 사상들의 불법적인 연복무역을 규제
하여 역관들과 시전상인들을 보호하기 위한 목적으로 책문후시가 철폐
되었다. 책문후시를 철폐하면 조선정부가 공인한 세모무역만은 상대적
으로 호전될 수가 있다고 기대되었기 때문이다. 그러나 다음의 그림에서
보는 바와 같이 책문무역 혁파 이후에도 모자무역은 답보(踏步) 상태를
면치 못하였다.

이러한 현상은 책문후시 혁파 이후 모자무역과 수세의 책임을 누가
맡을 것인가에 대한 명확한 규정이 없었기 때문에 더욱 심해졌다. 따라

---

157) 「비변사감결」 장 2-3322 임자 8월 21일.
158) 「비변사감결」 장 2-3322 임자 11월 8일.
159) 『비변사등록』 171, 정조 11년 12월 17일.
160) 『비변사등록』 167, 정조 8년 11월 초3일.

서 정조 13년(1789)에는 역관에게 모자무역의 책임을 지웠다. 그리고 역관이 오직 자신들의 이익만을 추구한 나머지 모세가 줄어 공용은을 마련하지 못한다면, 전후의 수역(首譯)들을 중율(重律)로 처단한다고 규정하였다.161) 그러나 세모무역은 계속 활기를 되찾지 못하였으므로 자연히 책문후시의 복설이 논의되기 시작하였다.

<표 15> 1781년~1790년 세모 수입 변동

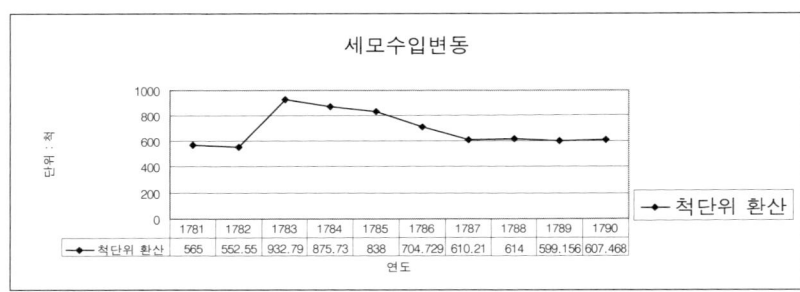

세모수입변동

	1781	1782	1783	1784	1785	1786	1787	1788	1789	1790
척단위 환산	565	552.55	932.79	875.73	838	704.729	610.21	614	599.156	607.468

자료 : 1.『비변사등록』 177 정조 14년 7월 26일과 표] 12에 의거 작성
      2. 척-부-죽-립을 척단위로 환산하여 계산함

책문후시 복설 문제는 정조 14년(1790)에 부역(副譯) 장렴(張濂)에 의해 제기되었다. 이에 정부도 첫째, 후시의 혁파가 역관에게 실질적인 이익을 주지 못하고 있으며 둘째, 의주부의 재정이 매우 어려워져 사행에 드는 비용마저 마련하지 못하게 되었다는 점에서 복설을 논의하기 시작하였다.162)

이때 좌참찬(左參贊) 김화진(金華鎭)과 행호조판서(行戶曹判書) 정민시(鄭民始)는 후시를 혁파한지 몇 해 되지 않았으며, 복설하자는 논의를 경솔하게 할 수 없다는 신중론을 펼쳤다. 그러나 개성유수(開城留守) 구상(具庠)은 후시의 복설로 사행의 경비를 마련하는 것도 중요하지만, 변

---

161) 『비변사등록』 174, 정조 13년 5월 29일.
162) 『비변사등록』 177, 정조 14년 7월 26일.

경지방의 민심을 얻는 것도 우선적으로 고려되어야 할 사안이므로, 뜯어 고칠만 하다면 제도의 치폐에 신중치 못하다는 여론에 구애될 필요가 없다고 하면서 복설을 주장하였다.

이에 대해 정조는 복설하는 것이 어려울 것은 없지만, 그 시행 계획에 대한 문서를 본 연후에 결정하겠다고 하면서, 근래 세모가 수량에 맞게 수입되었는지의 여부와 후시가 복설된 뒤에도 세액에 감축이 없겠는지 의 여부를 상세히 조사하여 보고토록 하였다.163) 곧 정조는 후시가 다시 공인된다고 할 때, 세모의 무역과 이를 통한 공용은 마련에 지장이 없겠 는가를 살피게 한 것이다.

이에 비변사에서는 <표 15>와 같이 매년 수입한 세모의 수입실태를 간추린 「각년공세모출래척수(各年公稅帽出來隻數)」를 작성하여 보고하 였고, 그 결과 혁파된지 불과 3년만인 정조 14년(1790)에 다시 책문후시 가 공인되기에 이르렀다.164) 이처럼 정조대 책문후시의 존폐는 세모무 역의 활성화 정책과 밀접한 관련 갖고 이루어졌던 것이다.

그러나 책문후시가 복설되었다고 해서 곧바로 역관들의 무역활동이 침체의 늪에서 벗어날 수는 없었다. 역관들의 요구가 책문후시를 공인하 는데 영향을 미쳤음에도 불구하고, 오히려 역관무역은 더욱 곤경으로 빨 려들고 있었던 것이다. 이 때문에 역관들은 그들의 직책을 버리고 다른 직종으로 옮겨가는 현상이 일어났으며, 심지어는 중국어 역관이 중국어 를 익히지 않아 의사소통도 되지 않는 사태가 발생하였던 것이다.165)

세모무역도 호전되지 않았다. 특히 정조 13년(1789) 이후 세모의 수입 책임이 역관에게 지워지자, 역관들은 세모(稅帽)를 '관아 돼지 배 앓는

---

163) 『정조실록』 권30, 정조 14년 7월 계묘.
164) 『비변사등록』 177, 정조 14년 7월 26일 및 『정조실록』 권30, 정조 14년 7월 계묘.
165) 『비변사등록』 180, 정조 16년 3월 28일 ; 『비변사등록』 183, 정조 20년 2월 초8일.

격'이라고 부를 정도였다. 자신들의 처지를 "근심이 있으나 누구 하나 알아주는 사람이 없이 혼자 끙끙 앓고 있는 신세"라고 비유한 것이다. 이 때문에 책문후시의 복설 과정에서 우려된 바와 같이 모세(帽稅)의 수납은 계속 줄어, 후시가 공인된 이듬해인 정조 15년(1791)에는 사행의 공용은 2천 냥도 지출할 수 없게 되었다. 이를 기화로 정부는 역관들이 공용은의 부족을 이유로 은화를 요구하는 경우에는 중율(重律)로 다스리고 결단코 대출하지 말 것을 정식으로 삼았다.[166] 그러나 이 규정은 얼마 지나지 않아 진하사(進賀使)의 공용은 4천 5백 냥 가운데 세모은으로 충당할 수 없는 1,567냥 7전을 평안도에서 대출케 함으로써 유명무실해지고 말았다.[167]

[그림 14] 의주부 남문[168]

---

166)『비변사등록』 179, 정조 15년 10월 21일.
167)『비변사등록』 182, 정조 18년 10월 16일.
168) 출전 :『조선고적도보』, 조선총독부.

이에 정부는 정조 18년(1794) 개성상인과 의주상인의 잡복(雜卜) 및 역행과 절행의 은화를 막론하고 이들이 세모 1천 척을 먼저 산 연후에야 비로소 다른 물종의 매매를 허락하고, 그 시행여부를 의주부가 조사케 하였다.[169] 이는 세모무역에 강제성을 부여한 것이었다. 그러나 그 이후에도 모자의 수입량은 6백~7백 척에 머물렀으며,[170] 점차 쇠퇴해 갔다.

물론 모자무역은 19세기에도 계속되었다.[171] 그러나 모세(帽稅)로 공용은을 마련하려는 본래의 목적을 달성할 수는 없었다. 이에 순조 14년(1814)에는 의주에 관세청을 설치하고, 책문에서 귀국할 때 싣고 나오는 물화[出柵物貨]에 철저히 과세(課稅)하여 사행경비의 확충을 기도하였다. 결국 책문후시의 철폐가 역관의 대청무역 및 모자무역에 좋은 기회로 작용하지 않았던 것만은 분명하다. 따라서 역관 주도하의 대청 무역체제를 유지하면서 공용은을 비롯한 각급 아문의 재정을 확충하기 위해서는 보다 근본적인 대책이 필요하였다.

그것은 18세기 말 부연원역의 팔포무역에 은화 대신 홍삼(紅蔘)을 채울 수 있는 방안이 모색되면서 구체화되고 있었다. 곧 정조 14년(1790) 책문후시가 재차 공인되고 역관들의 처지가 더욱 곤궁해지자, 정부는 사행원역의 팔포에 은화 대신 홍삼을 채워갈 수 있도록 하여, 모자무역과는 다른 방식으로 역관을 부양하고 공용은을 확보하려는 시도를 하였다.

이런 방안은 정조 21년(1797) 2월 수원성을 건립하고 수원부를 부실케 하기 위해 「화성부내 신접부실호 삼모 구획절목」(華城府內新接富實戶 蔘帽區劃節目)을 반포하면서 구체적인 가닥을 잡아갔다.[172] 즉 정조는 사행원역의 팔포에 홍삼을 채워갈 것을 허락하는 동시에 홍삼과 모자무역을 수원부에서 맡게 함으로써 수원성을 튼실하게 만들고자 하였다.

---

169) 『비변사등록』 182, 정조 18년 11월 초2일.
170) 『비변사등록』 184, 정조 20년 11월 30일.
171) 19세기 모자무역의 실태와 추이 등은 연구과제로 남겨둔다.
172) 『비변사등록』 185, 정조 21년 2월 22일 및 『정조실록』 46, 정조 21년 2월 계사.

이러한 정조의 의지는 판중추부사(判中樞府使) 이병모(李秉模)의 강력한 반대로 실현되지는 못하였다.[173]

　그러나 사행의 팔포에 홍삼을 채울 수 있도록 하는 것은, 명분과 형편에 맞아 그대로 인정되었다. 은화의 심각한 고갈 상태에서 홍삼은 은화를 대체할 수 있는 가장 적합한 물화였다. 따라서 정조 21년(1797) 6월에는 「삼포절목(蔘包節目)」을 반포하여, 사행원역의 팔포에 인삼을 채워가되 절사와 역행에게 120근을 분배토록 하였다.[174] 이로써 '포삼제(包蔘制)'가 하나의 제도로 정착되고, 대청무역의 주된 흐름은 모자 수입무역에서 홍삼 수출무역으로 전환되어 갔다.

　모자 수입무역에서 홍삼 수출무역으로의 전환은 특별한 의미를 지닐 수 있었다. 즉 모자무역은 18세기 중반 중개무역의 쇠퇴와 함께 발생한 왜은 유입의 두절, 역관무역의 피폐, 조선정부의 공용은 마련책이라는 상황에서 시행되었다. 그러나 모자무역은 조선 정부의 자금이든 사상의 자본이든 간에 국내의 은화가 청으로 유출되는 것이었다. 가뜩이나 모자는 삼동(三冬)을 지나면 쓸모가 없게 되는 소비재성 사치품이었다. 그러기에 모자무역은 은화의 유출과 소비재 물품의 수입이라는 점에서 관모제(官帽制)와 세모제(稅帽制)를 막론하고 가능한 한 빠르게 극복되어야 할 무역형태였다. 따라서 국내에서 재배한 가삼(家蔘)을 가공한 홍삼과 은화를 무역결제 및 공용은 마련의 수단으로 함께 사용토록 한 것은 경제사적 측면에서도 중요한 의미를 지니는 일이었다.

---

173) 『정조실록』 권46, 정조 21년 2월 병신.
174) 『비변사등록』 185, 정조 21년 6월 24일 및 『정조실록』 권46, 정조 21년 6월 갑오.

3. 책문후시의 존폐와 사상무역의 변화

사상이 사들인 모자에 모세(帽稅)를 거두고 이를 통해 공용은을 마련하려던 세모법이 1780년대 이후 유명무실하게 된 것과는 반대로 의주상인과 개성상인으로 대표되는 사상층의 책문무역 곧 연복무역은 사행과는 무관하게 행해질 정도로 번성하고 있었다.[175] 이에 조정에서는 평안도사를 파견하던 규례를 바꾸어 평안도 내의 수령을 차사원(差使員)으로 삼아 책문 밖에서의 무역을 주관하고 수검(搜檢)하도록 하였다.[176]

그러나 영조 30년(1754)에 공인된 사상들의 책문무역은 역관의 무역을 크게 위협하였다. 따라서 여기서는 이미 앞에서 모자무역과 관련하여 살펴보았던 정조 11년(1787)과 정조 14년(1790) 책문후시의 치폐 사실을 사상 사무역과 관련지어 정리해 보려고 한다.

<표 16>은 18세기 중반『용만지(龍灣志)』수검소(搜檢所) 조에 나타난 기록을 토대로 당시 조·청간의 교역품 및 그에 대한 환산 은가(銀價)와 수세의 기준을 살핀 것이다.

<표 16> 18세기 수출품과 의주 수검소의 수세량

수출 품목 및 환산은가(환산은가 1,000냥 당 은 100냥 수세)								
번호	물종	절은	번호	물종	절은	번호	물종	절은
1	백면지(1塊)	30	6	백목 (1疋)	1	11	북해삼(100斤)	30
2	장지(1塊)	20	7	교목 (1疋)	1	12	남해삼(100斤)	20
3	백지(1塊)	5	8	우피 (1釜)	50	13	다시마(100斤)	7
4	선자(1釜)	7	9	적피 (1釜)	50	14	남초(100斤)	6
5	백주(1疋)	1.5	10	산피 (1釜)	30			

자료 :『용만지』관해 수검소(영조 44년<1768>)

---

175)『비변사등록』159, 정조 2년 10월 초2일.
176)『비변사등록』163, 정조 5년 12월 16일.

<표 17> 18세기 수입품과 의주 수검소의 수세량

번호	물종	절은	번호	물종	절은	번호	물종	절은
	수입 품목 및 환산은가(환산은가 1,000냥 당 은 30냥 수세)							
1	모자 (隻)	50	25	육용안(肉龍眼)(斤)	150	49	금가(衾家)(件)	0.5
2	방관(方冠)(竹)	2	26	피용안(皮龍眼)(斤)	15	50	금(衾)	1
3	편전(片氈)(立)	0.5	27	잡당(雜糖)(斤)	15	51	말유자(末由子)	1
4	홍전(紅氈)(立)	3	28	호마(胡馬)(匹)	33.3	52	단목(丹木)(斤)	10
5	융전(戎氈)(立)	2	29	나마(騾子)(匹)	33.3	53	백반(白磻)	10
6	백전(白氈)(立)	1	30	노자(驢子)(匹)	16.6.5	54	채련(采蓮)(令)	0.5
7	상전(常氈)(立)	0.3	31	호안(胡鞍)(坐)	1	55	녹피(鹿皮)	1
8	마미(馬尾)(斤)	50	32	유랍(鍮鑞)(斤)	40	56	녹용鹿茸(對)	2
9	초미(貂尾)(釜)	20	33	함석(咸錫)(斤)	20	57	쇄금(鎖金)(箇)	0.2
10	황모(黃毛)(釜)	10	34	수은(水銀)(斤)	200	58	전자(剪子)	0.2
11	당태(唐太)(斤)	15	35	붕사(硼砂)(斤)	100	59	연죽(烟竹)	0.2
12	탄화(彈花)(斤)	20	36	주홍(朱紅)(斤)	100	60	호도(胡刀)(柄)	0.2
13	윤포(允布)(疋)	1	37	대피상(大皮箱)(坐)	2	61	산자(散子)(箇)	0.2
14	허자(許子)(疋)	1.7	38	소피상(小皮箱)(坐)	0.5	62	종려장(棕櫚杖)	0.4
15	화포(花布)(疋)	0.6	39	당상(唐床)(坐)	1	63	등장(藤杖)	0.3
16	대삼승(大三升)(疋)	0.5	40	신설로(新設爐)(坐)	2	64	등편(藤鞭)	0.1
17	두청(豆靑)(疋)	0.5	41	당부(唐釜)(坐)	1	65	우산(雨傘)(柄)	0.5
18	피포(皮布)(疋)	0.2	42	죽연자(竹烟子)(箇)	0.4	66	채종(菜種)(斗)	1
19	소청포(小靑布)(疋)	0.2	43	사궤자(沙饋子)(坐)	0.2	67	목륵(木筋)(束)	0.0.2
20	홍화(紅花)(斤)	50	44	목세면분(木洗面盆)(坐)	0.1	68	칭자(秤子)(箇)	0.2
21	호초(胡椒)(斤)	30	45	화기(畫器)(立)	0.0.3	69	산판(算板)(坐)	0.2
22	감초(甘草)(斤)	30	46	색사(色絲)(斤)	3			
23	민강(閩薑)(斤)	50	47	대대자(大帶子)(釜)	3			
24	귤병(橘餠)(斤)	15	48	소대자(小帶子)(釜)	2			

출전 :『용만지』관해 수검소 (영조 44년<1768>)

이를 통해 18세기 조선의 주요 수출품은 백면지(白綿紙)·장지(壯紙)·백지(白紙) 등의 지물류(紙物類)와 우피(牛皮)·산피(山皮) 등의 피물류(皮物類) 등이었으며, 수입품은 모자를 필두로 각종 피류과 문방구류, 비단류, 약재류 등이 주종을 이루었음을 알 수 있다. 특히 모자에서 거두는 모혈가(帽穴價)는 이 시기 의주부 수검소 경비의 대부분을 차지할 정도로 중요한 세원이었다.[177]

그런데 조선의 주요 수출품인 국내의 각종 가죽과 잡물(雜物)의 유통을 장악하고 책문무역을 활발히 전개한 것은 의주상인과 개성상인이었다. 특히 수달의 가죽은 청나라에서 금지하고 있는 물건임에도 불구하고 역관과 결탁한 의주와 개성의 상인들은 국내의 수달피를 매점하여 청나라로 밀수출하고 있었다.[178] 또한 종이·명주·모시·무명·솜과 각종 잡물들은 사무역이 허가된 품목들로 서상(西商)으로 불리운 개성상인과 의주상인들이 장악한 상품이었다.[179] 이들은 심지어 잡복(雜卜)에 몰래 은화를 숨겨 들어가 관동물화 뿐 아니라 중국 상인들과 결탁하여, 북경의 물화도 책문으로 끌어들여 마음껏 매매하였는데, 그 무역 액수는 무려 은화 4~5만 냥에 달하고 있었다.[180] 비포절목의 규정상 역관들의 팔포에는 원칙적으로 은화만을 채워야 했지만, 사상들의 연복(延卜)에는 잡물을 채워갈 수 있었다. 당시에는 은화를 구하기가 쉽지 않았으므로 잡물무역이 상대적으로 유리했다. 이 때문에 서상(西商)들에 의한 연복무역이 역관들의 무역 활동을 위축시켰던 것이었다.

이에 역관들은 연복무역의 폐단을 지적하면서 사상들이 책문에서 수입한 물화에도 팔포의 예와 마찬가지로 1/10세를 거두어, 팔포를 채우지

---

177) 『용만지』 관해 수검소(영조 44년<1768>).
178) 『비변사등록』 165, 정조 6년 12월 초8일 ; 『비변사등록』 170, 정조 11년 5월 25일.
179) 「비변사감결」 장 2-3322 ; 『비변사등록』 170, 정조 11년 5월 25일.
180) 『비변사등록』 168, 정조 10년 정월 초7일.
　　한편 이와같이 사상들의 무역이 무절제하게 확장된 데에는 의주부가 수세의 이익을 노려 사상의 포외월송을 신칙하지 않은 데에도 그 이유가 있었다. 이에 대해서는 『비변사등록』 170, 정조 11년 5월 25일 참조.

못하는 원역(員役)에게 이를 분급하도록 요청하기에 이르렀다.[181] 그러나 정부가 공인한 만포(灣包)는 압록강을 건너기 전에 의주부에서 1/10세를 거둔 것이므로, 수입한 물화에 1/10세를 또 거두어 역관에게 납부케 한다면 이중적인 과세라고 하여 정부가 받아들이지 않았다.[182]

그러나 역관들의 처지는 변통이 불가피하였다. 이를 위해서는 서상(西商)의 연복무역을 규제하거나 혁파해야 하였다. 연복무역은 역관들의 무역을 궁지로 몰아 넣을 뿐 아니라 공용은 마련을 위한 세모무역 침체의 원인이기도 하였기 때문이다. 이에 역관들은 정조 9년(1785)에 만상후시의 혁파를 주장하였다. 그러나 만상후시의 혁파는 한편으로는 의주부의 재정 문제와 그 지역민들의 생계와 연결된 것이어서 쉽게 결정되지 못하였다.

하지만 연복무역으로 모시·명주·무명·깃털[羽毛]·치혁(齒革) 등 국내의 물산이 서상들에 의해 중국으로 넘어가자, 역관 뿐 아니라 서울의 시전들까지도 그 이익을 잃게 되었으므로, 만상후시를 혁파해야 한다는 논의가 구체화되기에 이르렀다. 결국 정조 11년(1787)에 왕은 "역관을 혁파하지 않는다면, 마땅히 후시를 없애야 할 것이다"[183]고 결론지었다. 이로써 영조 30년(1754)에 공인되었던 책문후시는 30여 넌만에 다시 혁파되었다.

정조 11년(1787) 책문후시의 혁파는 그간 대청무역에서 이익을 보지 못하던 역관층과 시전상인들을 보호하기 위한 성격을 띠고 있었다. 그러기에 정조는 "역관을 혁파하지 않는다면 마땅히 후시를 없애야 할 것"이라고까지 말했던 것이다. 따라서 정조 11년(1787)년 이후 조선정부의 무역정책은 서상의 밀무역을 엄격히 통제함으로써 역관 중심의 대청무역체제를 구축하는 동시에 세모무역의 내실화를 기해 공용은의 안정적인

---

181) 『비변사등록』 167, 정조 8년 8월 19일.
182) 『비변사등록』 167, 정조 8년 10월 29일.
183) 『비변사등록』 170, 정조 11년 5월 25일.

확보를 지향하고 있었다.

책문후시의 혁파 조치가 있은 후 곧 바로 반포된 사행재거사목(使行賣去事目)은 역관무역 중심의 무역체제 수립과 밀무역에 대한 강경한 규제의 의지가 담긴 내용이었다.[184] 따라서 이 「사목」에는 책문후시를 혁파하기 이전이나 다를바 없이 사신 일행이 북경으로 갈 때와 올 때 반드시 지켜야 할 사항과 아울러 다음과 같이 수출입 금지 품목들을 상세히 담고 있었다.

<표 18> 사행재거사목(使行賣去事目)에 나타난 수출입 금지 품목

수출 및 휴대 금지 품목			
면포·지물류	피혁류	동·식·광물류	기 타
활세포(闊細布)	초 피	금	채문석
후지(厚紙)	토초피	철	군 기
	해달피	우(牛)	기 명
	수달피	마(馬)	우 각
		옥보석(玉寶石)	
		염초	
		과마(騍馬)	
		화피(樺皮)	
		인삼	
		팔포외 은화	
		유황	
수입 금지 품목			
각종 문단(紋緞)			좌도(左道) 서책

자료 : 『비변사등록』 171, 정조 11년 10월 초5일

그렇지만 「사목」의 내용은 사행시에 지켜야 할 금지조항보다는 수출입 품목에 대한 규제에 더 무게가 실려 있었다. 곧 사목에는 공문 외에 금지된 물건을 몰래 판매하는 자, 과마(騍馬)와 화피(樺皮)를 사사로이

---

184) 『비변사등록』 171, 정조 11년 10월 초5일.

파는 자, 현황자조대화(玄黃紫皂大花)·서번련단(西蕃蓮緞)·기명(器皿)·우각(牛角)·유황(硫黃)·마필(馬匹) 등을 사사로이 매매하는 자, 삼화(蔘貨)를 가져가는 자, 팔포외의 은화를 가져가는 자, 좌도(左道) 관련 서적을 수입하거나 무늬 있는 비단을 수입하는 행위를 엄금하는 내용이 대부분이었다.

<표 18>에 명시된 수출입 금지 품목을 살펴보면 수출 금지 품목으로 규정된 물화의 대부분이 책문후시 철폐 이전에 서상(西商) 즉 국내 상업계를 주름잡던 개성상인이나 의주상인이 장악하고 있던 상품들임을 알 수 있다. 따라서 이 「사목」은 서상의 밀무역을 철저히 통제하려는 의도가 내포된 것으로서, 결과적으로는 역관들의 대청무역을 정책적으로 지원하는 효과를 기대한 것이다.

그러나 역관들의 대청무역을 보다 실질적으로 지원하는 길은 무역자금을 변통해 주는 것이었다. 관은의 대출을 통해 역관들의 무역자금을 마련해 주는 제도는 공식적으로는 금지되었으나 관행상으로는 계속되고 있었는데, 책문후시를 혁파한 후에는 공공연히 행해진 것으로 여겨진다. 그것은 정조 12년(1788)에 좌의정 채제공이 "일전에 평안병영이 비변사에 올린 성책(成冊)을 보면 천은(天銀)조에는 처음에는 1만 3천 냥으로 쓰여져 있었습니다. 그러나 이것을 모두 전후의 부연역관이 빌려 가기 시작하여 해마다 거래하였는데 한푼의 은화도 받아들이지 못하여 현재 창고에 남아있는 것은 육전(陸錢) 몇 푼 뿐입니다"[185]라고 하여 평안 감영의 창고가 비게 된 중요한 원인의 하나로서 부연역관에 대한 은화의 대출을 꼽았던 데에서도 잘 나타난다.

관은의 대출은 역관들이 무역자금을 마련하는 길이었다. 그러나 은화가 결핍한 당시의 사정에 비추어 볼 때, 역관들에 대한 관은의 대출이 무제한적으로 이루어질 수는 없었다. 따라서 역관은 책문후시 혁파 후

---

185)『비변사등록』172, 정조 12년 4월 23일.

처음 2~3년은 어느 정도의 이익을 누릴 수 있었지만, 곧 사행에 필요한 행장도 제대로 갖추기 힘든 상태로 빠져 들어가고 있었다.186)

이에 앞서 언급하였듯이 책문후시의 재개 문제가 정조 14년(1790) 부역(副譯) 장렴(張濂)에 의해 제기되었고 혁파 된지 불과 3년만에 다시 공인되기에 이른 것이다.187) 정조대에 걸쳐 책문후시의 치폐는 한편으로는 세모무역의 활성화 정책과도 밀접한 관련을 지니고 있었다. 그러나 다른 한편으로는 사상들이 역관을 위주로 하는 정부의 대청무역 체제를 변화시키고 청나라와의 무역을 주도해 갔음을 의미한다.

Ⅳ. 사상의 무역 주도와 생산부문 투자

1. 사상의 국내 도고 상업과 무역권 장악

18세기 전반까지 부연사행의 사무역에 참여한 계층은 역관과 서울상인 및 지방 관청의 무역별장들이었다. 이런 점에서 무역별장으로 참여한 사상도 일종의 관허상인적인 성격을 띠었다. 그러나 18세기 중반 이후 대청무역의 주도권은 의주상인과 개성상인 등 지방의 사상들에게 돌아가고 있었다. 영조 30년(1754) 만상무역의 공인 이후 몇 차례 걸친 책문무역의 폐지는 역관들에 의한 사상무역 탄압책의 일환이었으며, 역관과 사상들의 이해관계가 반영된 것이다. 역관과 대응하여 세력을 키웠던 사상의 대표 주자는 서상이라 불린 의주상인과 개성상인이었다.

---

186) 『비변사등록』 177, 정조 14년 7월 26일.
187) 『비변사등록』 177, 정조 14년 7월 26일 및 『정조실록』 권30, 정조 14년 7월 계묘.

　서상은 초피(貂皮)·잡물(雜物)·인삼(人蔘)을 주로 취급하면서, 개성 (開城)·황주(黃州)·평양(平壤)·의주(義州)에 이르는 서로연변(西路沿 邊)의 상인을 범칭하였다. 서상이 범주화되어 문제시되는 자료는 이미 숙종 28년(1702)에 보인다. 이여(李畬)는 어면만호(魚面萬戶) 조위한(趙 衛漢)이 서상 5인을 불러다가 초피 25장으로 은화 50냥을 바꾼 사건에 주목하고 이의 처벌을 요구하면서"188) 이들이 삼상(蔘商)이었음을 지적 하고 있었다.189) 그리고 정조 10년(1786) 자료에는 "영조 30년(1750에 연 복잡물(延卜雜物)의 수효를 비로소 정하여, 절행 1만 냥·별행 5천 냥· 자행 1천 냥으로 하였는데, 매매하는 물건은 관동물건(關東物件)에 지나 지 않았습니다. 그런데 십 수년이래 서상들의 온갖 속임수가 나와 규정 에서 정한 수효를 넘겨 들여갑니다. 또 잡복(雜卜)안에 은화를 몰래 숨겨 연호(燕胡) 상인들과 부동(符同)하여 책문 안에까지 북경의 물화를 가져 와 낭자하게 무역하니 그 액수만도 4～5만에 이릅니다"190)고 하였다. 서 상이 책문에서 연복무역을 이끌었음을 말하는 것이다.

　이상과 같이 서상은 18세기이래 국내에서 초피·인삼을 비롯한 피잡 물을 장악하여,191) 이를 대청무역과 연계시켰던 자들이다. 곧 '서상'은 사행로를 따라 개성-황주-평양-의주로 이어진 지역의 상인들을 지 칭하며, 관서(關西)·송도잠상(松都潛商),192) 양서(兩西)·송도상고(松都 商賈),193) 혹은 '삼도상고(三道商賈)'라고도 불렀다.194) 그 중 대표적 상 인이 개성상인과 의주상인이었다.195)

---

188) 『비변사등록』 52, 숙종 28년 4월 22일.
189) 『비변사등록』 52, 숙종 28년 4월 26일.
190) 『비변사등록』 168, 정조 10년 정월 초7일.
191) 「비변사감결」 장 2-3322, 임자 8월 21일.
192) 『승정원일기』 889, 영조 15년 4월 23일.
193) 『관서계록』 임오(1822) 2월 25일.
194) 『관서계록』 임오 8월 28일.
195) '서상(西商)'에는 평양상인과 안주상인 등도 포함되며, 이들도 대청무역을 활발히 행했을 것으로 추측된다. 실례로 1807년(순조7) 의주인 백대현과 평

개성상인은 국내 피잡물은 물론 인삼의 생산과 유통을 장악한 삼상(蔘商)으로서 18세기 후반부터 대청무역의 주도권을 잡았던 상인이었다.[196] 양서상고(兩西商賈)의 또 다른 축으로 개성상인과의 대청무역에 활발히 참여한 상인은 의주상인이었다. 의주상인은 개성상인과 함께 국내 수달피(水獺皮)를 독점하여 북경에 왕래하며 무역하였고,[197] 개성상인·의주상인 간에는 일정한 매매 관례가 상호 인정되고 있었다.[198]

그런데 개성상인은 영조 4년(1728) 무역별장제 혁파 이후 공식적으로는 부연(赴燕)의 길이 막혀 있었다. 반면 의주상인은 대청무역에 참여할 권한이 인정된 상인이었다. 따라서 18세기 의주상인과 개성상인은 대청무역상 이해 관계를 더욱 긴밀히 하게 되었다. 이에 '개성상인은 비록 중국으로 가지 못하지만 예로부터 서울상인·의주상인과 더불어 일을 함께 하며 요리하여 일찍이 연리(燕利)를 얻지 않음이 없었다'[199]고 하였다. 곧 서상으로서 개성상인과 의주상인은 서로 긴밀히 연결되고 있었던 것이다. 의주상인과 개성상인이 19세기 포삼무역에서 포삼포주(包蔘包主)와 포삼별장(包蔘別將)으로 긴밀히 연관되어 있었던 것도 같은 맥락이었다.[200]

이에 반해 18세기 후반 서상은 역관 및 서울상인과는 상반된 이해관계에 놓여 있었다고 생각된다.[201] 즉 역관·서울상인과 서상은 협력관

양인 이사즙에 의해 발생한 잠상활동은 대청무역상 평양상인의 존재를 확인시켜 준다(『승정원일기』 1932, 순조 7년 8월 18일).

196) 강만길, 1973, 「개성상인과 인삼재배」『조선후기 상업자본의 발달』 고려대학교 출판부.
오성, 1992, 「조선후기 인삼무역의 전개와 삼상의 활동」『세종사학』 1.
197) 『일성록』 정조 16년 11월 20일.
198) 『송영계록』 을묘 8월 30일.
199) 『승정원일기』 2232, 순조 28년 8월 30일.
200) 이 책의 3장 참조.
201) 상인 간의 연대 및 경쟁 관계를 몇 가지 기준으로 단정하여 구분할 수는 없을 것이다. 예컨대 상품유통망을 통해 전국의 물산이 서울 시장으로 유입되고 판매될 때에는 금난전권을 가진 시전상인과 자유상인으로서의 사상의

계보다는 경쟁관계에 서 있는 경우가 많았다. 인삼 밀무역은 서울지역 상인에 의해서도 감행되었지만,[202) 서울상인은 인삼 절종 현상을 관서 · 송도 잠상의 탓으로 돌리며 안주(安州) · 송도(松都) 사람을 잠상의 와주(窩主)로 지목한 사례나,[203) 지물 · 피물을 비롯한 개성상인과 의주상인의 무역활동을 비판하는 각종 공시인(貢市人)들의 상소,[204) 세모법의 철폐를 주장한 모자전인(帽子廛人)의 주장[205) 등은 서울상인과 서상 간의 경쟁관계를 보여 주는 예가 될 것이다.

영조 30년(1754) 의주상인에게 책문무역이 허가되자 18세기 후반 이후 청나라 상인과의 무역을 실현해 왔던 서울 · 개성 · 평안 · 안주 · 의주 등지의 사상들은 수출이 허가된 각종 가죽 · 종이 · 명주 · 모시 · 무명 등의 국내상품을 의주상인에게 판매하고 동시에 의주상인이 수입한 중국 물품을 사서 국내에 팔았다. 특히 서상 가운데 개성상인은 책문후시에 직접 참여하지는 못했지만 의주상인에게 수출상품을 독점 판매하고 또 국내의 수요를 감안하여 중국물화를 선택 수입토록 함으로써 사실상 의주상인을 조종하고 있었다. 결국 개성상인은 대청무역 물종을 도고상업을 통해 장악하고 이를 대청무역으로 연결시키며, 수입되는 중국 물화를 국내 시장에 판매하는 유통권까지 장악하고 있었던 것이다.

조선에서 수출되던 물품을 의주부 수검소의 수검 물종에서 추출해 보

범주를 설정하여 양자의 상업적 경쟁 양상과 성격문제를 논할 수 있을 것이다. 그러나 서울로 집산된 물품이나 혹은 지방의 특정 물화가 무역을 통해 청으로 넘어갈 때에는 무역 특권과 이익을 두고 서울지역을 근거로 한 상인과 서로연변의 상인 사이에 경쟁, 대립관계가 형성되었다. 이런 관점에서 18세기 중반 이후 역관 · 서울상인과 서상은 이해 관계를 달리하는 존재로 범주화되고 있었다.

202) 『비변사등록』 57, 숙종 32년 8월 초8일.
203) 『비변사등록』 105, 영조 15년 4월 24일.
204) 강만길, 1973, 「개성상인과 인삼재배」, 위의 책 참조.
205) 『비변사등록』 163, 정조 5년 11월 17일 및 이철성, 1996, 「18세기 후반 조선의 대청무역 실태와 사상층의 성장 - 모자무역을 중심으로 - 」 『한국사연구』 94.

면,206) 이 시기 대청무역의 주요 물품은 종이류·포목류·피혁류 및 각
종 해산물이란 사실을 알 수 있다. 대청무역의 중요 상품이었던 종이류
는 개성상인에 의해 매점되고 있었다. 중국에 수출되는 종이류는 대개
각 지방의 사찰에서 제조되었고, 관무역품의 경우 지전인(紙廛人), 지계
인(地契人)들이 그것을 승려에게서 수입하여 조달하였다. 그러나 18세기
후반기에 이르러서는 개성상인들이 종이류의 대중국무역에 착안하여 전
국의 종이 만드는 사찰을 경제적으로 장악하고 품질 좋은 종이를 매점
하여 중국에 직접 수출하기에 이르렀다.207) 개성상인은 지전인이 독점
수매하던 삼남의 방물지(方物紙)와 별장지(別壯紙)·설화지(雪花紙) 등
을 만드는 사찰의 승도와 짜고 예매하여 의주상인에게 전매한 것이다.

중국으로 수출되는 피물도 개성상인이 장악하고 있었다. 정조 16년
(1792) 구피계공인(狗皮契貢人)은 개성상인과 의주상인이 부상대고와 결
탁하여 수달피를 다량매점하고 이를 중국에 수출함으로써 공인들이 방
물용 수달피를 확보할 수 없는 실정이며, 수 십년 전부터 개성상인들이
매년 350장의 수달피를 공인에게 염가로 판매할 것을 약속하였으나, 중
국수출에서 얻는 상업상 이익 때문에 약속을 어기고 오히려 원래 가격
으로도 판매해 주지 않는다고 할만큼 국내의 수달피 시장은 개성상인이
완전히 장악했던 것이다.208) 우피(牛皮)는 18세기 후반부터 청과 일본에
대량으로 수출되었던 상품이었다. 수출길이 열리자 비합법적인 도살 행
위가 만연하였고 개성상인들은 현방(懸房)이나 창전시민(昌廛市民)들을
따돌리고 우피를 매점하여 의주상인에게 판매하였다.209)

개성상인의 국내상업계에 있어서의 도고상업은 갓양태 교역에서도
뚜렷이 나타난다. 갓은 목마장으로 유명한 제주도에서 많이 생산되어 육

---

206) 『용만지』(영조44) 관해 수검소.
207) 『비변사등록』 172, 정조 12년 1월 8일.
208) 『일성록』 정조 16년 11월 20일.
209) 강만길, 1973, 위의 책, 116쪽 122쪽.

지로 판매되고 있었는데. 그것이 육지로 반출될 때는 주로 강진과 해남 등지를 거쳤다. 이에 강진·해남은 갓양태의 집산지가 되었고, 이곳에서 중간상인에 의하여 서울의 양대전(涼臺廛)에 전매되었다. 그러나 19세기 초엽에 이르러서는 개성상인이 강진과 해남 등지에 진출하여 제주도에서 건너오는 갓양태을 매점하고, 그것을 전국의 각 도시에 직접 전매함으로써 서울의 양대전(涼臺廛)이 상품을 구하지 못하는 실정에 이르렀다.[210]

이처럼 18세기 후반기로 접어들면서 대청무역의 물품은 개성상인이 도고상업을 통해 장악하였고 의주상인은 이를 책문으로 실어가 팖으로써 역관을 제치고 대청무역상 우위를 점하게 되었다. 물론 개성상인과 의주상인 사이에도 갈등은 있었으며, 개성상인과 의주상인이 역관 및 서울상인과 제휴하는 경우도 있었다. 상업상의 이윤을 추구하는 상인의 이합집산은 어쩌면 자연스러운 것이었다. 그러나 대청무역상 개성상인과 의주상인은 상호 보완적인 관계 하의 이합집산이었던 반면, 역관·서울상인과 개성상인·의주상인은 상호 경쟁적인 관계를 기반에 둔 이합집산이었다고 할 수 있다.

2. 인삼 재배업과 광업부문 투자

전국적 조직망을 가진 도고상업과 외국무역을 통하여 집적된 사상들의 자본은 단순한 상업자본으로만 집적되는데 그치지 않고, 상업 이외의 부분으로 투입되고 있었다. 인삼재배업과 그 가공업 및 광산투자가 대표적인 예이다.

인삼은 일명 신초(神艸) 혹은 지정(地精)이라고 불리웠으며,[211] '기사

---

210) 『비변사등록』 200, 순조 10년 1월 10일.
211) 『임원경제지』 16, 관휴지 4 약류 인삼.

회생(起死回生)의 귀재(貴材)',212) '백초(百草) 중의 영물(靈物)'로213) 인식되던 약용 특산물이었다. 그런데 인삼은 그것을 어떻게 생산하는가에 따라 자연삼과 재배삼으로 나뉘었다.

> 인삼의 종류는 두 가지다. 첫째는 산삼(山蔘)인데 이는 산의 정기로 자생하는 것이다. 둘째는 산양(山養)으로 산위에 종자를 심었다가 세월이 오래된 연후에 캐는 것이다. (중략) 이 때 전라도 동복현(同福縣)의 한 여인이 산에서 삼을 캐서는 밭에다 그것을 심었는데, 최모(崔某)라는 자가 전(傳)하여 그것을 번식시키니 이것이 가삼(家蔘)이라는 명칭의 시작이다.214)

자연삼은 위의 기록과 같이 산삼과 산양삼의 두 가지 종류가 있었다. 산삼은 깊은 산 배양처(背陽處)에 수목이 총밀(叢密)하고 뿌리와 썩은 나뭇잎이 널려 있어 거름 없이도 스스로 비옥한 토양에서 자생하는 것을 말하였으며, 산양삼은 산지에 종자를 심어 자라기를 기다렸다가 캐내는 것이었다.

자연삼은 우리나라의 전국 각지에서 널리 산출되었다.215) 그러기에 우리나라의 인삼은 영·호남의 것을 나삼(羅蔘), 관서·강원·강계 등에서 나는 것을 강삼(江蔘) 그리고 관북에서 나는 삼을 북삼(北蔘)이라 하여 구별하였다.216) 이 가운데 우리나라에서는 나삼의 품질을 최고로 치고217) 관동(關東)·중산(中山)·강계(江界)·관북(關北)의 인삼을 다음으로 쳤다.218) 인삼의 품질은 인삼의 가격으로도 표현되었다. 인삼의

---

212) 『변례집요』 9, 개시 경신(1680) 10월.
213) 『홍재전서』 권12, 서인(序引) 삼인(蔘引).
214) 『중경지』 권2, 토산 ; 『증보문헌비고』 권151, 전부고 11.
215) 인삼은 우리나라는 물론 중국의 하동제주(河東諸州)와 태행산맥(太行山脈)를 일대에서도 산출되고 있었다. 『홍재전서』 권12 서인 삼인.
216) 『임원경제지』 16, 관휴지 4 약류 인삼.
217) 『비변사등록』 권52, 숙종 28년 8월 13일.
218) 『홍재전서』 권12, 서인 삼인.

중량 단위는 10리(釐)가 1푼(分), 10푼이 1전(錢), 10전이 1냥, 16 냥이 1근
이었다.[219] 그런데 나삼은 1전 당 동전 20냥으로 강삼의 동전 14냥, 북삼
의 4냥과 비교해 가장 비쌌다.[220]

그런데 자연삼은 그 약효 때문에 일찍부터 삼상(蔘商)에 의해 대외수
출이 이루어지고 있었다.[221] 특히 17세기 인삼의 대외수출은 크게 증가
하여, 동세기말에 이르면 이미 '인삼은 비록 우리나라에서 생산되는 것
이나 상고배(商賈輩)가 북경과 동래로 가져가 팔기 때문에 국내에는 희
귀하게 되었다'는 보고가 나오고 있었다.[222] 인삼수출은 18세기 초에도
계속되었다.[223] 국내 최대의 인삼 산지였던 강계에서 캐낸 인삼은 모두
사상의 손에 들어가 북경으로 수출되었으며[224] 특히 일본으로 무절제하
게 수출되어,[225] 우리 나라에서 생산되는 인삼 10분의 8~9가 일본으로
넘어간다는 주장도 나왔다.[226]

인삼의 대량 채취와 수출이 계속되면서 국내 인삼의 품귀현상은 심각
해 졌다. 18세기 중반 위조인삼의 폐단이 나타난 것도 인삼 품귀 현상으
로 말미암은 것이다. 즉 상업상 이익을 노린 상인들이 서북 양도로부터
인삼을 매점한 뒤에, 여러 가지 재료를 섞어 인삼 10근을 20근으로 만들

219) 『만기요람』 재용편 4, 호조각장사례 판적사 도량형 ; 『육전조례』 권3, 호전
도량형.
220) 『정조실록』 권29, 정조 14년 3월 경인.
221) 이 책에서는 인삼의 형태와 성질에 따라 구체적 명칭을 사용하지 않을 경
우, 자연삼은 인삼이란 용어로 통일하여 사용한다. 그리고 재배삼은 가삼이
란 용어를, 가삼을 가공한 것을 홍삼이라 지칭한다.
222) 『승정원일기』 289, 숙종 8년 4월 13일.
223) 17~18세기 삼상(蔘商)의 활동에 관해서는 오성, 1989, 「인삼상인과 금삼정
책」 『조선후기 상인연구』, 일조각 ; 차수정, 1989, 「조선후기 인삼무역의 전
개과정-18세기초 삼상의 성장과 그 영향을 중심으로-」 『북악사론』 1.
224) 『비변사등록』 58, 숙종 33년 3월 초2일.
225) 차수정, 위의 논문, 142~163쪽 참조. 일본에서도 조선 인삼을 수입하기 이
해 특수은을 발행하여기도 하였다. 이에 대해서는 정성일, 1993, 「조선산 인
삼종자와 일본의 인삼수입대체」 『춘계박광순박사화갑기념론문집』, 참조.
226) 『비변사등록』 104, 영조 14년 7월 12일.

고 100근을 200근으로 만들어 왜관으로 팔아 넘겼던 것이다.227)

따라서 영조 14년(1738)에 정부는 인삼의 채취와 판매 일체를, 호조의 관리 하에 통제하는 것을 골자로 하는 금삼절목(禁蔘節目)을 반포하였다.228) 곧 호조는 삼상에게 황첩(黃帖)을 발급하여, 이것을 소지한 자에 한하여 산삼처(産蔘處)에 들어가 인삼을 매매할 수 있도록 하였고 황첩을 지니지 않은 자는 한 뿌리의 인삼도 살 수 없도록 하였다. 만약 이를 어기면 판 사람과 산 사람 모두 밀수상인의 형율로 처벌토록 하였다. 또한 한번 황첩을 받은 후 똑같은 것을 매년 이용하거나 다른 상인에게 넘기는 폐단을 막기 위해 황첩의 유효기간을 5개월로 정하여, 기일을 넘기면 기한에 따라 세금을 더 거두도록 하였다. 삼상이 강계에 들어가 황첩을 강계 관아에 내면, 강계부는 하나 하나 검토하여 치부책을 만들었는데, 거기에는 삼상의 성명은 물론이요 삼상과 거래한 구체적 지역과 지역민의 이름, 인삼량과 가격 등을 상세히 적었다. 또 이러한 내용들을 모아 상인별로 따로 인삼 매매량을 적어 호조에 보고토록 하였다.

강계부에서는 중군(中軍)과 좌수(座首)를 감독관으로 하여, 중군은 장교를 좌수는 향대부(鄕大夫) 이하 사람을 감찰토록 함으로써 채취되는 인삼수량을 정확히 파악할 수 있었고, 그 상황을 책으로 만들어 호조와 강계부에 각각 비치하였다. 이는 채취된 인삼 수량과 삼상에게 팔린 수량을 비교하여 잠매를 막으려는 의도였다. 또한 삼화(蔘貨)의 출입을 호조로 일원화하여 서울을 거치지 않고 왜관으로 바로 가는 것을 엄히 금하고, 발각될 경우에 해당하는 처벌과 포상 규정도 세웠다.

그러나 인삼의 대외수출에 따른 품귀현상은 여전하였기 때문에 영조 27년(1751)에는 "강삼과 북삼을 막론하고 우리나라 토지에서 생산되는 것이 매년 점차 희귀해져 나라안에서 쓰는 약용삼도 오히려 얻기가 어

---

227) 『비변사등록』 88, 영조 6년 12월 28일.
228) 「금삼절목」 내용은 『비변사등록』 104, 영조 14년 7월 12일에 의하여 서술하며, 따로 전거를 제시하지 않는다.

려우니 중국산 인삼(胡蔘)을 수입하여 예단삼과 국내의 수요로 충당하
자"는 논의까지 등장하였다.[229] 중국 인삼을 수입하자는 논의는 수용되
지 않았지만, 이것을 수입하여 예단삼(禮單蔘) 및 국내의 수용(需用)을
마련하자는 논의는 이 시기 국내의 인삼 수급사정이 심각하였음을 반증
하는 것이다. 인삼 품귀현상이 일어나게 된 가장 큰 원인은 국내외의 높
은 수요에 비해 공급은 주로 자생하는 인삼을 캐는 채취 단계에서 크게
벗어나지 못했기 때문이었다. 그러나 자연삼이 절종의 위기를 맞게 되
자, 자연히 조선 사회는 인삼을 인공 재배하는 생산 단계로 넘어가게 되
었다. 채취를 통해 인삼을 얻는 것이 아니라 인삼 종자를 밭에 심어 재
배하는 재배삼 곧 가삼을 생산하는 단계로 전환되어 간 것이다.

　인삼이 과연 언제, 어느 지역에서, 누구에 의해 생산단계로 접어들었
는가 그리고 인삼의 채취단계로부터 생산단계로의 전환은 과연 어떠한
의미를 지니는가에 대한 구체적인 기록은 찾아보기 힘들다. 그렇지만 대
체로 인삼 재배는 17세기 말∼18세기 초부터 시작되어 18세기 중반 이
후에는 전국적으로 진행되었으며 18세기 말엽에는 강계지방에도 삼포가
권장될 정도가 되었다.[230]

　흔히 전라도 동복현(同福縣)의 한 여인이 산삼의 씨를 받아 이를 전지
(田地)에서 재배하는 데 성공하였고, 숙종 33년(1707)에는 홍삼제조법이
국내에 알려져 있었으며, 1710년경 영남지방에는 이미 '종삼(種蔘)'으로
생업을 삼았던 자'가 있었다고 한다. 그러나 인삼 재배는 높은 기술과 생
장에 필요한 긴 시간 그리고 충분한 자본의 투자가 있어야만 가능한 것
이었다. 따라서 인삼재배업에는 상당한 자본을 가져야만 뛰어 들 수 있
었는데, 전라도 동복현에서 성공한 인삼 재배법을 개성 사람으로 파악되
는 최모가 번식시켰다는 기록[231]으로 미루어 가장 큰 규모로 인삼을 재

---

229) 『승정원일기』 1074, 영조 27년 9월 29일.
230) 강만길, 1973, 「개성상인과 인삼재배」 위의 책, 123∼125쪽 ; 오성, 1992, 「조
　　선후기 인삼무역의 전개와 삼상의 활동」 『세종사학』 1.

배한 이들은 개성상인으로 추정된다.

　인삼 재배는 토의(土宜)·종예(種藝)·호양(護養)·의법(醫法)·수채
(收採)·수종(收種)·장종(藏種) 등 총 14가지의 항목으로 나누어 자세
히 기술될 만큼[232] 세심한 배려와 기술 인력의 투입이 요구되었고, 4～5
년의 긴 생장기간이 필요하였으며, 전염병이 돌 경우 투자에 대한 위험
부담도 안고 있는 작물이었다. 그러므로 가삼은 숙련된 기술과 장기간의
투자 그리고 병해의 위험부담률을 뛰어넘는 경제적 조건을 감당할 수
있는 자들에 의해 행해 졌을 것인데 국내외 상권을 장악한 개성상인이
가삼의 재배에도 자금을 투입한 것이다.

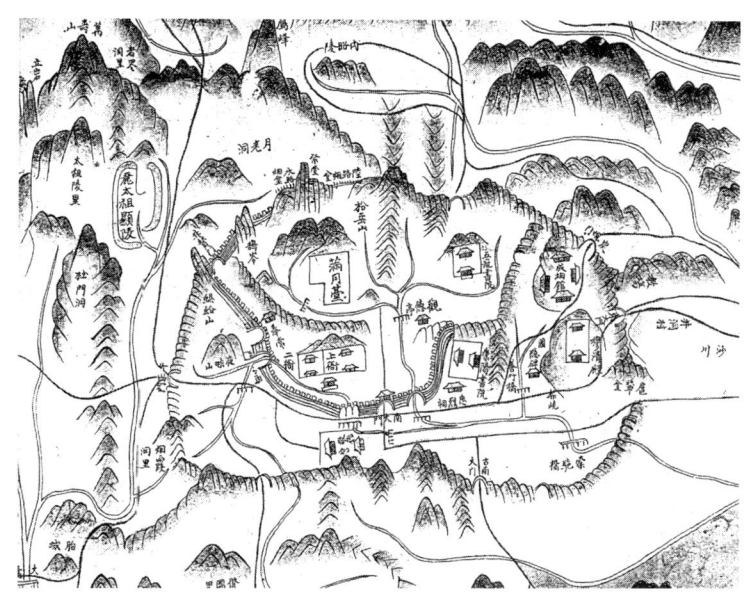

[그림 15] 개성부 지도[233]

---

231)『소호당집』홍삼지 ;『위암문고』인삼.
232)『임원경제지』16, 관휴지 권 4 약류 인삼.
233) 출전 :『허동지도』, 개성부.

순조 21년(1821) 개성유수 오한원(吳翰源)이 "청나라로 수출하는 홍삼
은 모두 개성부에서 생산되는데 의주상인이 매년 금법을 무릅쓰고 밀수
출하는 것이 수 천근을 내려가지 않는다"[234]고 지적한 대목이나, 철종 1
년(1850)에 "지금 만약 포삼무역량을 4만 근으로 다시 환원한다면 개성
부민이 실업에 이르지 않을 것이며, 의주상인은 밀무역을 금단하기 쉬울
것이며, 세액은 늘어나길 기다리지 않아도 저절로 늘 것인 즉 나라 재정
의 남고 모자람과 관계됩니다"고 하여 홍삼 수출량을 늘릴 것을 주장한
기록을 살피면, 개성부가 가장 큰 규모로 인삼 재배업에 종사하고 있었
음을 알 수 있다.

가삼 재배가 성행하자 그것에 대한 가공기술도 발전해 갔다. 4~5년
된 가삼을 밭에서 뽑은 것을 생삼(生蔘) 혹은 수삼(水蔘)이라 하였다.[235]
그러나 생삼은 수분을 포함하고 있어 오래 보존할 수 없었다.[236] 따라서
생삼의 부패를 방지하기 위해 자연 건조시켰는데, 이를 건삼(乾蔘) 혹은
백삼(白蔘)이라 하였다. 하지만 건삼은 오래되면 부서지는 단점을 가지
고 있었다. 이런 문제는 자연삼에도 공통적으로 적용되는 것이었기에,
조선에서는 일찍이 크고 작은 인삼을 혼합하여 끓여 말리는 방법을 썼
고, 이를 파삼(把蔘)이라 하였다.[237] 우리 나라에서는 양각삼(洋角蔘)이
라 하여 몸체는 작으나 결백하고 품질이 좋은 자연삼을 선호했으나, 중
국인들은 무슨 이유에서인지 파삼을 선호하였다.[238]

인삼을 팽조(烹造)하는 방법은 17세기 이전부터 알려졌던 것이다.[239]

---

234) 『승정원일기』 2148, 순조 21년 12월 초3일.
235) 자연삼일 경우 이는 초삼이라고도 불렀다(『선조실록』 권162, 선조 36년 5월
　　 무인).
236) 이긍익, 『연려실기술』 별집.
237) 『선조실록』 권162, 선조 36년 5월 기사 및 『선조실록』 권162, 선조 36년 5월
　　 무인.
238) 『선조실록』 권162, 선조 36년 5월 무인.
239) 인삼가공법에 대해서는 이마무라의 『인삼사』에서 살핀 이래 오성, 1992, 위의
　　 논문 및 이현숙, 1997, 「16-17세기 조선의 대중국 수출정책에 관한 연구」

그런데 인삼 재배가 시작되면서, 생삼(生蔘) 건조는 끓여 말리는 방식에서 쪄서 말리는 증조(蒸造)의 방식으로 전환되었다. 즉 빈 공간에 시렁을 만들어 그 위에 생삼을 얹은 다음 시렁 밑에서 숯불을 피워 말렸는데, 이를 홍삼(紅蔘)이라 하였다. 그리고 이 홍삼을 제조하는 곳을 증포소(蒸包所)라 하였다.240)

  정부가 홍삼무역을 공인한 정조 21년(1797) 홍삼 제조장인 증포소는 서울에 처음 설치되었다. 그러나 순조 10년(1810)에 개성으로 옮겨갔고, 이것이 순조 24년(1824)에 다시 서울로 이설되었지만 곧 개성으로 옮겨갔으며, 철종 1년(1850)에는 서울로 옮기는 문제가 재차 논의되기도 하였다.241) 증포소의 이전 설치 문제는 홍삼무역의 주도권 문제와 밀접한 관련을 맺고 있었다. 경강에서 개성으로 이동한 것은 그만큼 대청 홍삼무역에 있어 개성상인의 영향력이 커졌음을 의미한다. 즉 상리에 밝은 개성상인들이 자본을 투입하여 삼포를 경영하고 나아가 홍삼을 제조하는 권리까지 획득한 것이다.

  『홍익사학』 6 등에서 살피고 있다. 그러나 파삼은 물론 홍삼의 제조법에 대한 구체적 과정과 기술에 대해서는 앞으로 계속 규명되어야 할 것이다.
240) 『중경지』 권2, 토산 ; 『증보문헌비고』 권151, 전부고 11 정조 21년.
  팽조(烹造)와 증조(蒸造)가 구체적으로 어떤 차이를 지니는지에 대해서는 살피지 못하였다. 단지 중국인들이 파삼을 좋아하였던 이유로 가삼을 증조한 홍삼이 대량으로 수출될 수 있었던 것으로 보인다. 이는 19세기에도 여전히 조선으로부터 자연삼을 수입하려한 일본과는 차이가 있다.
241) 증포소 이설 연혁표

	경강증포소	개성증포소	비 고
1797(정조21)	O	X	
1810(순조10)	X	O	
1824(순조24)	O	X	
1828(순조28)	X	O	
1850(철종 1)			移設論議

보기 : O - 설치, X - 폐지
자료 :『승정원일기』 2232, 순조 28년 8월 30일.
『승정원일기』 2509, 철종 원년 9월 초4일.

의주 별장(別將)과 개성 포주(包主)란 용어가 생겨난 것은 이러한 사
정을 반영한 것이다.242) 의주별장은 개성 포주와 더불어 규정된 액수의
홍삼을 만들어 무역할 수 있는 무역권자임과 동시에 포삼세 및 거간명
색의 돈을 부담하고 징수하는 책임도 부여된 자였다. 개성포주는 홍삼
제조권자였다. 이들은 사역원에서 차출하지 않고 별장이 개성인 가운데
서 정하도록 하였다. 별장 두 사람이 개성에 하나의 포소(包所)를 정하
여, 그들이 가지고 갈 삼혈(蔘穴)을 증포하였다. 즉 개성 포주는 별장의
홍삼 뿐 아니라 불법적인 홍삼밀조를 행할 수 있는 여건을 갖추고 있었
다. 즉 개성 포주는 홍삼의 생산자로서 포삼무역을 지배하는 실력자였다
고 하겠다.

한편 영조 30년(1754)에 공인된 의주상인의 책문후시에는 인삼 뿐 아
니라 은화도 금물로 규정되었다. 잡화는 부피·중량에 비하여 단가는
낮고 차익은 적었으며 수송상의 불편함과 그 비용의 소모도 많았다. 따
라서 의주상인은 물론 의주상인을 통하여 대청무역을 실현하던 사상들
은 인삼의 경우와 마찬가지로 은화의 수출로를 열어 보려 하였다. 은화
는 대청무역의 전통적인 결제수단이자 상품가치가 높았기 때문에, 17세
기이래 역관과 사상들은 국내의 광은(鑛銀)과 일본의 왜은(倭銀)으로 중
국물화를 수입해 왔다. 그러나 청·일 간의 직교역이 활발해지면서 1720
년대에는 왜은의 국내수입이 막히게 되었다. 더욱이 영조 16년(1740)에
정부가 '경품설점법(經稟設店法)'을 제정하여 은광개발을 규제함으로써
국내의 은광생산도 크게 위축되었다.243)

왜은의 수입이 중단되고 국내의 은광생산이 위축되자 정부는 자체의
대청외교 및 무역상에 절실한 은화를 확보할 목적으로 결국 영조 28년
(1752)에는 사행팔포에 잡물(雜物)을 채워갈 것을 강요하였고, 영조 30년
(1754)에는 만포(灣包)를 허가하면서도 인삼과 은화의 충포를 엄금하였

---

242) 이 책의 3장 참조.
243) 유승주, 『조선시대 광업사 연구』, 고려대학교 출판부, 295~302쪽.

던 것이다. 따라서 서울·개성상인이나 평양·의주상인 등은 국내의 은 광개발에 관심을 기울이게 되었다.

그런데 경품설정법은 "호조와 각 군문 및 각영·각읍을 막론하고 왕의 허가를 받지 않은 채 은점(銀店)·연점(鉛店)을 신설할 경우 도신(道 臣) 이상은 파직하고 수령 이하는 나문(拿問)한다"[244]고 규정하였다. 따라서 국가의 재정아문이던 호조만은 간혹 대청외교와 무역에 필요한 은 화 마련을 명분으로 설점의 허가를 받아 수세하기도 했지만 각도의 감 영에서는 요청할 구실을 갖지 못하였다.

광산 종사자들에 의하여 새로운 광산이 발견되면 호조는 왕의 허가를 받아 '별장(別將)'을 현지에 파견, 설점·수세업무를 대행케 하였다. 별 장은 대개가 서울의 부상대고(富商大賈)들이었고 호조의 설점·수세 업 무를 대행한 대가로 당해 은점의 총생산량 중 2/3를 착복하던 일종의 수 세청부업자들이었다. 호조의 자금으로 점소(店所)가 설치되었으나, 은점 의 실질적인 경영주는 광산 종사자의 우두머리격인 '두목(頭目)'이었다. 두목은 점장(店匠)과 은군(銀軍)을 고용하여 은광업을 영위하였으므로, 일종의 관청선대제적 민영광업의 성격을 띠고 있었다.[245]

어떻든 경품설정법이 제정된 이후 각도의 영·읍에서는 은점의 설점 수세가 불가능해졌고 호조 소관 은점에 대한 잡세수취권도 박탈되고 말 았다. 하물며 호조의 은점이 관내에 설치될 경우 영·읍에서는 아무런 소득도 없는 데다 오히려 이농민이 증가하고 각종의 소요사태를 우려해 야 하였다. 때문에 각도의 감사와 수령들은 호조의 설점을 방해하고 별 장의 파견을 거부하였다. 결국 호조의 은광개발은 영·읍의 방해를 받 아 침체해 갔고 은(銀)의 가격은 폭등하였다. 이러한 사회 경제적 상황에 서 광산 종사자들은 은광이 소재한 각 도의 감사나 수령과 결탁한 잠채 를 시도할 수 밖에 없었다. 그런데 광산 종사자들이 그들의 잠채 광업을

---

244) 『승정원일기』 705, 영조 10년 1월 20일 ; 『속대전』 호전 잡역조.
245) 유승주, 앞의 책, 302~311쪽.

장기간 지속하고 또 확장하기 위해서는 감사나 수령과 결탁해야 할 뿐 아니라 광산 경영에 필요한 자금을 조달할 수 있어야 하였다. 그러나 당시의 광산 종사자들은 관료들과 결탁할 능력도 경영자금을 조달할 재력도 갖추고 있지 못하였다. 결국 광산 종사자들은 감사나 수령과 결탁할 수 있는 능력과 경영자금을 조달할 수 있는 재력을 지닌 자를 물색하여 물주로 삼을 수 밖에 없었다. 여기에 개성상인을 비롯한 사상들이 침투한 것이다.[246]

역관과 사상들은 일찍부터 전국의 은점(銀店)에서 생산한 은을 수매하여 대청무역의 자금으로 사용해 왔을 뿐 아니라 때로는 광산 종사자들과 결탁하여 금광을 몰래 개발하여 금을 수출했던 자들이었다.[247] 결국 사상들은 광산 종사자들의 물주로 참여하여, 감사나 수령과 결탁하여 장기적인 잠채를 실현하였고, 광산 경영에 필요한 자금을 투입하고 있었다.[248] 물주제하의 잠채 광업이 보편화되면서, 호조에서도 굳이 자금을 들여 설점하지 않아도 되고 또 말썽 많은 별장제를 고집할 필요도 없었다. 때문에 영조 51년(1775)에는 호조 소관하의 은점 별장들을 축출하고 당해 읍의 수령으로 하여금 물주로부터 점세(店稅)를 수취, 상납토록 조처하였다.[249]

이리하여 은점의 별장제는 사라지고 물주가 지배적인 은점의 경영형태로 자리잡게 되었다. 이후에 물주는 정식의 설점 허가를 따내고 실질적인 경영자인 '혈주(穴主)'에게 자금을 조달하였으며 그 대가로 원리금에 상당하는 광은(鑛銀)을 수취할 뿐만 아니라 당해 은점(銀店)에서 생산되는 은을 싼값으로 매점할 수 있었다.[250] 이처럼 사상들이 광은을 장악

---

246) 『영조실록』 권125, 영조 51년 9월 계유.
247) 『숙종실록』 권43, 숙종 32년 5월 정사.
248) 『비변사등록』 122, 영조 27년 윤5월 16일 ; 채제공, 『번암집』 30, 논강계은점지호조사의계(論江界銀店之戶曹事宜啓).
249) 『탁지지』 외편 판적사 재용부 금은사실 ;『만기요람』 재용편 4, 금은동연.
250) 『좌포청등록』 9, 가경(嘉慶) 무인(戊寅) 3월 30일 ;『천일록』 채은편부설,

하면서 대청무역 또한 새로운 국면을 맞게 되었다.

정부가 영조 30년(1754) 의주상인의 책문후시를 허가했을 때, 의주상 인은 피물·지지 등의 잡물로만 만포를 충당케 하였고 또 산해관 이동 의 물화만을 수입토록 하였다. 그러나 은점에 물주제가 성립된 후부터 의주상인은 만포 속에 은화를 숨겨 가기 시작하였고, 또 청국 상인과 결 탁하여 북경의 물화를 책문으로 끌어들여 무역하였으며. 무역액도 급증 하여 정조 10년(1786) 경에는 그 규모가 4만~5만 냥에 달하였다.251)

이처럼 사상에 의해 국내의 광은이 사사로이 유출되고 중국 물화가 대량으로 수입됨에 따라 부연역관들은 팔포은(八包銀)을 마련하기가 어 려워졌을 뿐 아니라 그들이 수입한 중국 물화의 판로도 큰 타격을 받게 되었다. 따라서 전술하였듯이 정부는 역관의 간청을 받아들여 정조 11년 (1787)에는 의주상인의 책문후시를 혁파하였다. 그러나 후시 재개를 요 구하는 집단의 저항이 거세지자 정조 14년(1790) 다시 책문후시를 허가 할 수 밖에 없었다.252) 다만 부연역관에게는 정조 21년(1797)에 이르러 은화와 함께 인삼의 충포를 허가했던 것이다.

그런데 사상은 국내 은점의 별장제를 물주제로 전환시키고 의주상인 과 결탁하여 은을 유출시키는데 머물지 않았다. 그들은 금의 수요를 유 발하고 금광개발을 자극하였다. 은점에 물주제가 성립된 직후에 광산 종 사자들은 평안도 자산(慈山)과 성천(成川)의 사금산지를 개발하였고 감 사와 수령의 비호 하에 사상들은 사금을 모두 수매하여 청나라로 유출 하고 있었다.253) 사금은 강이나 하천의 모래 속에서 간단한 도구로 채취 할 수가 있어 가족 단위의 소년소녀까지 동원되었다.254) 그리고 청상들

『영조실록』권125, 영조 51년 9월 계유.
251)『일성록』 89, 정조 10년 1월 6일.
252)『비변사등록』177, 정조 14년 7월 25일 ;『만기요람』재용편 5, 책문후시.
253)『비변사등록』161, 정조 4년 10월 19일 ;『비변사등록』162, 정조 5년 3월 15일 ;『일성록』193, 정조 10년 1월 22일.
254)『연암집』열하일기 태학유관록.

이 생금(生金)을 선호했기 때문에 제련할 필요가 없어 호조나 물주가 자금을 투입하여 설점할 필요도 없었다.255) 사금산지에는 각 지역의 이농민들이 수없이 몰려들었고 곳곳에 잠채가 만연하게 되자 정부는 정조 4년(1780)에 호조의 계사(計士)를 파견, 금군(金軍)들을 관리 수세하기 위한 점소(店所)를 설치하고 금군들로부터 매일 일정액의 세금을 수취하기 시작하였다.256) 그러나 사금광산의 계사제(計士制)도 점차 별장제와 유사한 폐단이 야기되었고,257) 또 사금광개발이 전국에 확대되면서258) 채광여건도 변하여 운영자금이 필요하게 되자,259) 사상들이 파고들어 순조 6년(1806)에는 은점(銀店)과 같이 물주제하의 수령수세제가 적용되었던 것이다.260)

요컨대 18세기 후반 이후에는 역관들의 무역 활동은 쇠퇴한 반면 의주상인, 개성상인들은 국내의 생산품으로 중국 물화를 수입 판매하는 무역 활동을 활발히 전개시켰으며, 이들 자본 중 일부는 인삼 재배업과 홍삼 가공업 및 금은 광업에 투입되고 있었다. 영조 30년(1754) 이후 개성상인은 이전시기 무역별장들과는 달리 의주상인을 통하여 중국 물화를 수입 판매하였다. 책문후시가 의주상인에게만 공인되었기 때문이다. 그러나 의주상인의 수출품이 피물 등의 잡화여서 결국 개성상인이 국내 물품을 수매하여 전매할 수 밖에 없었고 의주상인들이 수입한 중국 물화도 개성상인들이 팔 수 밖에 없었다.

개성상인이 피물 등의 잡화를 매점하기 위해선 종래부터 관아에 이들 물품을 납품해 온 공인과 시전인을 배제하지 않으면 안되었다. 개성상인

255)『일성록』192, 정조 10년 1월 22일 ;『일성록』504, 정조 19년 8월 4일.
256)『비변사등록』188, 정조 22년 7월 27일.
257)『일성록』605, 정조 22년 7월 27일 ;『서계집록』9-6, 경술 3월 24일 ;『일성록』492, 정조 19년 4월 2일.
258)『비변사등록』189, 정조 23년 12월 13일 ;『일성록』504, 정조 19년 8월 4일.
259)『일성록』504, 정조 19년 8월 4일.
260)『비변사등록』197, 순조 6년 12월 10일 ;『일성록』200, 순조 8년 2월 5일.

은 생산자들과 결탁하여 대금을 선불하는 방식으로 물화를 매점하기 시작하였다. 그리고 개성상인은 상품가치가 높고 차익이 컸던 인삼과 금·은의 밀수출을 도모하였다. 국내의 산삼이 거의 절종될 위기에 놓였을 때 인삼재배법이 개발되자 개성상인은 직접 삼포를 경영하거나 홍삼 제조장을 설치 운영하였고 나아가 금·은 광산에도 자금을 투입하여 물주로 등장하였다. 이로써 18세기 말~19세기 초부터는 홍삼과 금·은이 청으로 수출되었고 대청무역도 더욱 활기를 띠게 되었다. 결국 이 시기의 개성상인들은 대청무역을 통해 상업자본을 축적해 왔고 그것을 마침내 국내의 생산 부문에 투입함으로써 산업자본으로 전환될 가능성을 열어 가고 있었던 것이다.

제 *3* 장

19세기 사상의 무역주도와
국내외 밀무역 성행

　18세기 후반 사상의 책문무역은 크게 성행하고 있었던 반면 공용은 마련 차원에서 수행된 모자무역은 정체 상태에 빠져 있었다. 모자무역 침체로 공용은 마련이 어려웠던 정부는 청나라로 밀수출되고 있던 홍삼을 공식 수출품으로 인정함으로써 문제를 타개해 나가려 하였다. 정부가 이를 공식화한 것은 정조 21년(1797)이다. 포삼제(包蔘制)에 의한 이른바 포삼무역이 시작된 것이다.[1] 포삼제 시행 당시 포삼 1근의 가격은 천은

---

1) 포삼제의 실시를 전후하여 자료상에는 삼·인삼·가삼·홍삼·포삼이란 용어가 혼재하여 나타나고 있다. 삼과 인삼은 자연삼인지 재배삼인지의 구분을 요하지 않거나 통칭할 때 주로 쓰이는 용어로 생각된다. 가삼은 자연삼(山蔘)과의 대비를 강조할 때 주로 쓰였다. 가삼을 가공한 것이 홍삼이므로 두 용어는 엄격히 구분된다. 그러나 가삼의 밀수출을 논의하는 과정에서 포삼제가 실시되었고, 포삼제 실시 후 중국에서 팔리는 인삼이 홍삼이라는 기록으로 미루어, 가삼과 홍삼은 혼칭 되었던 것으로 보인다. 포삼은 공식적인 대청홍삼무역량을 지칭할 때 주로 쓰이는 용어로, 가삼을 가공한 홍삼으로 무역이 공인된 인삼이었다. 따라서 본고에서도 이와 같은 의미상의 구분에

(天銀) 100냥 정도였다.[2] 당시 은화 1냥은 동전 3냥 3전 내지 4냥 2~3전으로 거래되고 있었으므로,[3] 포삼 1근의 가격은 동전 300냥에서 400냥에 달하였다. 그리고 이것을 법정 미가(米價)로 환산한다면 포삼 1근은 쌀 60석 내지 80석 값에 해당하는 고가품이었다.

홍삼의 국내 가격이 만만치 않았던 만큼이나 청나라에서의 판매가도 비쌌다. 청나라에서는 매 근 당 적게는 은화 350냥에서 많게는 은화 700냥씩에 팔렸던 것이다. 이것을 동전으로 환산해보면 적게는 1,100여 냥, 많게는 2,300여 냥에 달하였다. 따라서 포삼 1근의 법정 가격이 동전 300냥이었던 점을 감안할 때 홍삼의 대청무역은 3.5배내지 7.5배가 넘는 차익을 얻을 수 있었다.[4] 이처럼 홍삼무역에서 얻는 차익이 컸으므로, 역관과 서울상인 및 개성상인·의주상인 등 대청무역에 참여하고 있던 역관과 상인들은 홍삼무역권을 둘러싸고 또다시 치열한 경쟁을 벌일 수밖에 없었다.

18세기 말이래 홍삼이 국가의 공인하에 청나라로 수출되던 가장 고가의 상품이었다면 사금(砂金)은 밀수출의 주력 품목이었다. 당시에 사금은 전국 각지의 하천(河川)에서 생산되었고 정부의 통제를 벗어나 청나라로 유출되었다. 이처럼 사금의 생산과 수출이 확대되고 있었지만 조선정부는 청나라가 공금(貢金)을 요구할까 꺼려하여 관찬문서에 그 실상을 거의 수록하지 않았다. 따라서 이에 대한 연구는 자료의 보강을 기다려 후일을 기약할 수밖에 없다. 그러나 개항과 더불어 사금 수출이 공인되자, 이

따라 적합한 용어를 가려 사용하였다.
2) 『비변사등록』 185, 정조 21년 6월 24일.
3) 『비변사등록』 186, 정조 21년 8월 22일.
4) 『무오연행록』 3권, 무오년 12월 27일.
"연전에 홍삼 값이 매근 3백 냥이 되고, 가을 황력에 6백 냥이 되었던 고로, 이번에도 값이 7백 냥에 이르렀더니, 황성에 이르매 신가·장가 두 상고가 상지하여 사지아니하고 3백 50냥을 받으라 하니, 역관들이 다 낭패할 지라 할 바를 알지 못한다 하더라"

것이 대외 수출의 주력 상품이 된 사실은 학계에 널리 알려져 있다.[5]

이에 이 장에서는 정조 21년(1797) 포삼제의 실시 이후 고종 13년 (1876)까지 이루어진 공식적인 홍삼무역을 중심으로 대청무역의 추이를 밝히려 하였다. 특히 여기서는 포삼제 실시과정과 무역상인들의 활동 그리고 정부의 포삼무역 정책과 그 한계 등을 밝히고 이 시기 대청홍삼무역이 갖는 역사적 의미를 찾아보려 할 것이다.

그런데 이 기간 청나라로 간 조선사행은 총 183회였던 반면 조선으로 들어온 청의 칙사는 24회에 불과하였다.[6] 조선의 대청무역 활동이란 측면에서 사행의 횟수가 늘고 칙행의 횟수가 줄었다는 것은 그만큼 조선이 무역을 통해 이익을 얻을 수 있는 기회가 많았음을 뜻하는 것이다. 홍삼무역도 이 사행의 기회를 이용하여 사무역의 범주에서 이루어졌음은 물론이다.

Ⅰ. 19세기 전반기 역관과 사상의 포삼무역 실태

1. 포삼제 실시와 의주 관세청 설치

18세기 중·후반 민간을 중심으로 성행하던 가삼재배와 홍삼제조 기술의 발전을 조선정부가 인식하고, 이를 대청외교 및 무역자금 확보 차원에서 정책에 반영한 것이 정조 21년(1797)의 포삼제(包蔘制)였다. 앞서 밝힌 바와 같이 자연삼의 조달은 18세기 중엽에 접어들면서 크게 힘들

---

5) 유승주, 1993,『조선시대 광업사 연구』, 고려대학교 출판부.
6)『동문휘고』보편 권7, 사행록 및『동문휘고』보편 권8, 조칙록.

어졌다. 여러 가지 재료를 섞어 만든 위조삼의 폐단이 일어나는가 하면, 국내 수요를 위한 중국산 인삼의 수입이 검토되는 등 자연삼의 절종에 따른 삼귀(蔘貴) 현상이 두드러지게 나타났다. 그런 가운데서도 조선 정부는 구습에 얽매여 공삼(貢蔘) 및 예단삼(禮單蔘)을 여전히 자연삼으로 채울 것을 강조하였다.

이러한 정부의 조처는 가삼(家蔘)이 널리 재배되던 당시의 실정과 괴리되어 여러 가지 폐단을 낳을 수 밖에 없었다. 산삼이 절종되다시피 하여, 어약(御藥)에 쓸 인삼을 자연삼 아닌 재배삼으로 봉진(封進)하여 말썽이 일어났는가 하면,[7] 경상도 양산(梁山)에서는 어약에 쓸 산삼을 구입하러 갔던 아전이 삼상(蔘商)에게 속아 산삼과 가삼을 섞어 만든 인삼을 사서 바쳤다가 내의원으로부터 세 번이나 퇴짜를 맞은 뒤 결국 경국(京局)에서 사서 바친 일도 있었다.[8] 이에 산삼의 봉진을 경공(京貢)으로 만들어 경국에서 가격을 받고 물품을 바치도록 하자는 논의가 나오는가 하면,[9] 강계지역에서는 세삼(稅蔘)의 양을 줄이고 부과된 세삼의 일부를 돈으로 구입토록 하는 조치가 취해지기도 하였다.[10] 또한 강원도의 명산 하나를 삼전(蔘田)으로 정하고, 그 주변을 막아 어약을 확보토록 하자던가,[11] 삼척(三陟)의 영장(營將)이 약간의 채삼군(採蔘軍)을 거느리고 울릉도로 가 그곳의 산삼을 캐오게 하자는[12] 등 산삼 확보를 위한 갖가지 방안이 강구되고 있었다.

삼귀 현상으로 자연삼의 대외수출도 봉쇄되었다. 곧 정조 11년(1787)

---

7) 『정조실록』 권30, 정조 14년 7월 계묘.
8) 『정조실록』 권31, 정조 14년 8월 정사.
  어약(御藥)으로 쓰이는 인삼은 나삼(羅蔘)을 최고로 쳤다. 나삼은 다른 삼과 달리 진액(津液)이 매우 많고 해가 오래 지나도 변치 않기 때문에 어약으로 쓰는 인삼은 나삼을 비롯한 산삼이었다(『비변사등록』 숙종 28년 8월 13일).
9) 『정조실록』 권31, 정조 14년 8월 정사.
10) 『정조실록』 권24, 정조 11년 7월 계미 ;『정조실록』 권32, 정조 15년 2월 을축.
11) 『정조실록』 권30, 정조 14년 7월 계묘.
12) 『정조실록』 권42, 정조 19년 6월 계미.

에는 「사행재거사목」(使行賷去事目)을 반포하여 '삼을 몰래 가지고 가
는 자는 사형에 처한다.'고 규정하였다. 하지만 이 금령은 제대로 준수되
지 못하였다. 자연삼은 점차 희귀해져 갔지만 가삼이 전국적으로 재배되
고 있었고, 이는 중국의 높은 수요에 따라 우리측의 사상들에 의해 곧바
로 밀수출되고 있었기 때문이다. '근래 가삼의 밀수출이 점점 많아지고
있으니, 금법(禁法)을 무릅쓰고 넘어가게 하느니 차라리 들여보내도록
하는 것이 좋겠다'[13]는 주장이 인삼을 팔포에 채워가는 문제를 논의하
는 과정에서 설득력 있게 받아들여지고 있었다. 그것은 곧 그간에 가삼
의 밀무역이 얼마나 활발히 행해지고 있었던지를 반증한다.

그런데 18세기 말 대청무역 전반을 주도한 세력은 사상층이었다. 정조
11년(1787)에 혁파된 책문후시가 불과 3년 만에 복설되는 과정에서도 저
간의 사정을 이해할 수 있다. 책문후시 복설은 역관들의 복설 요청과 의
주부의 재정 확보 및 변민(邊民)의 민심수습을 이유로 단행되었기 때문이
다.[14] 그러나 책문후시 복설로 역관무역이 활기를 찾은 것은 아니었다.

이에 반해 공식적인 인가를 획득한 사상층의 대청무역 진출은 두드
러졌다. 때문에 정조 17년(1793) 사역원(司譯院)에서는 "근래 변금(邊禁)
이 문란해져서 몰래 수출하는 밀수상인이 낭자(狼藉)"하다고 하고 이를
금지할 방도를 마련하게끔 요청하기에 이르렀다. 이때 비변사가 마련한
「절목」에는 주로 의주상인과 개성상인을 중심으로 이루어지는 밀수상
인의 형태와 그에 대한 규제의 내용이 담겨져 있었다.[15]

절목에는 으선 밀수상인에 의한 수출금지 품목을 명확히 하고, 이의
반출을 철저히 막고자 하였다. 즉 밀수상인은 금(金)·진주·초피·인
삼 등의 물건을 갖가지 교묘한 방법을 통해 국경 밖으로 빼내 갔는데,

---

13) 『비변사등록』 185, 정조 21년 2월 22일.
14) 『비변사등록』 177, 정조 14년 7월 26일.
15) 『정조실록』 권38, 정조 17년 11월 병오. 이 기록은 구체적인 절목 명칭이 붙
   어 있지 않다.

심지어는 해삼(海蔘)이나 다시마 등의 잡물(雜物) 꾸러미 속 곳곳에 몰래 감추어 갔다. 그럼에도 불구하고 의주부에서는 포(包)를 저울로 달 때 샅샅이 수검하지 않는가 하면, 표본을 뽑아 조사할 때 수검하는 관리가 밀수상인과 한통속이 되어 미봉함으로써 농간을 부리는 폐단이 많았다. 따라서 「절목」에서는 앞으로 포를 달 때에는 선택적으로 하지 말고 모든 짐을 조사하여 빠뜨릴 염려가 없도록 하며, 영리한 장교가 별도로 이를 감시하여 농간을 막도록 규정하였다. 또한 비포법(比包法)이 유명무실해짐으로써 밀수상인의 폐단이 갈수록 심하게 되었음을 지적하고, 나가고 들어오는 짐을 모두 검사함으로써 농간을 막을 것을 규정하고 있다. 수출품에 대한 검사뿐만 아니라 수입품에 대한 검사를 강화하여 밀수상인의 활동을 막고자 한 것이었다.

한편 책문에서 이루어지는 무역에 대한 규제도 다각도로 이루어졌다. 사행에 수반되는 은화와 잡화(雜貨) 중에는 북경까지 가져갈 것이 있고 책문에 남겨 놓을 것이 있었다. 책문에 남겨 놓을 것은 처음부터 비포의 대상에서 제외되어 밀수상인들이 농간을 부릴 수 있는 기회가 되었다. 때문에 앞으로는 책문에 남겨 놓은 수량을 책문에 들어간 뒤 즉시 장부를 만들어 사신에게 보고하고, 압록강을 건너온 뒤에는 북경 물화에 대한 비포와 똑같은 검사를 받도록 규정하였다. 이밖에도 포교들의 밀수상인 색출과 물건의 압수에 따른 포상규정을 전보다 강화하여, 밀수상인과 결탁하여 눈감아 주는 폐단을 방지하고자 하였다. 따라서 포교와 아전 및 일반인을 막론하고 밀수상인의 물건을 압수하여 바치는 경우에는 그 물건의 전부를 그들에게 주도록 결정하였다.

이러한 「절목」의 내용을 살펴볼 때 책문후시가 복설된 뒤 의주상인과 개성상인 등의 사상들은 합법적인 후시무역 뿐 아니라 금·담비가죽·인삼 등을 숨겨가 청나라의 상품을 수입하는 등 비합법적인 대청무역도 활발하게 추진했던 것을 알 수 있다. 이와 같은 사상층의 활발한 무역활동으로 말미암아 역관무역은 크게 위축되어 가고 있었다.

역관들은 무역 자금면에서도 사상에게 뒤졌다. 이전 시기 역관들은 무역 자금 동원의 약점을 팔포무역권과 관은의 대출을 통하여 보완해 왔다. 그러나 18세기 중반이후 청·일 간의 직교역으로 은의 유입로가 단절되고 조선정부의 관은 보유량이 현격히 떨어짐에 따라, 역관들은 무역자금을 융통할 수 있는 제도적 장치를 상실하고 있었다.

더우기 영조 30년(1754)의 비포절목에서는 사행원역이 그들에게 주어졌던 팔포무역액을 다 채우지 못할 경우, 팔포무역권을 지닌 포주(包主)와 은화의 소유자인 은주(銀主) 간의 매매가 허락되었다. 그러나 팔포를 잡물로 채워 가는 것은 엄금토록 하였다. 따라서 은화를 채울 능력이 없는 역관들은 결국 그들의 팔포를 은화를 많이 가진 사상들에게 팔게 되었다. 이는 은화 이외의 주요 무역품이었던 피혁 등 잡화가 모두 사상의 연복무역으로 돌리는 상황과는 대조되는 모습이었다.

이러한 이유들로 역관무역은 쇠퇴 일로를 걷고 있었다. 그러나 역관들은 대청 외교상의 고유한 임무를 수행함과 동시에 무역과정을 통해서 사행에 수반되는 갖가지 공적 비용을 충당하고 있었기 때문에 역관무역의 피폐는 곧바로 조선 정부의 재정을 압박하는 요인이 되었다. 역관의 생계 유지와 대청외교상의 제반 경비는 결국 조선정부의 몫이었기 때문이다.

조선정부가 재정 출혈을 극소화하면서 이 문제를 풀 수 있는 가장 좋은 방법은 우선 역관의 팔포를 은화가 아닌 다른 물품으로 채워갈 수 있도록 하는 것이었다. 팔포를 은화로 채우도록 고집함으로써 역관들에게 주어진 팔포 권리의 매매가 초래되었기 때문이다. 이럴 때 은화를 대신할 물품은 값어치가 높고 운반하기가 편리하면서도 청나라와 무역상의 결제수단으로 적합한 것이어야 하였다. 가삼(家蔘)은 이러한 요건에 가장 적절한 상품이었다.

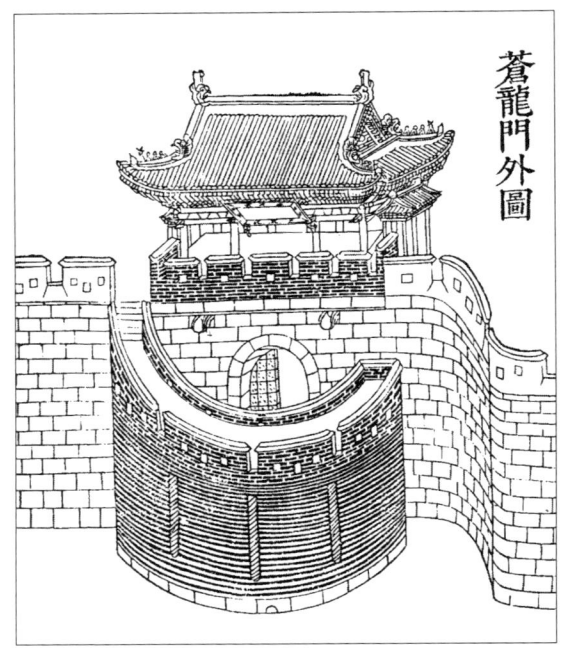

[그림 16] 화성의 창룡문 바깥 그림[16]

　가삼과 모자는 당시 많은 이익을 남길 수 있는 상품으로 인식되고 있었다. 이는 정조가 동왕 21년(1797) 2월에 수원성을 쌓은 뒤, 여기로 이주하는 부호(富戶)에게 모자의 대청무역권과 국내의 판매권을 부여하는 동시에 가삼의 국내 판매권도 위임하여 수원(水原)의 경제적 기반을 튼튼히 하려했던 계획에서도 잘 드러난다. 여기서 특히 가삼은 역관들의 쇠잔한 경제 사정을 변통해 줄 수 있는 상품으로 인식되고 있었다.[17]

　따라서 유사당상(有司堂上) 정민시(鄭民始)는 우선 사행원역의 팔포에 인삼을 채워가도록 하고, 그들로부터 포가(包價)를 거두어 사행시의 반전(盤纏) 비용을 마련토록 하자고 주장하였다. 즉 그는 팔포에 인삼을

---

16) 출전 :『화성성역의궤(華城城役儀軌)』, 창룡문의 바깥 그림.
17)『비변사등록』185, 정조 21년 2월 20일.

채워 가는 것은 이미 전례가 있다고 하면서, 이것이 중간에 은화로 바뀐 것은 인삼이 점점 귀해진 반면 은화가 약간 여유가 있었기 때문이라고 하였다. 그러나 근래에는 가삼의 밀수출이 점차 많아지고 있으니 금법 (禁法)을 무릅쓰고 몰래 넘어가게 하느니 보다는 차라리 관례에 따라 인 삼 무역을 허가하는 것이 사상들이나 역관들 모두에게 편리한 방안이 될 것이라는 견해를 피력하였다.[18] 정조도 은화가 귀하면 삼(蔘)을 쓰고 삼이 귀하면 은화를 쓰도록 하여 물화를 무역하는 권한이 우리나라에 있게 하는 것이 변경문제를 해결하는데 좋은 방책이 될 것이며, 금제(禁 制) 규정과도 관련되지 않아 삼포(蔘包)의 전례를 다시 적용해도 무방할 것이라는 반응을 보였다.[19]

한편 모자와 인삼의 국내판매권을 화성부(華城府)에 이주하는 자에게 위임하여 수원성의 경제적 기초를 다지려 했던 계획은, 수원으로 이주한 서울 부실호(富實戶) 20호에게 미삼계(尾蔘契)를 조직토록 하여 인삼의 판매 특권을 주는 방향에서 정리되고 있었다.[20] 이때 반포된 것이 「화성 부내신접부실호삼모구획절목」(華城府內新接富實戶蔘帽區劃節目)이었 다.[21] 곧 부상들 중 20명을 뽑아 수원으로 이주케 하고, 이들에게 아직 독점이 인정된 바 없는 미삼(尾蔘)의 무역권을 넘기도록 한 것이다. 그리 고 모자무역과 판매도 화성에 이주한 부유한 가호(家戶)가 맡아서 주관 토록 하되 다만 시가를 쫓게 하여 폐단이 없도록 하였다. 나아가 수원에 옮겨온 자들 곧 화성물주(華城物主)에게는 모자와 가삼에 대한 독점적 인 매입권을 허가하여 각처의 상인들이 수원으로 와서 교역을 할 수 있 도록 하였다. 나아가 이들은 이를 바탕으로 모자와 인삼에 대한 대청무 역상의 특권도 부여받기로 되었으며, 팔만한 물건이 있으면 물종에 구애

---

18)『비변사등록』185, 정조 21년 2월 22일.
19)『비변사등록』185, 정조 21년 2월 22일.
20)『비변사등록』185, 정조 21년 2월 22일.
21)『비변사등록』185, 정조 21년 2월 22일.

받지 않고 매매할 수도 있었다. 이밖에도 「절목」에서는 화성 이주자에게 관전(官錢)을 변통해 주거나 정착하는데 필요한 각종의 혜택을 주도록 규정하고 있었다.

이는 화성으로 이주한 부실호 20인에게 모자와 인삼의 대청 무역권과 국내판매권을 전담케 함으로써 수원을 물화의 집산지이자 상업도시로 만들려는 정조의 의도를 드러낸 것이었다. 그러나 이러한 의도는 판중추부사(判中樞府使) 이병모(李秉模)의 강력한 반대로 실현되지 못하였다. 이병모는 모두 여섯 가지 점에서 「절목」의 내용을 반박하였는데, 그 중 중요한 내용을 간추리면 다음과 같다.

이병모는 첫째 수도는 온 나라의 근본이며 부호(富戶)는 빈호(貧戶)의 바탕인데, 자연스럽게 거기서 살고자 하는 자가 수도로부터 흘러 들어가는 것을 막을 필요는 없으나, 조정이 모집하여 들어가 사는 길을 열어주는 것은 잘못된 것이고, 둘째 호(戶)를 모으고 민(民)을 부유하게 하는 길은 널리 땅을 개간하고 재물을 통하도록 함에 있는 것인데, 지금은 모자와 가삼을 통화(通貨)의 근본으로 삼으니 잘못이라는 것이다. 셋째 서울에서 들어간 객(客)이 도리어 수원의 재물과 권세를 틀어쥐게 되니 이는 주객을 바꾸어 놓는 처사이다. 넷째 이전에 인삼을 팔았던 삼상(蔘商)들은 가삼을 1년 전에 미리 돈을 주어 선매하여 팔고 있으므로, 지금 수원의 20호에게 산지 판매권을 독점시킨다는 것은 옳지 못하다는 것이었다. 곧 이병모는 이번 조치를 수원에 이주하는 부호에게 국가가 이익의 독점권을 주는 것이라고 규정지었던 것이다. 그리고 이는 '마땅히 왕정(王政)에서 엄격히 금해야 할 것인데도 불구하고 임시로 이를 허락해 주는 것이니, 이를 어찌 소중한 바를 크게 도모하는 것이라고 하겠는가'라며 수원부에 대한 정부 정책을 통박하였다.22)

이병모의 이러한 차자(箚子)로 수원부에 이주한 부호(富戶)에 모자와

---

22) 『정조실록』 권46, 정조 21년 2월 병신.

가삼의 무역 및 국내판매 특권을 주려던 방침은 재검토가 불가피해졌다. 이에 좌의정 채제공(蔡濟恭)은 모자와 가삼의 문제로 말썽이 생기면 이전에 정정당당했던 공적까지 아깝게 될 우려가 있으므로 「화성신성절목」(華城新成節目)을 취소하는 것이 좋겠다는 건의를 하였고, 정조도 이를 받아들였다.[23] 다만 정조는 역관에게 가삼을 채워가도록 한 규정만은 폐기치 말도록 하면서, 삼화(蔘貨)의 밀수출을 이미 막을 수 없다면 차라리 역관에게 삼(蔘)을 가지고 갈 수 있도록 함으로써 산림(山林)과 천택(川澤)에서 나는 재화를 정부가 관리토록 하라고 하였다.[24] 이때의 삼(蔘)은 사상들에 의해 밀수출되던 홍삼이었으며, 사행원역에게 허가한 홍삼은 포삼(包蔘)으로 불려지기 시작하였다.

이리하여 사행원역들은 정조 21년(1797)부터 그들의 팔포에 은화와 더불어 홍삼을 채워갈 수 있었으며, 그 사이에서 조선 정부는 재정적 수입을 얻으려 하였다. 따라서 사상(私商)에 의한 홍삼의 밀수출은 철저히 막을 필요가 있었다.[25] 이에 사행원역의 팔포에 은화와 홍삼을 통용하여 채우는 것을 허가하는 한편 밀수상인을 엄금하려는 법적 규정을 마련한 「삼포절목」(蔘包節目)이 반포되면서 포삼제가 실시되었다.

「삼포절목」의 내용은 우선 역관이 채워갈 수 있는 포삼의 수량을 정하고 포삼정수외의 밀수출을 막는 방안이 담겨 있었다. 즉 포삼의 규정량은 매년 참작해서 정하되 절사(節使)와 역행(曆行)에 120근을 나누어 책정토록 하였다. 이것을 절사에게는 90근, 역행에게는 30근씩 배정하였으며, 만약 별사(別使)와 별자관(別咨官)이 있을 경우에 별사는 30근 별자관은 10근을 넘지 못하도록 하여 원래 정해진 수량인 120근 외에 별도로 마련케 하였다.

포삼을 은가(銀價)로 환산한 가격을 매 1근당 천은(天銀) 100냥으로

23) 『비변사등록』 185, 정조 21년 3월 1일.
24) 『정조실록』 권46, 정조 21년 2월 경자.
25) 『비변사등록』 185, 정조 21년 3월 14일 ; 『일성록』 정조 21년 3월 14일.

정하였으며, 절행 90근은 역관(譯官)·외사(外司)·비장(裨將)을 막론하고 한결 같이 포수에 따르되 3천 냥 팔포는 3근, 2천 냥 팔포는 2근씩으로 각각 정하였다. 간혹 사행원역의 수에 가감이 있을 경우에는 원래 정한 수를 나누어 조정하였다. 또한 사역원은 규정 외의 밀수출을 막는 방안을 마련, 비변사에 보고하여 이를 시행토록 요청하였다.[26] 결국 포삼제는 정부가 홍삼 120근을 팔포에 채워가게 함으로써, 역관들의 생계를 돕는 한편 사행에 따른 공용비(公用費)를 염출하려는 목적에서 시작된 것이다.

사행원역의 팔포에 인삼을 채워갈 수 있도록 하는 대신 사행경비의 일부를 부담토록 하는 조치는 이미 전례(前例)가 있었다.[27] 그러나 정조 21년(1797)의 포삼제는 이전의 팔포무역과 사뭇 다른 점이 있었다. 그것은 첫째 팔포에 채워가는 인삼이 산삼이 아닌 가삼을 찐 홍삼으로 18세기이래 조선 사회의 가삼재배 기술의 축적과 홍삼가공 기술의 발전을 반영하고 있다는 사실이고, 둘째 포삼제를 통해 어려움에 빠진 역관무역을 부양하고 사상층의 홍삼 밀무역을 강력히 통제함으로써 전통적인 관주도의 대청무역 구조를 유지하려 했다는 점이며, 셋째 조선정부가 포삼무역을 사행경비 확보와 사역원 재정 보충의 기능을 뛰어 넘어 호조 재정확보의 차원으로 적극 활용해 나갔다는 점이다. 이를 위해 조선정부는 무역 물종에 대한 징세를 담당할 기구가 필요했는데, 이러한 기능을 담당한 것이 의주부 관세청이었다.

의주부 관세청은 순조 14년(1814) 의주부윤 오한원(吳翰源)이 모자 1천 척의 세전이 감축되자 책문을 나오는 물화에 대한 과세를 요청하면서 창설된 기관이었다.[28] 따라서 의주부 관세청은 처음에는 의주상인의

---

26) 『일성록』 정조 21년 6월 24일 25책.
27) 유승주, 1970, 「조선후기 대청무역의 전개과정 – 17·8세기 부연역관의 무역 활동을 중심으로 – 」『백산학보』 8.
28) 『용만지』 관해조 ; 『조선시대사찬읍지』 49, 평안도 5, 한국인문과학연구원편.

책임하에 모세·포삼세·후시세 등 이른바 상세(商稅)를 거두어 사행시의 공용을 마련하는 임무를 수행하였다.[29] 그러나 포삼무역의 규모가 늘어나고 그에 따른 세입이 증가하자, 관세청의 비중도 커져 갔다. 이에 1850년대에는 중앙에서 감세관(監稅官)을 파견하여 무역세를 철저히 거두려 하였으며, 이에 따라 관세청은 호조의 외고(外庫)라고 인식되기도 하였다.[30]

어떻든 포삼제의 시행으로 19세기 조선의 대청무역은 홍삼무역이 수출의 중심을 이루었고, 정부는 이를 호조 재정 확충 방안으로 적극 활용하게 되었다. 그런데 포삼제의 운영에는 국내에서 생산되는 가삼을 모으는 매집권(買集權), 허가된 수량의 홍삼을 만들 수 있는 조삼권(造蔘權) 그리고 이것으로 무역할 수 있는 무역권을 둘러싸고, 역관과 상인들 간에 치열한 경쟁과 대립이 초래되었다.

2. 역관과 사상의 포삼무역권 다툼과 포삼의 증액·감세 정책

정조 21년(1797) 포삼제의 실시와 동시에 이 무역의 주도권을 쥔 주체는 역관들과 서울상인들이었다. 역관은 포삼제의 실시를 처음으로 조선 정부에 요청하고 서울에 증포소(蒸包所)를 설치하면서,[31] 포삼을 무역할 수 있는 권리를 확보하였다. 서울상인은 사역원으로부터 증빙문서를 발급 받아 무역에 참여하였다.[32] 서울상인은 서울의 각 관청과 연결된 특

---

29) 『승정원일기』 2531, 철종 3년 7월 14일 ; 『승정원일기』 2545, 철종 4년 8월 27일 ; 『승정원일기』 2558, 철종 5년 8월 초10일.
30) 『승정원일기』 2558, 철종 5년 8월 초10일.
31) 『중경지』 권2, 토산 ; 『승정원일기』 2509, 철종 원년 9월 초4일.
32) 인삼 취급을 공인하는 황첩을 상인층에게 발급하는 방식은 이미 17·18세기부터 있어 왔다. 김종원, 1977, 「조선후기 대청무역에 대한 일고찰─잠상의

권상인들로 생각되는데, 이들은 포삼제가 실시되자 사역원과 결탁하여
포삼계(包蔘契)를 조직하고[33] 포삼계인(包蔘契人)으로 활동하였다.[34] 포
삼계인은 역관의 비호를 받으며 전국 각지의 인삼을 수집하고 홍삼을
만들었는데, 사행의 기회를 이용하여 홍삼무역에 참여하였다.

한편 의주상인은 정조 14년(1790) 책문후시 복설 이후 모세(帽稅)와 후
시세(後市稅)의 수세를 맡아 사행시의 공용비(公用費)를 책임지고 있었
다. 이른바 마과(馬䯇)·마세(馬貰)·해대(海帶) 등에 소요되는 여러 비
용을 책임지고 조달하고 있었던 것이다.[35] 그런데 정조 21년(1797) 포삼
제가 실시되자 의주상인은 역관의 말을 몰고 가는 마두(馬頭) 명색으로
포삼무역에 참여하였다.[36] 하지만 19세기 초반 만상군관(灣上軍官)에게
포삼무역권을 주자는 논의가 정부에서 거부되는 상황에서 알 수 있듯
이,[37] 포삼무역 초기에는 사행원역으로서의 팔포를 가진 역관들 그리고

무역활동을 중심으로」『진단학보』 43 ; 오성, 1979, 「조선후기 삼상에 대한
고찰」『한국학보』 17 ; 차수정, 1989, 「조선후기 인삼무역의 전개과정 - 18세
기초 삼상의 성장과 그 영향을 중심으로-」『북악사론』 1, 참조.
33) 이마무라, 『인삼사』 제3권 인삼경제편 210쪽.
　이마무라는 포삼무역과 재정과의 관계와 변천 등을 언급하면서 자신의 소장
본인 듯한 「포삼문서」 및 「포삼신정절목」을 통해 포삼계인이 13인이었음을
명시하고 있다. 그러나 자신이 전문을 번역해 놓은 「포삼신정절목」에는 이와
같은 사실이 실려 있지 않았으며, 「포삼문서」는 필자가 확인할 길이 없었다.
34) 『승정원일기』 1985, 순조 10년 6월 18일.
35) 『승정원일기』 1912, 순조 6년 5월 27일.
36) 『중경지』 권2, 토산
37) 만상군관(灣上軍官)은 사행시 초료(草料)를 담당하는 방료군관(放料軍官)과
사관(舍館)을 정하는 하처군관(下處軍官) 등 2명이 있었는데(『용만지』「관직」
장2-4280 ; 한국인문과학원편, 『조선시대사찬읍지』 49, 평안도 5), 사행과
개시에 따른 일을 담당하였다.(『승정원일기』 1930 순조 7년 7월 25일) 그런데
그들의 부담이 해마다 늘어나자, 순조 6년(1806)에는 역관의 예에 따라 그들
에게도 포삼 10근을 더 주자는 논의가 있었다(『승정원일기』 1908, 순조 6년
2월 24). 이 논의는 120근 포삼정액 내에서 떼어줄 경우 역관들의 이익에 손
해를 입히게 되고 정수 외의 지급은 규정에 저촉되는 일이어서 허락되지 않
았다(『승정원일기』 1908, 순조 6년 2월 24).

역관들과 결탁한 서울상인이 홍삼무역을 주도했던 것이다.

따라서 포삼제 시행 당초 의주상인과 개성상인은 포삼무역상 주도적인 위치에 있지 못하였다. 그렇다고 하여 대청무역상에 의주상인과 개성상인의 활동이 위축된 것을 의미하는 것은 아니다. 이들 상인은 의주상인의 연복무역에 4~5만 냥의 세금을 내고 개시에 참여하고 있었으며, 포삼무역에도 역시 세금을 내고 참여하려 노력하고 있었기 때문이다.[38] 그러나 포삼무역액이 120근으로 제한되어 있었고, 서울상인으로 조직된 포삼계인이 존재하며, 증포소 또한 경강에 있는 상황에서는 상대적으로 위축되었던 것이다.

하지만 당시 역관들은 독자적으로 국내의 인삼을 매집하고 홍삼을 제조하여 대청무역을 주도할 입장은 아니었다. 그리고 포삼절목에서는 사행원역이 포삼무역의 대가로 제공해야 할 사행 경비가 명확히 규정되지 않았다. 따라서 경우에 따라 역관은 홍삼 구입가와 사행경비를 마련해 내는 것 자체가 어려울 수도 있었다. 게다가 청나라 상인의 가격책동이 있을 경우 홍삼무역상 큰 손실을 입어 낭패를 당할 수도 있었다.[39]

이 때문에 홍삼무역은 자연히 자금력과 국내유통망을 장악한 서울상인과 서상(西商)들이 주도해가기 시작했으며, 순조 2년(1802)에 이르러 제도상의 첫 변화가 있었다.[40] 즉 조선 정부는 포삼 120근을 서울상인과 의주상인으로 하여금 매매케 하고, 사역원에서는 다만 1근 당 포세전(包稅錢) 200냥을 징수하여 그 중 100냥을 사행원역에게 지급하도록 하였으며 나머지 100냥을 사역원의 경비로 쓰게 하였다.[41] 이 조치는 홍삼무

---

38) 『승정원일기』 1850, 순조 2년 4월 초10일.
39) 『무오연행록』 3권, 무오년 12월 27일.
40) 정조대 역관과 서울상인을 중심으로 대청무역을 운영하려던 정책은 순조대에 접어들면서 사실상 포기되고 있었다. 이러한 변화에는 세도정권의 성립이후 정치적 의미와 권력아문에 의한 사무역 성행 등 복합적인 원인이 작용되었을 것이다.
41) 『만기요람』 재용편 5, 연행팔포.

역권을 사상충인 서울상인과 의주상인에게 넘겨주는 대신 이들에게 포세를 부담시키고, 사역원과 역관들은 다만 포세를 받아 사행경비와 사역원 재정에 충당토록 한 것이다.

그러나 홍삼무역은 공식적으로 사행시에 이루어졌고, 사행시의 역관들은 사역원의 관리로서 그것을 주관하였다. 또한 역관들은 사행의 여러 공무를 담당하면서 홍삼무역과 관련된 사항에 여전히 영향력을 행사할 수 있었다. 서울상인은 사역원으로부터 가삼의 매집·증포를 허가받은 포삼계인(包蔘契人)으로서, 직간접적으로 역관들과 결탁되어 있었다.[42] 이 때문에 순조 2년(1802)의 조치에도 불구하고 홍삼무역은 역관과 서울상인에 의해 주도되었다. 하지만 역관과 서울상인 주도의 홍삼무역도 순탄치 못하였다.

> 근래 은화(銀貨)로는 팔포를 채워갈 방도가 없었기 때문에 삼포(蔘包)로 대신하였던 것입니다. (포삼 무역의) 초기에는 역관 삼포(蔘包)의 이익이 은포(銀包)보다 나았습니다. 그러나 근래에는 중국 사람들이 이전에 무역해 두었던 홍삼을 내놓고 보여주면서 '이것은 무용지물이므로 매매할 수 없다'고 말하여 저들이 우리나라 사람들을 시험합니다. (이에 기한이 얼마 남지 않은) 끝에 가서야 부득불 교역하고 떠나니 마침내 무역하기는 하나 백 가지의 이유로 싼 가격에 하게 됩니다. 저나라의 인심이 교묘하여 속이는 것이 이와 같습니다"[43]

포삼무역 초기 청나라에서의 포삼가는 근당 은화 350~700냥을 호가(呼價)하였다.[44] 포삼 1근의 국내 은환산 가격이 천은(天銀) 100냥이었으므로 포삼무역의 이익은 컸던 것이다. 그러나 청나라 상인들은 사행의 일정이 촉박함을 이용하여 가격을 낮추거나 저희들의 상품 가격을 높여 이익을 채우려 하였다.[45]

---

42) 『승정원일기』 1985, 순조 10년 6월 18일 ; 『중경지』 권2, 토산.
43) 『승정원일기』 1850, 순조 2년 4월 초10일.
44) 『무오연행록』 3권, 무오년 12월 27일.

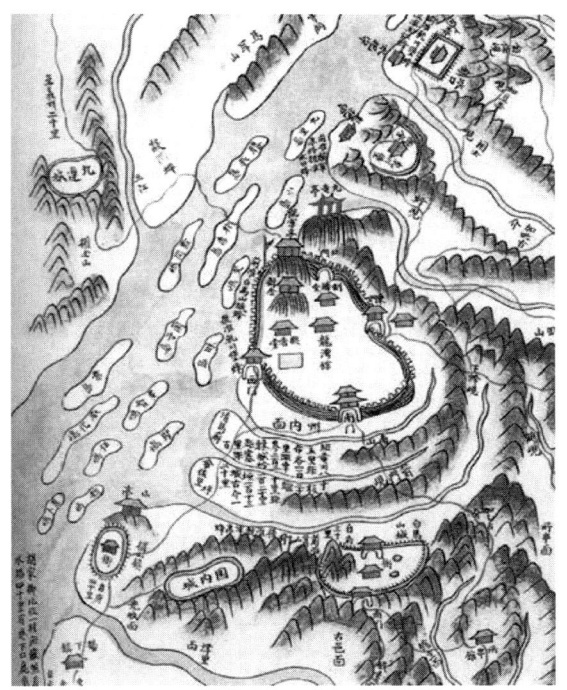

[그림 17] 의주부 지도46)

청나라 상인들의 홍삼가격 인하 책동은 근본적으로는 상인으로서의 이익 추구의 한 표현이겠으나, 그 이면에는 당시 조선정부가 인정한 포삼 이외의 홍삼이 대량으로 밀수출되고 있었기 때문이었다. 따라서 "근래에는 의주부의 수검하는 규율이 더욱 해이하여 법령이 없는 것과 같

---

45) 『무오연행록』 5권, 기미년 2월 4일.
  "행중에 삼 값을 3백 50냥으로 결가(決價)를 하였다 하니 겨우 낭패를 면하나, 저의 비단 물화(物貨) 값을 또한 백냥에 20냥씩 돋우자 하니, 이곳 매매하는 법이 은화를 주지 않고 각색 비단 물화로 값을 쳐 주되, 수주(水紬) 한필에 정은(正銀) 두 냥을 치니, 아국 돈 엿 냥 돈이 되되, 나온 후 넉 량 남아지 받는다 하니, 이럭저럭 이(利)가 없다 하더라"
46) 출전 ; 『해동지도』, 평안도 의주부.

습니다. 포삼에 관한 일을 두고 말하더라도 개성상인과 의주상인 간에는 사사로이 홍삼을 제조하여 몰래 저쪽으로 넘기는 폐단이 해마다 증가하고 있습니다. 따라서 이번 절행에 이르러서는 더욱 심하여 만약 이것을 그만두게 하지 않으면 포삼의 법이 오래지 않아 장차 없어져 버릴 것입니다"[47]라는 우려의 목소리가 나오고 있었다. 규정 이외의 홍삼밀무역이 정식의 포삼무역을 위협하고 있었던 것이다. 개성상인들은 포삼무역권을 공인 받지 못하였고, 의주상인 또한 서울상인에 비해 포삼무역상 우위를 점하지는 못했지만, 서로가 연계되어 홍삼을 사사로이 만들어 중국으로 몰래 수출하고 있었던 것이다. 이에 조선정부는 의주부가 밀수를 철저히 단속하고 경외의 관아는 홍삼의 불법제조를 막도록 하되 발각되는 자가 있으면 합당한 형률을 적용하고, 관장으로서 금단시키지 못한 자는 제서지율(制書之律)로 다스리게 하였다.[48]

그러나 이 시기 홍삼을 몰래 만들어 밀수하는 행위는 개성상인과 의주상인에게만 국한된 것이 아니었다. 오히려 홍삼의 밀조·밀수출은 국내 인삼의 매집권과 서울에 증포소를 장악하고 있던 포삼계인에게서 더욱 심각하게 일어났다. 이들은 서울에 증포소를 갖추고 있어 원포 이외의 홍삼을 제조할 수 있는 여건을 갖추고 있었기 때문이다. 결국 순조 10년(1810) 6월 조선 정부는 포삼계인을 영원히 혁파하였고 그 역할을 의주상인에게 맡겼으며[49] 아울러 증포소도 서울에서 개성으로 자리를 옮기는 획기적인 정책을 단행하였다.[50] 이로써 포삼제 실시 후 처음으로 역관과 서울상인의 포삼무역에 제동이 걸리었고 개성상인과 의주상인이 대청홍삼무역의 전면에 나설 수 있는 계기가 되었다. 역관·서울상인 주도의 홍삼무역이 순조 10년(1810)에 큰 변화를 맞이 하면서, 포삼제 실

<hr/>

47) 『승정원일기』 1979, 순조 10년 3월 15일.
48) 『승정원일기』 1979, 순조 10년 3월 15일.
49) 『승정원일기』 1985, 순조 10년 6월 18일.
50) 『중경지』 권2, 토산 ; 『승정원일기』 2509, 철종 원년 9월 초4일.

시 14년만에 가삼의 생산지 매입권과 대청 무역권이 의주상인에게로 넘어간 것이다.

포삼무역권을 갖게 된 의주상인들은 사역원으로부터 첩문(帖文)을 발급 받아 가삼 재배지에서 홍삼 원료를 매입할 뿐만 아니라 의주상인이 아닌 상인과 가삼 생산자 간의 밀매매를 단속할 임무와 권한도 부여받았다.51) 또한 이들은 사행을 따라 북경에 들어가 포삼무역을 전담하였고 동시에 밀수상인을 정탐하는 임무도 맡고 있었다. 이로써 의주상인은 역관의 마두(馬頭)로서가 아니라 포삼별장(包蔘別將)이 되어 포삼무역의 중심에 서는 발판을 마련하였다.52) 임상옥도 이때 포삼무역을 담당했던 의주상인 가운데 하나였다고 생각되고 있다.53)

한편 개성으로 증포소가 이전되면서 개성상인들도 홍삼제조를 허가 받아 조삼권(造蔘權)을 장악함으로써 포삼의 생산업자로 등장하였다. 개성상인은 이전부터 널리 삼포업(蔘圃業)을 전개한 가삼의 생산자였으나,54) 포삼무역에 공식적으로 등장하지는 못하였다. 하지만 순조 10년(1810)에 서울에 있던 증포소가 개성으로 이설되면서,55) 개성상인은 홍삼 제조권을 지닌 포삼주인(包蔘主人)으로써 포삼무역에 참여하였던 것이다. 이에 서울상인과 의주상인은 개성상인이 가진 홍삼제조권에 불만을 나타내기도 했지만, 대체로 개성상인과 의주상인은 홍삼무역의 주객(主客)으로 불려지며 이후 줄곧 홍삼무역 구조에 참여하게 되었다.56)

포삼무역의 주도권이 의주상인에게로 넘어갔으나 홍삼을 몰래 만들

51) 순조10년(1810) 포삼정책의 변화 내용은 이마무라, 『인삼사』(제2권 인삼정치편, 409~412쪽)에 수록된 「포삼신정절목」의 내용을 바탕으로 정리하였다.
52) 『비변사등록』 238, 철종 2년 윤 8월 23일.
53) 유교성, 1965, 「인삼무역의 선구자 - 임상옥(1779 - 1855)」『인물한국사』 4, 박우사.
54) 『중경지』 권2, 토산.
55) 『중경지』 권2, 토산 ; 『승정원일기』 2509, 철종 원년 9월 초4일.
56) 『승정원일기』 2232, 순조 28년 8월 30일.

어 밀수출하는 행위는 이전보다 더 성행하였다.[57] 이는 조선정부에 내는 포삼세가 원가에 비해 너무 높은 데다가 수출이 허가된 홍삼 수량이 적었기 때문이다. 절행·역행 때 공식적으로 허가한 수출품 홍삼에는 매근 당 동전 200냥의 포세(包稅)를 내야 했으며,[58] 허가한 수량도 1년에 120 근으로 제한되어 있었다. 반면 18세기 후반부터 가삼이 전국적으로 재배되고 홍삼가공 기술이 발달하자, 시중 홍삼 가격은 포삼에 비해 비교가되지 않을 만큼 쌌다. 즉 포삼 1근 당 가격은 원가와 세전(稅錢)을 합쳐 300냥이었다. 그러나 밀조한 홍삼의 가격은 매 근 당 원가와 제반비용을 합해도 100여 냥에 그치고 있었다.[59] 따라서 밀조·밀수출을 막기 위해서는 포삼의 무역량을 늘리고 세액을 낮추는 조치가 필요하였다.

순조 11년(1811) 포삼의 무역액 조정은 이러한 배경에서 이루어졌다. 즉 조선정부는 절사와 역행의 포삼액수를 200근으로 늘리면서 포삼절목에 규정한 포삼 120근의 세액은 고정시켜, 결과적으로는 포삼세를 인하하는 정책을 취하였다.[60] 포삼 200근은 「삼포절목」에 규정한 120근에 비하여 67%나 증액된 것이었다. 그러나 포삼 200근에 대한 포삼세는 여전히 근당 100냥에 달하는 높은 액수였다. 포삼 무역량의 증가에도 불구하고 시중 홍삼의 원가와 맞먹는 세금은 결코 적은 것이 아니었다. 홍삼의 밀조·밀수출이 스스로 없어질 것을 기대하는 자체가 무리였다.

포삼을 밀수출한 처벌은 극률(極律)에 처하도록 규정되어 있었다. 그러나 의주부 일대는 밀수출을 막는 금령이 거의 없는 듯했으며, 한 번 밀수하는 포삼의 액수는 1,000여 근을 내려가지 않았다.[61] 이들은 사행 원역의 팔포와 상관없이 관부나 교리(校吏)와 짜고 몰래 홍삼을 수출하였으므로 장차 팔포 200근이 중국에서 팔리지 않을지도 모른다고 우려

---

57) 『승정원일기』 2002, 순조 11년 6월 29일.
58) 『만기요람』 재용편 5, 연행팔포.
59) 『승정원일기』 2002, 순조 11년 6월 29일.
60) 『승정원일기』 2002, 순조 11년 6월 29일.
61) 『승정원일기』 2152, 순조 22년 윤3월 25일.

하고 있었다.

극형을 무릅쓰고 홍삼을 밀수출해온 사람들은 주로 삼상(蔘商)이라 불렸던 상인들이었다.[62] 이에 밀수 행위를 한 자와 그것을 덮어두었던 교리들은 모두 국경에서 효수하는 법을 적용하였고, 그 곳의 지방관은 유배하도록 하였다.[63]

삼상들에 의한 불법적인 밀수 행위는 공식적인 포삼무역의 이익을 침해하는 일이자 포삼세의 수입과도 관련되는 문제였기 때문에 조선정부는 밀조·밀수출을 반드시 막아야 하였다. 이를 위해 조선정부는 의주부에 관세청을 세우는 한편 밀조한 홍삼을 합법적인 영역으로 이끌어내려는 유인책과 밀조·밀수출에 대한 강경책을 동시에 펼쳤다.

의주부 관세청은 순조 13년(1813) 의주상인을 피폐케 하는 8가지의 폐단을 시정하고 사행시 경비를 마련하려는 방책의 일환으로 순조 14년(1814)에 설립된 것이었다.[64] 의주부 관세청에서 바로 잡고자 했던 내용은 사행원역의 짐에 가탁하여 세를 면하려는 상인들의 행위,[65] 서울상인으로 파악되는 경마주(京馬主)가 사상의 짐을 역관의 짐이라고 하여 세금을 면하게 해주고 이익을 챙기는 행위,[66] 밀수상인을 막는 책임을 진 도복주(都卜主)의 농간(弄奸)과 침어(侵漁)[67] 등을 막아 사행경비를 안정적으로 확보하려는 것이었다. 따라서 정부는 의주부 관세청을 의주상인에게 책임지우고 그들이 모세·포삼세·후시세 등 이른바 상세(商稅)를 거두어 사행시 공용을 책임지도록 하였다.[68]

한편 밀조 밀수출을 막기 위한 유인책은 포삼에 대한 세전을 줄여주

---

62) 『승정원일기』 2152, 순조 22년 윤3월 25일.
63) 『승정원일기』 2152, 순조 22년 윤3월 25일.
64) 『승정원일기』 2029, 순조 13년 6월 초5일.
65) 『승정원일기』 2029, 순조 13년 6월 초5일.
66) 『승정원일기』 2029, 순조 13년 6월 초5일.
67) 『승정원일기』 2029, 순조 13년 6월 초5일.
68) 『승정원일기』 2531, 철종 3년 7월 14일 ; 『승정원일기』 2545, 철종 4년 8월 27일 ; 『승정원일기』 2558, 철종 5년 8월 초10일.

는 감세(減稅) 방안과 홍삼의 무역량을 늘려 밀조한 홍삼을 포삼으로 유
도하는 증액(增額)의 방안이 있을 수 있었다. 감세 방안은 당초 세액을
정할 때 소요액을 헤아려 배정한 것이므로, 갑자기 포삼에서 거두는 총
액을 줄일 수는 없었다. 자연히 포삼의 무역량을 늘려 상대적으로 근당
세액을 경감해 주는 방안이 채택될 수 밖에 없었다.[69] 이른바 증액을 통
하여 실질적인 감세 효과를 얻으려는 정책이 시행된 것이다. 향후 19세
기 전반 조선정부의 포삼무역 정책은 이러한 증액·감세 정책을 통하여
홍삼의 밀조·밀수출을 막는 방향으로 추진되었다.

 이에 따라 순조 11년(1811)의 포삼 증액 조치 이후 순조 23년(1823)에
는 800근에 달하는 대규모의 포삼 증액 조치와 더불어 상인층의 별포(別
包)를 인정하는 조치를 취하게 되었다. 즉 해마다 포삼무역의 총량을 1
천근으로 늘려 정하고, 이 가운데 200근은 당초의 「절목」에 따라 사행
중에 각자가 휴대하고 나머지 800근은 서울상인과 의주상인에게 가져가
도록 하는 대신 세금을 징수하는 것이었다.[70] 서울상인과 의주상인에게
역관들의 원포(元包) 곧 팔포 200근 외에 홍삼 800근을 포삼으로 인정하
여 수출할 수 있도록 허락한 것이다. 조선 정부의 이러한 획기적인 포삼
증액은 궁극적으로는 서울상인·의주상인·개성상인에 의해 밀조·밀
수출되던 홍삼을 포삼의 형태로 흡수함과 동시에 재정 수입도 확보하려
는 데 있었다.

 한편 정부는 원포에 대한 세전과 증액된 800근의 포삼세를 사역원에
서 임명한 역관이 거두도록 하였다. 그리고 추가로 거두는 세전은 별사
의 비용으로 사용케 하였다. 추가로 거두는 세전이 어느 정도의 규모인
지를 밝힐 수는 없으나, 이중 매년 5천 냥씩을 떼어내 3년을 저축하여
한 번의 별사 비용을 충당하고자 하였다. 모세(帽稅)가 부족하여 관서 지
방의 은화가 대출되던 이루어지던 상황에서 이는 공사간(公私間) 모두에

---

69) 『승정원일기』 2168, 순조 23년 7월 초4일.
70) 『승정원일기』 2168, 순조 23년 7월 초4일.

게 이익이 되는 방책이라고 인식되고 있었다.[71]

조선정부의 증액·감세 정책은 이후에도 수시로 단행되었다. 즉 순조 28년(1828)에는 포삼 수출량이 4천근으로 증가하였고,[72] 순조 32년(1832)에는 8천근으로 늘어났으며,[73] 헌종 7년(1841)에는 2만근으로 증가하였다. 곧 「삼포절목」이 반포된 지 44년 만에 포삼수출량이 최초 120근에서 2만근으로 증가한 것이다. 물론 가삼의 생산량이 해마다 일정치 않고, 홍삼제조가 제때에 이루어지지 않아 매년 규정된 홍삼이 모두 수출되지 않았을 수도 있겠다. 그러나 헌종 7년(1841)의 2만근 포삼량을 기준으로 하여[74] 사역원에서는 정부에 품의하지 않고 그때 그때의 사정을 살펴 그 수량을 정할 수 있도록 되었다.[75] 그만큼 포삼 수출량 결정에 신축성이 주어져 있었던 것이다.

포삼무역이 2만근까지 증가하는 동안에 정부가 받아들인 포삼세의 규모는 얼마나 되었으며 어떻게 쓰여졌는가 하는 것은 포삼제의 운영과 그 성격을 이해하는 데 중요한 실마리가 된다. 1840년대 2만근에 대한 포삼세 수입 규모는 사행원역의 원포(元包)와 추가된 포삼의 세전을 합쳐 약 10여 만 냥에 달하였다.[76] 헌종 7년(1841) 정월에 의주부윤 이규팽(李圭祊)이 원포외의 포삼에서 거둔 세전이 71,520냥이라고 하였으니[77] 원포의 수세액은 2~3만 냥이었음을 알 수 있다.

---

71) 『승정원일기』 2168, 순조 23년 7월 초4일.
72) 『승정원일기』 2232, 순조 28년 8월 30일.
73) 『승정원일기』 2281, 순조 32년 9월 초3일.
74) 헌종 7년(1841)에 구체적으로 얼마만큼의 포삼이 증액되었는지에 대한 구체적인 자료는 없다. 그러나 헌종 13년(1847)의 기록에 (기존의) 포삼액에 2만근을 가정하여 4만근이 되고 있으므로 1841년 증액된 양은 2만근으로 추정할 수 있다(『승정원일기』 2459, 헌종 13년 3월 20일 및 『비변사등록』 234, 헌종 13년 8월 초1일 23책).
75) 『승정원일기』 2281, 순조 32년 9월 초3일 ; 『승정원일기』 2391, 헌종7년 5월 17일.
76) 『승정원일기』 2391, 헌종 7년 5월 17일.
77) 『승정원일기』 2387, 헌종 7년 정월 24일.

그런데 그로부터 4개월 뒤인 헌종 7년(1841) 5월에 정부는 포삼의 수
출량을 사역원이 헤아려 더하되, 포삼세는 10만 냥이 되도록 한정시켰
다. 그리고 그 중 절반은 예전과 같이 사역원에 배당하여 사용케 하고,
나머지 절반은 관서에서 동전으로 바꾸어 충당하던 예단용(禮單用) 인삼
구입비용으로 사용키로 결정되었다. 덧붙여 예단용 인삼가로 사용하고
남은 돈은 별차왜(別差倭)의 단삼(單蔘)을 구입할 비용으로 호조에서 관
리하는 것으로 정해졌다.[78]

당시 52,395냥으로 칙수에 사용할 곡물 17,000여 석을 구입할 수 있었
으므로[79] 곡물 1석(石)의 가격은 약 3냥 정도였다. 따라서 포삼세 10만
냥은 약 33,000여 석 가량의 곡물의 세입량과 맞먹는다. 당시 호조의 1년
경용(經用)은 약 11만석 가량의 곡물을 필요로 하였다.[80] 그러나 일년 세
입은 흉년이 아닌 평상시에도 항시 부족하여,[81] <표 19>에서와 같이 호
조의 1년 미(米) 수입은 9만석에서 10만석을 넘지 않았다.[82] 비록 18세기
후반의 기록이긴 하나 호조에 비축된 동전이 19만 냥 정도임을 감안할
때[83] 포삼세의 수입 비중은 단일 세목으로서는 매우 컸다는 것을 알 수
있다. 또한 주목되는 것은 포삼세의 관리에 사역원 뿐 아니라 호조도 참
여케 되었다는 점이다. 이는 포삼세가 사행경비 차원을 넘어 국가 재정
의 범주로 확대 이용되어가고 있음을 반영하는 것이다.

그러면 포삼 1근당 세액은 얼마나 되었을까. 2만근에 대한 포삼세 규
모를 10만 냥 정도로 상정할 때 1근당 세금은 약 5냥이 된다. 포삼제 직
후의 포삼세가 100여 냥에 달했던 데 비해 크게 현실화되었음을 알 수
있다. 이는 홍삼의 밀수출을 막기 위하여 정부가 포삼량을 증가시킨 정

---

78) 『승정원일기』 2391, 헌종 7년 5월 17일.
79) 『승정원일기』 2391, 헌종 7년 정월 24일.
80) 『비변사등록』 199, 순조 9년 12월 19일.
81) 『비변사등록』 222, 순조 34년 3월 21일.
82) 『탁지전부고』 부총 실상납.
83) 『비변사등록』 156, 영조 50년 3월 13일.

책의 효과였다. 그럼에도 불구하고 사삼(私蔘)이라고 불리운 홍삼 밀수출은 계속되었으며,[84] 급기야는 밀수출을 눈감아 주는 세 곧 합안세(闔眼稅)의 폐단까지 생겨나고 있었다.

<표 19> 1800~1825년 호조 상납미와 동전

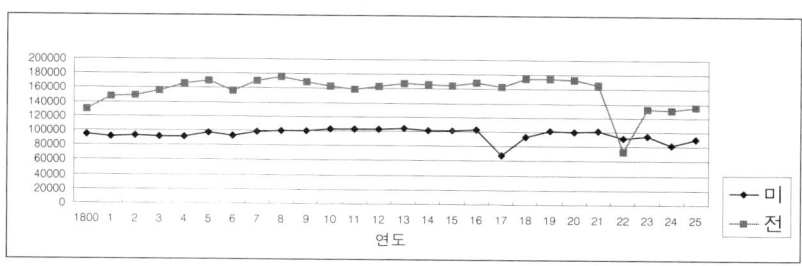

자료 :『탁지전부고』부총 실상납

합안세는 이른바 관청이 비합법적으로 수취하는 사세(私稅)로 홍삼의 밀수출이 중단될 수 없었던 근본적인 이유였으며,[85] 포삼세를 피하기 위한 상인들의 소극적인 저항이기도 하였다. 따라서 홍삼의 밀수출을 막기 위해서는 포삼수를 더욱 증가시켜 상대적으로 세액을 보다 낮출 필요가 있었다. 이 때문에 헌종 13년(1847)에는 합안세의 폐단을 바로잡기 위한 방안으로「포삼이정절목」(包蔘釐整節目)을 반포하기에 이르렀다.

「포삼이정절목」은 첫째 홍삼의 밀수출을 막기 위한 구체적 방법과 둘째 포삼의 정수(定數)가 증가된데 따른 세전의 처리 문제를 다루고 있다. 여기서 주목되는 것은 바로 포삼수의 증가에 따른 세액의 재조정과 그 처리문제였다. 즉「포삼이정절목」에서 정부는 사행시에 수출할 수 있는 포삼의 수량을 4만근으로 책정하고 그것에 따른 세전을 2십만 냥으로 책정하였다. 이는 1840년대의 1근 당 5냥의 추세를 공인한 셈이었다.

4만근 포삼에 대한 수세는 포삼별장이 맡도록 하였다.[86] 사역원에서

84)『승정원일기』2417, 헌종 9년 윤7월 초10일.
85)『승정원일기』2459, 헌종 13년 3월 20일.

임명한 역관이 아니라 포삼별장이 담당토록 한 것이다. 포삼별장은 대개가 의주상인들이었다.[87] 이들은 4만근 포삼을 개성부에서 구입할 때 소개의 명목으로 홍삼 1근 당 동전 7전 5푼을 따로 지불해야 하였으니 그 액수가 3만 냥에 달하였다.[88] 이 3만 냥은 개성부와 의주부에 각기 9천 냥씩 분급하여 교리(校吏)들의 폐단을 바로잡아 밀수출을 막는데 쓰고, 9천 냥은 헌종 7년(1841)의 결정에 따라 의주부 관세청에 지급하며, 나머지 3천 냥 중 1,500냥은 사역원에 지급하였다. 결국 헌종 13년(1847)에 포삼 4만근에서 거둔 세전은 모두 23만 냥이었던 것이다. 이것을 곡식으로 환산하면[89] 약 7만여 석에 달하는데, 호조의 1년 상납미가 9만석에서 10만석 내외 였다는 점을 감안한다면[90] 이는 조선정부의 재정 수입면에서 볼 때 엄청난 규모의 재원이 아닐 수 없었다.

그러나 헌종 13년(1847)에 4만근으로 증액한 포삼의 정량은 2년 뒤인 철종 즉위년(1849)에 다시 2만근으로 환원되었다.[91] 이같은 환원 조치는 역관들의 요청에 따른 것이었다. 역관들은 이미 헌종 13년(1847) 포삼 수출량 가감논의가 진행될 때도 포삼의 증액에 대한 회의론을 펴바 있었다. 이때 역관들은 개성부나 의주부와는 달리 "포삼의 근수를 증가시키는 것은 명색은 비록 (포삼량을) 증가시키는 것이나 실제는 (행중원역의 포를) 감소시키는 것"이라는 부정적인 견해를 내 놓았던 것이다.[92] 그러

---

86) 『비변사등록』 234, 헌종 13년 8월 초1일.
87) 『비변사등록』 238, 철종 2년 윤8월 23일.
88) 『비변사등록』 234, 헌종 13년 8월 초1일.
89) 『승정원일기』 2387, 헌종 7년 정월 24일.
90) 포삼세의 규모를 쌀로 환산하여 비교하는 데에는 문제가 있을 수 있다. 호조로 수송되는 세곡 운송량은 시기가 내려올수록 조세금납화의 영향으로 인해 줄어들기 때문이다. 그러나 단일 세목으로써의 수입량을 비교하는데 있어서는 좋은 대비의 대상으로 생각된다. 세곡 운송량에 대해서는 최완기, 1989, 『조선후기 선운업사 연구』, 일조각 ; 고동환, 1993, 『18·19세기 서울 경강지역의 상업발달』, 서울대학교 박사논문 참조.
91) 『승정원일기』 2488, 헌종 15년 7월 13일 ;『비변사등록』 236, 철종 즉위년 7월 14일.

나 당시 정부는 포삼 무역량을 늘리는 것이 홍삼 밀수출을 막는 방법이 되며, 가삼을 재배하는 자에게도 실업의 사태가 없을 것이라는 절충론에 따라 2만근을 증액하도록 하였던 것이다. 이에 사역원은 불과 2년만에 밀수출을 엄금하기 위기 위해서란 명분을 내세워 2만근의 감액을 이끌어 냈던 것이다.[93] 물량의 많고 적음에 따라 그때그때 변통한다는[94] 포삼 수출량 증감에 대한 명분론의 이면에는 포삼액수를 둘러싼 역관과 각 지역 상인들 간의 이권 다툼이 자리잡고 있었던 것이다. 따라서 2만근을 감액한데 따른 역작용은 곧바로 나타났다. 철종 1년(1850) 개성에서는 홍삼 11,000여 근을 밀조했다가 발각된 사건이 발생하였던 것이다.[95]

철종 즉위 초에는 사행이 7차례나 들어가게 되어 사행에 필요한 공용의 자금을 담당하였던 관세청의 창고가 텅비어 공전(公錢) 10만 냥을 국고에서 빌려야 할 형편이었다.[96] 포삼 수량을 증가시켜서라도 포삼의 세입액을 확충해야 할 상황이었다. 때문에 포삼량을 증가시키는 문제가 다시 제기되었으며, 그 결과 마련된 것이 철종 2년(1851)의 「포삼신정절목」(包蔘申定節目)이었다.

「포삼신정절목」은 50여 년 간 운영되어 온 포삼제의 기본 골격을 재차 정리하는 의미를 지닌 것으로 많은 내용을 담고 있다. 그렇지만 본 절의 논의와 관련되는 포삼의 액수와 포삼세에 관련되는 사항만을 간추려 보면 다음과 같다.

「포삼신정절목」에서는 포삼의 액수를 다시 4만근으로 하되, 세액은 1근 당 4냥으로 1냥을 줄이도록 하였다. 따라서 세전의 총액은 16만 냥이 되었는데, 이 중 10만 냥은 사역원에 지급하고 6만 냥은 호조에 납부하였다.[97] 포삼 4만근은 사행 역관들에게 10,800근을 분배하고 나머지

---

92) 『승정원일기』 2459, 헌종 13년 3월 20일.
93) 『승정원일기』 2488, 헌종 15년 7월 13일.
94) 『비변사등록』 238, 철종 2년 8월 28일.
95) 『비변사등록』 237, 철종 원년 정월 29일.
96) 『비변사등록』 237, 철종 원년 2월 22일.

29,200근을 포삼별장에게 맡겨 수출토록 하였는데,[98] 이들로부터 거둔 세전 가운데 사역원에 지급하는 10만 냥은 혹 세액이 감축될 때에도 줄일 수 없다는 점을 명백히 하였다.[99]

그러나 포삼의 수량은 그 뒤 철종대에 걸쳐 4만근의 절반 수준으로 감소하여 1만 5천근[100]내지는 2만근[101] 수준을 유지하고 있었다. 무엇 때문에 포삼의 수량이 다시 절반 수준인 2만근을 전후한 선에서 변동하고 있었는지에 대해서는 자세한 내용을 알 수가 없으며, 다만 몇 가지의 추론을 할 수 밖에 없다.

그 첫째는 자연적 조건의 악화로 인한 가삼생산의 감소를 생각할 수 있다.[102] 포삼의 수량은 가삼의 생산과 밀접한 관련을 갖기 때문이다. 그러나 그것을 실증할 만한 근거는 없다.

두번째는 헌종 13년(1847) 「포삼이정절목」 당시 정부가 홍삼의 밀조 행위를 강력히 금했기 때문에 5~6년 뒤인 철종 3년(1852) 이후 가삼 생산이 감소되었을 가능성이다. 즉 「절목」 반포 당시 정부는 가삼의 밀수출을 막기 위해서는 홍삼을 몰래 만드는 밀조 행위를 막는 것이 근본적인 대책이라고 여겼다. 따라서 개성부로 하여금 규정된 포삼액수 외에는 한 뿌리의 가삼도 함부로 캐어 홍삼을 제조하지 못하도록 엄금하게 하였던 것이다.[103] 이에 철종 1년(1850)에는 가삼재배를 생업으로 삼아 살아가던 개성 사람들의 생계가 크게 어려워지고 있었던 바, 같은 해에 일어난 11,000근의 홍삼 밀조 사건도 결국에는 인삼재배의 의욕을 저해하는 요인으로 작용했을 듯하다.

---

97) 『비변사등록』 238, 철종 2년 윤8월 23일.
98) 『비변사등록』 238, 철종 2년 윤8월 23일.
99) 『비변사등록』 238, 철종 2년 윤8월 23일.
100) 『비변사등록』 240, 철종 4년 8월 초9일.
101) 『승정원일기』 2596, 철종 6년 7월 11일.
102) 『승정원일기』 2604, 철종 9년 6월 초5일.
103) 『비변사등록』 234, 헌종 13년 8월 초1일.

　세번째는 철종 즉위년(1849)의 포삼수량 감축과 마찬가지로 역관들의 주장에 따른 감액조치의 가능성이다. 즉 사상들이 담당하는 포삼액의 증가는 상대적으로 역관이 수출하는 포삼의 이익을 떨어뜨리는 결과를 가져왔기 때문에 역관들은 계속인 포삼무역량 감액을 주장해왔다. 이는 1840년대 포삼무역량 감액 조치 및 대청무역 정책과 연결지어 생각할 때 가장 가능성이 높다고 생각된다. 어떻든 1850년대 이후 2만근으로 축소 조정된 포삼액수는 이후 19세기 고종 때까지 계속되면서 소폭의 변동이 있었을 뿐 대체로 안정된 경향을 보인다.

　<표 20>은 19세기 전반 포삼 무역량의 변동을, <표 21>은 포삼세액의 감소 경향을 나타낸 것이다.

<표 20> 19세기 전반기 포삼 수출량 변화

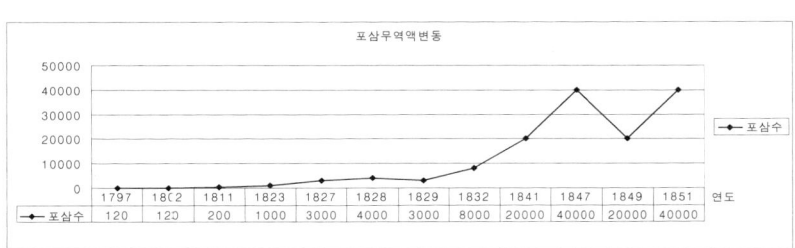

자료 : 포삼수출량은 『승정원일기』에 의거하여 작성하였다.

<표 21> 19세기 전반 포삼 1근당 포삼세 변화

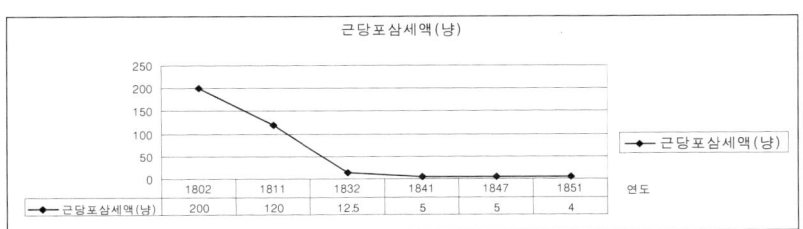

자료 : 포삼세액은 『승정원일기』와 그 내용에 따른 추정치로 작성하였다.

이를 통해 우리는 다음의 몇 가지 사실을 알 수 있다. 첫째는 포삼 수출액이 증가됨에 따라 포삼세가 감소되고 있다는 사실이다. 포삼 수출은 정부의 증액·감세의 정책 기조를 바탕으로 하여 운영되고 있었다. 이에 따라 순조 2년(1802) 포삼액 120근에 1근당 포삼세 2백 냥이었던 것이 헌종 13년(1847)에는 4만근 포삼에 1근 당 세액은 5냥까지 감소하였다. 그러나 포삼세의 총규모는 수출량의 증액에 따라 2만 4천 냥에서 20여 만냥까지 증가하였다.

둘째 포삼세액이 증가함에 따라 정부는 이를 사역원 비용 차원을 넘어 호조의 재정을 보충하는 데까지 활용하고 있었다는 사실이다. 즉 이 시기 포삼세액은 많을 경우 20만 냥에 이르는 막대한 규모였으며 아무리 줄어도 10만 냥 내외였다. 이 가운데 호조는 적어도 5만~6만 냥의 세전(稅錢) 수입을 올릴 수 있었다. 이는 결코 작은 양이 아니었다. 물론 이것은 규정된 포삼 무역량이 매년 그 액수를 채워 수출된다는 전제하에서의 수치이다. 그러나 1870년대의 기록에도 규정된 포삼수량은 거의 모두 채워져 수출되고 있어[104] 이러한 수치의 추정에는 별다른 문제가 없을 것 같다. 그러기에 1850년대에는 "당초 (포삼제) 창설은 오로지 역상(譯商)의 생업을 돕기 위한 것이었습니다. 그런데 이것이 한 번 변하여 의주상인의 무역하는 밑천이 되었으며 두 번 변하여 개성부민의 생계를 돕는 생업이 되었으며 세 번 변하여 세액의 점증으로 국가 재정을 보충하는 데 이르러 자연히 한 나라의 국가적인 사업으로 되었습니다"[105]라고 하였다. 포삼무역이 역관의 생계를 돕는 데서 의주상인과 개성상인의 무역밑천이 되고 나아가 정부의 재정을 보충하는 사업이 되었던 것이다. 따라서 이 시기에 이르면 포삼세가 정부의 재정과 밀접한 관련을 지니

---

104) 『의주부관첩등록』 갑술 11월 초9일 ; 『의주부관첩등록』 병자 10월 29일조 참조.
105) 『승정원일기』 2520, 철종 2년 8월 28일 ; 『비변사등록』 238, 철종 2년 8월 28일.

게 되었다는 인식을 뚜렷이 나타내게 되었다.106)

요컨대 정조 21년(1797)부터 시작된 포삼제는 18세기 후반 모자 수입무역과 다른 의미를 지니면서 전개되어 갔다. 즉 모자 수입무역이 국내의 은화를 국외로 유출시키는 것이었다면, 홍삼 수출무역은 은화의 국외 유출을 줄이고 인삼으로 국내에서 필요한 청나라 상품을 수입할 수 있는 방편이 되고 있었다. 19세기 홍삼은 비록 재배삼이었으나 청나라 사람들에게는 아편 해독에 약효가 있는 것으로 알려져 있었다.107) 따라서 국내에 부족한 은화 대신 홍삼을 가져가는 것은 정부나 상인들 모두에게 매력적인 것이었다. 따라서 홍삼의 원료인 가삼은 긴 시간과 많은 자금의 투자 그리고 병충해 등의 위험 부담이 높은 작물이었음에도 불구하고 자본력을 지닌 이들에 의해 널리 경작되었으며, 역관·서울상인·의주상인·개성상인은 포삼세만도 동전 200냥이나 되는 홍삼 수출의 주도권을 쥐기 위해 다투었다. 그러나 제한된 무역량과 높은 세전은 홍삼의 밀조·밀수출을 부추켰다. 때문에 정부는 포삼수출량을 확대시키는 한편 세액을 상대적으로 낮추어주는 증액·감세 정책을 펴 나갔다. 그 결과 포삼세는 점차 사역원의 수입을 넘어 호조의 재원으로까지 전용되기에 이르렀다.

한편 포삼무역권은 포삼제 실시 당초에는 역관에게 주어져 있었다. 그러나 점차 포삼별장으로서의 의주상인들과, 포삼주인으로서 개성상인들이 중심에 서게 되었다. 18세기 후반 모자수입이 역관들이 주도하는 관모제에서 사상들이 중심이 되는 세모제로 전환되었듯이, 포삼무역도 역관과 서울상인이 주도하다가 의주상인과 개성상인이 중심이 되는 체제로 변모한 것이다. 이는 조선후기 사상층의 전반적인 성장을 반영하는 것이었으며, 서울상인 뿐 아니라 대청무역과 관련된 '서상'들의 존재가 더욱 뚜렷이 부각되고 있었음을 반증하는 것이기도 하다.

---

106) 『비변사등록』 244, 철종 8년 6월 초7일.
107) 『중경지』 권2, 토산 ; 『증보문헌비고』 151, 전부고 11 정조 21년.

그런데 철종 2년(1851) 「포삼신정절목(包蔘申定節目)」을 통해 4만근까지 증가했던 포삼수출량은, 이를 정점으로 다시 감액되어 19세기 후반 내내 2만근 수준에서 변동하였다. 이는 일시적인 감액이 아니었다. 조선 정부의 포삼무역 정책에 근본적인 변화가 일어나고 있었던 것이다. 19세기 후반 포삼무역의 전개과정에 대해서는 다음절에서 밝힌다.

3. 사상의 홍삼 밀무역과 정부의 대책

포삼제는 사행원역의 팔포에 가삼(家蔘)을 채워갈 수 있도록 함으로써 역관을 부양함과 동시에 사행시의 비용을 마련하려던 정책이었다. 그러나 포삼제 실시 배경에는 18세기 중반 이후에 성행한 상인들의 홍삼 밀수출을 막고, 이를 합법적인 영역으로 흡수하려는 의도도 작용하고 있었다.108) 포삼제 실시 그 자체는 홍삼의 밀조와 밀수출 행위를 근절하는 문제와 밀접히 관련되어 있었던 것이다.109)

포삼 수출량의 규모가 최초 120근에서 3,000근까지 증가하는 기간, 즉 1810~1820년대의 밀수대책의 핵심은 홍삼의 밀수출을 단속하는 문제였다. 정조 21년(1797) 홍삼을 생산할 증포소가 서울에 세워지고 역관과 서울상인이 무역을 주도하게 되었다. 이후 조선 정부는 의주부와 개성부 및 인삼산지에 명령하여 의주부에는 밀수출의 우려를 없게 하고 서울과 지방에서는 홍삼을 밀조하는 폐단을 막도록 하였다. 발각되는 자가 있으면 적법한 형벌로 다스리고 관장(官長)으로서 이를 금단치 못한 자는 제서율(制書律)로 다스린다는 입장을 밝혔다.110)

사실상 홍삼의 밀조와 밀수출을 주도했던 개성상인과 의주상인을 막

---

108) 『비변사등록』 185, 정조 21년 2월 22일.
109) 『정조실록』 권46, 정조 21년 2월 경자.
110) 『승정원일기』 1979, 순조 10년 3월 15일.

지 않으면 안 된다는 정부의 시각은 정확하였다. 순조 11년(1811) 평안도 농민항쟁에 관한 여러 연구에서도 이미 언급되고 있듯이,[111] 농민항쟁에 관련된 인물 가운데 여러 사람이 홍삼 판매와 밀수출을 통해 성장했기 때문이다. 최고 지휘부의 한사람이었던 우군칙(禹君則)도 홍삼 문제로 서울의 포도청(捕盜廳)에 체포되었던 적이 있으며,[112] 이희저도 상인으로 파악되고 있다.[113] 또한 항쟁 세력 내에는 다양한 상인층이 참가하였는데, 박광유(朴光有)는 개성상인 장시영(張時永)의 차인(差人)이었으며, 진영순(陳永順)도 물주 문상운(文尙云)의 지휘를 받던 개성상인이었다.[114]

따라서 서북지역에서 발생하는 밀수 행위는 조선의 경제는 물론 왕조 체제 전반을 곧바로 위협할 수 있는 요소를 지니고 있었던 것이다. 그러나 이것은 반대로 개성상인과 의주상인이 역관·서울상인 주도하의 대청 홍삼수출 체제에 굴하지 않고, 홍삼의 밀수출을 통해 자본을 축적하면서, 평안도 농민항쟁에서도 중요한 역할을 맡았던 것을 말해 주기도 한다.

그런데 홍삼의 밀조와 밀수출은 공식적인 홍삼 무역권을 가졌던 포삼계인에 의해서도 심하게 행해지고 있었다. 순조 10년(1810) 의주상인과

---

111) 평안도 농민항쟁에 관해서는 홍희유, 1963, 「1811~1812년 평안도 농민전쟁과 그 성격」『봉건지배계급을 반대한 농민들의 투쟁』과학원출판사 ; 정석종, 1972, 「'홍경래난'의 성격」『한국사연구』7 ; 河原林靜美, 1973, 「1811年 平安道における農民戰爭」『寧樂史苑』19 ; 1982,『봉건사회 해체기의 사회경제구조』청아출판사 ; 鶴園裕, 1979, 「平安道農民戰爭における參加層」『朝鮮史叢』2 ; 1981,『전통시대의 민중운동』(상) 풀빛 ; 정창렬, 1984, 「조선후기 농민봉기의 정치의식」『한국인의 생활의식과 민중예술』 ; 고석규, 1998,『19세기 조선의 향촌사회연구』, 서울대 출판부 ; 오수창, 2002,『조선후기 평안도 사회발전 연구』, 일조각.

112) 『관서평난록』제3권, 13책 2월 초8일.

113) 홍희유, 위의 논문 및 오수창, 2002, 「19세기 초 평안도 사회세력의 대두」 위의 책 참조.

114) 강만길, 1973, 「개성상인과 인삼재배」『조선후기 상업자본의 발달』, 고려대학교 출판부, 108~109쪽 참조.

개성상인에 대한 조치가 있은 지 불과 3개월만에 비변사는 밀조와 밀수출의 폐단이 해마다 늘어남을 문제삼았고, 이에 사역원을 시켜 당시 사정을 알아보게 한 뒤, 포삼계인을 혁파하고 의주상인이 그들의 역할을 대신하도록 결정하였기 때문이다.[115]

　이후 조선정부는 밀조와 밀수출을 막기 위한 엄격한 규정을 마련하였다.[116] 홍삼의 과다한 생산은 북경에서의 홍삼 가격을 떨어뜨리고 사행 경비의 마련에도 차질을 가져오는 중요한 사안이었다. 이에 의주상인은 사역원으로부터 국내 가삼의 매집 및 수출권을 따냄과 동시에 밀조와 밀수출 행위를 규찰해야 할 임무도 맡았다. 즉 의주상인은 정해진 포삼 액수 외에는 한 뿌리의 가삼도 더 증조(蒸造)할 수 없었으며, 인삼재배자와 다른 상인 간의 밀매매를 정찰하여 관(官)에 고발해야 하였다. 의주상인은 사행에 가탁한 밀수상인도 수색해 내야 하였다. 의주상인이 아닌 다른 사람에 의해 홍삼을 숨겨 가는 상인이 발각될 경우, 의주상인은 인삼 1근당 200냥에 달하는 벌금을 사역원에 내야 하였다. 가삼의 암거래는 인삼생산지의 감영과 읍에서 철저히 막고 정찰해야 하였다. 만약 이를 어기는 자는 체포하여 법에 따라 처벌하되, 그 장물의 반은 관에서 몰수하고 반은 잡은 자에게 상으로 나누어주도록 하였다. 절행(節行)과 역행(曆行)이 압록강을 건널 때의 규찰과 책문에서의 밀무역에 대한 단속은 의주부의 중군(中軍)과 포교에게 책임지웠다.

　한편 사행 중에 밀무역을 하다가 적발된 역관은 법에 의한 처벌은 물론 사역원에서 제적되었고, 사면을 받더라도 복직을 허락하지 않는 것으로 규정되었다. 사자관·의원·화원 및 비장(裨將)·반당(伴倘)의 경우는 해당 기관에 통지하고, 사역원에 알려 일체 부연의 기회를 주지 않도

115)『승정원일기』1985, 순조 10년 6월 18일.
116) 이하 순조10(1810)년 밀조·밀수출에 대한 대책에 관한 내용의 서술은 이마무라, 위의 책, 409~412쪽에 번역 수록된「포삼신정절목」·「비변사추가절목」·「사역원추가절목」을 근거로 서술하였다.

록 하였다. 구례(舊例)에 따라 책문상인 및 북방상인에게는 보증인을 세우도록 하고, 마두인(馬頭人)도 의주부 사람으로 보증을 세워 법을 어겼을 때에는 연대 책임을 지도록 하였다. 또한 의주부에서 강을 건너간 이후에 밀수출 행위가 발각되는 경우가 생기면 그것의 밀조한 내력을 상세히 조사하고 이를 금하지 못한 수령은 죄를 논하도록 하였다.117)

순조 10년(1810) 홍삼 수출을 담당하던 주체 상인이 교체되고 순조 11년(1811) 포삼 수출량이 증액되었음에도 불구하고 홍삼의 밀반출은 오히려 증가하였다.118) 그 이유는 포삼에 대한 높은 세액과 120근으로 한정된 포삼수출량 때문이었다. 홍삼의 밀수출 죄를 사형으로 규정하고 있었지만 한 번의 사행에 몰래 들여가는 홍삼의 수량은 1천근 이하로 내려가지 않았다.119)

이에 조선정부는 줄곧 「증액·감세」 정책을 통해 밀조하는 홍삼을 포삼의 범주로 끌어들이려 하였다.120) 1810년과 1820년대 사행원역의 포삼 외에 상인들의 포삼 인정과 포삼무역량의 증액은 모두 이러한 목적 하에 시행된 것이다.121) 아울러 조선 정부는 증액조치가 있을 때마다 밀수상인을 금단하는 강경 조치도 함께 발표하였다. "사행시 밀수상인으로 적발된 자는 경상(境上)에서 효수(梟首)하고 밀수출을 고발한 자에게는 장물(贓物)을 상급한다"는 『속대전』상의 밀수출 금지 규정이 다시 확인되는가 하면122) 사행의 물품과 밀수출에 대한 수검도 『대전통편』의 규정에 따라 사역원과 평안감영 그리고 의주부가 맡아 책임지도록 하였다.123)

117) 『승정원일기』 1985, 순조 10년 6월 18일.
118) 『승정원일기』 2002, 순조 11년 6월 29일.
119) 『승정원일기』 2152, 순조 22년 윤3월 25일.
120) 『승정원일기』 2148, 순조 21년 12월 초3일.
121) 『승정원일기』 2220, 순조 27년 8월 초8일 ; 『승정원일기』 2232, 순조 28년 8월 30일.
122) 『승정원일기』 2232, 순조 28년 8월 30일, 『속대전』 형전 금제.
123) 『승정원일기』 2244, 순조 29년 8월 초5일 ; 『대전통편』 형전 금제 ; 『대전회통』 형전 금제.

하지만 가삼이 대량으로 생산되고,[124] 중국에서의 수요가 높은 상황에서[125] 규정된 포삼양만으로는 도저히 밀조와 밀수출을 막을 수가 없었다. 특히 홍삼의 밀수출은 삼상이라 불리는 상인층이 관부(官府) 혹은 교리(校吏)와 짜고 행하는 것으로써,[126] 이들의 홍삼은 포세를 낸 포삼에 비해 가격 면에서 훨씬 쌌다. 자연히 포삼은 가격 면에서 경쟁력을 잃을 수 밖에 없었고 밀조와 밀수출은 근절되지 않았다.

조선정부의 홍삼 밀조와 밀수출에 대한 대책은 포삼수출을 통한 세수입(稅收入)이 중앙 재정화의 경향을 분명히 해 가던 1830~40년대에 보다 구체적이고 적극적인 양상을 띠고 전개되었다. 즉 포삼 무역액은 순조 32년(1832) 8천근이 된 이후 철종 2년(1851)에는 4만근까지 증가하였다. 포삼액수가 늘어나면서 포삼세는 사역원과 호조의 재정에서 중요한 위치를 점하고 있었다. 그런데 밀조와 밀수출이 계속될 경우, 이는 곧 포삼의 정상 판매에 악영향을 미치게 되고 결국 포삼세 수입도 줄게 될 것이었다.[127] 따라서 조선정부는 포삼수출액이 느는 만큼이나 밀조와 밀수출을 막기 위한 강력하고도 다양한 방책을 강구해야 하였다. 1830~40년대 이는 크게 두 가지 방향에서 이루어지고 있었다. 첫째는 밀수상인과 누세(漏稅)를 막기 위하여 사행시의 제반 규정을 총제적으로 재검토하는 것이었으며, 둘째는 의주상인의 홍삼 밀수출과 개성상인의 밀조를 구조적으로 차단하는 것이었다.

홍삼의 밀조와 밀수출을 막기 위하여 포삼의 수출액을 크게 늘렸던 1830년대에는 사상들의 사행무역 또한 대규모로 이루어지기 시작하였다. 즉 이 시기 사상들은 사행원역의 일원으로 가장하거나 관청의 무역을 핑계로 개시와 후시에 활발히 참여하여, 중국인들은 사행시 절행과

---

124) 『승정원일기』 2168, 순조 23년 7월 초4일.
125) 『중경지』 권2, 토산.
126) 『승정원일기』 2152, 순조 22년 윤3월 25일.
127) 『승정원일기』 2417, 헌종 9년 윤7월 초10일 ; 『우포청등록』 3책, 계묘(헌종9) 윤7월 초10일.

역행의 후시(後市)를 개시(開市)로 오인할 정도였다.[128]

이에 조선정부는 「사행시제조금칙절목」(使行時諸條禁飭節目)을 반포하여 사행의 수행원과 후시에 가담하는 상인들의 불법적인 무역을 전면 규제하였고,[129] 「사행도강인공별단」(使行渡江人共別單)을 통해 사행인원과 마필(馬匹)의 수를 엄격히 규정하려 했으며,[130] 「연화금조물명별단」(燕貨禁條物名別單)에서는 수입이 금지된 완호물(玩好物)의 목록을 제시하였다.[131]

「사행시제조금칙절목」은 우선 사행시의 반당(伴倘)과 종인(從人) 및 마필의 수를 엄격히 통제하여 밀수상인을 색출코자 한 것이었다. 사행시 종인을 많이 데리고 들어가는 현상은 평안도의 삼고(三庫)[132]와 상의원 및 내의원의 무역과정에서 심하게 일어나고 있었다. 때문에 조선정부는 「도강기」(渡江記)의 기재방식을 고쳐 사행에 따른 인원수와 마필의 수효를 분명히 하고자 하였다.[133] 이를 위해 조선정부는 「사행시제조금칙절목」과 함께 「사행도강인공별단」을 마련하였는데, <표 22>는 이 별단에 명시된 사행시의 인원과 마필의 수를 옮긴 것이다.[134]

「사행도강인공별단」은 기존의 「도강장」의 기록 양식을 바꾸어 사행 인원을 철저히 파악하려는 것이었다. 즉 <표 22>에서 보는 바와 같이 조선정부는 정사(正使)·부사(副使)·서장관(書狀官)을 각기 한 방(房)으로 하고, 그 각 방에 따른 반당·종인과 마필수를 바로 밑에 적었고 거기에 역관 일행의 인마(人馬)를 합쳐, 그 정원을 사람은 268명, 말은 123필로 규정하였다.[135]

---

128) 『승정원일기』 2357, 헌종 4년 7월 30일.
129) 『비변사등록』 227, 헌종 4년 8월 22일.
130) 『비변사등록』 226, 헌종 4년 8월 22일.
131) 『비변사등록』 226, 헌종 4년 8월 22일.
132) 삼고(三庫)는 17·18세기부터 무역할 수 있는 권리를 얻었던 운향고(運餉庫)와 관향고(管餉庫) 및 누상고(樓上庫)를 지칭한 것으로 보인다.
133) 『비변사등록』 226, 헌종 4년 8월 22일.
134) 『비변사등록』 226, 헌종 4년 8월 22일.

<표 22> 「사행도강인공별단」의 사행인원과 마필

	상방일행(정사)	부방일행(부사)	삼방일행(서장관)	역관일행	총수
인(人)	76	52	19	121	268
말(馬)	41	30	9	43	123

자료 :『비변사등록』 226 헌종 4년 8월 22일

　기존의 인마 도강장은 사람과 마필을 구분하고, 직급 및 신분의 순서에 따라 작성하였다. 즉 도강장의 맨 처음에는 삼사신(三使臣) 및 그들의 반당·군관(軍官)·겸종(傔從)을 적고, 이어 행중역관 인원을 적었으며, 각 방(房)의 마부·노자 명색을 적은 뒤, 마필 수를 기재하는 방식을 취한 것이다.[136]

　따라서 기존의 방식으로는 사행 인원과 마필이 계통적으로 파악되지 않아, 사행원역의 명색을 빌려 들어간 자[借窠塡名者]와 사행 인원임을 증명하는 목패(木牌)를 소지하지 않고 몰래 들어간 자[無牌冒入者] 등을 명확히 구분하여 단속할 수 없었다. 그런데 이번 조치로 이들에 대한 단속은 물론 사행의 정확한 인원과 마필 수를 파악할 수 있게 한 것이다.

---

135) 이같은 기록양식을『만부관첩』(규15135－2－2) 병자(1876) 10월 29일조에서 살펴볼 수 있다. 이를 정리해 보면 다음과 같다.

시헌서 재자관 사역원 부사직 변원규(卞元圭)

기역마(騎驛馬)1필 구인 노(奴) 인석(仁錫)

재쇄마(載刷馬)1필 구인 노(奴) 백록(百祿)

마두(馬頭)1명 평고(平雇) 노(奴) 순용(順龍)

건량재마(乾糧載馬) 1필 구인 노(奴) 춘(春)

1필 구인 노(奴) 제순(濟順)

1필 구인 노(奴) 이윤(利允)

추롱재마(杻籠載馬) 1필 구인 노(奴) 사지(沙枝)

1필 구인 노(奴) 영춘(永春)

농재마(籠載馬)1필 구인 노(奴) 성석(成石)

사지마(私持馬)1필 구인 정경주(鄭慶周)

136)『연원직지』권1, 출강록 11월 21일조 일행인마도강수 참조.

한편 「사행시저조금칙절목」에서는 책문후시에 대한 몇 가지 규정을 명확히 하여 세금이 누락되는 것을 방지하려 하였다. 즉 후시에 대해서는 임의로 오래 머무는 폐단을 없애고 개시의 기한을 준수토록 하였으며,137) 각처 상인들의 무역은 물론 감사와 수령들이 관아 무역을 평계로 별장(別將)을 파견하여 직접 무역하는 것도 금지시켰다.138)

서울과 서로(西路) 5개 처의 상인들이 무역별장의 명색을 띠고 대청무역에 참여하던 무역별장제는 이미 영조 4년(1728)에 폐지되었다. 그러나 19세기에 접어들면서 각처 상인들의 비공식적인 무역과 관아 무역을 평계르 행해지는 두역이, 세도정권을 배경으로 성행하였던 것이다.

이에 조선정부는 사행 편에 따라갈 수 있는 상인을 서울상인과 의주상인으로 제한한다는 입장을 재차 천명하고,139) 관속 명색의 무역을 철저히 막아 압록강을 한 발자국도 넘어가지 못하도록 하였으며, 이를 어길 때에는 밀수행위의 금령에 따라 처벌토록 하였다.140) 이처럼 책문무역 기한의 엄수와 후시 참여 상인의 자격 제한 그리고 지방의 관아 무역을 막으려는 일련의 조치가 취해진 이면에는 정부가 후시세(後市稅)를 보다 철저하게 수취하려는 의도가 반영된 것이었다.

그러나 각처 상인들의 무역과 관아 무역을 평계로 한 사무역 활동은 계속되었다. 이에 「사행시제조금칙절목」을 반포한 그 이듬해에 조선정부는 후시의 기한을 철저히 지킬 것과, 사사로이 물건을 가지고 넘어가는 자는 바로 국경에서 법을 집행하고, 지방관과 차사원(差使員)은 모두 유배한다는 법규를 제정하였다.141)

「사행시제조금칙절목」에 이어 헌종 6년(1840)에는 삼사신(三使臣)들

---

137) 『비변사등록』 226, 헌종 4년 8월 22일.
138) 『비변사등록』 226, 헌종 4년 8월 22일 ; 『승정원일기』 2357 헌종 4년 7월 30일.
139) 『승정원일기』 2357, 헌종 4년 7월 30일.
140) 『비변사등록』 226, 헌종 4년 8월 22일.
141) 『승정원일기』 2369, 헌종 5년 7월 25일.

이 가져가는 물건의 수량도 제한하였다. 즉 사신들이 가져가는 물건의 양을 정하지 않았던 것은 그들의 직품(職品)과 외교적 임무를 우대하려는 의도에서 였다. 그러나 실제로 사신들이 가져가는 물품은 사신들의 물품이 아니었다. 역관들이 그들의 상품을 운송하는 데 도움을 얻기 위하여 사신의 물품이라고 핑계하였기 때문에 그 수량이 증가하여 운송마 폐단의 원인이 되었던 것이다. 이에 사신들의 말에 싣고 가는 짐바리의 수량을 정하고 조금이라도 이를 어기지 못하도록 강조되었다.142) 그러나 운송마의 폐단은 결코 수그러들지 않았다. 오히려 철종대에 들어서면서는 사행중의 여러 짐들을 사신들의 짐바리라 핑계하였고 심지어는 백성들의 말과 농사짓는 소까지 징발하여 농사철을 놓칠까 우려되는 가운데 징발된 수레와 말발굽의 먼지가 멀리까지 이어질 지경이었다.143) 사신의 짐바리라고 핑계를 대면 세금을 면제받을 수 있어 역관들과 상인들은 계속된 금령에도 불구하고 사신들의 짐바리로 세금을 피했던 것이다.144)

밀무역행위와 세금의 탈루를 막기 위한 조치와 함께 1840년대에는 개성상인의 홍삼 밀조와 의주상인의 밀수출을 구조적으로 막고, 포삼세를 안정적으로 수취하려는 정책이 시행되었다. 특히 이 시기 홍삼의 수출물량이 크게 늘고 있었으므로, 포삼세 수취에 관심을 가진 중앙정부로서는 홍삼의 밀조와 밀수출의 고리를 철저히 끊으려 한 것이다.

개성상인과 의주상인의 밀조와 밀수출은 지방관과의 결탁하에 추진되고 있었다. 따라서 정부가 이들의 밀조와 밀수출을 확고하게 차단하는

---

142)『승정원일기』2397, 헌종 6년 5월 25일.
143)『승정원일기』2500, 철종 원년 2월 25일.
144)『비변사등록』245, 철종 9년 2월 20일.
　　한편 이때 회환사행 복쇄마는 상방·부방 각 15필, 서장관방 10필로 한다는 옛 정식을 분명히 밝히고 인지는 의주부에서 첩을 만들어 입송(入送)하되 이외 더 가지고 들어오는 짐은 한결같이 운향고에 운반하여 법에 따라 수세하도록 하였다.

길은 지방관들이 홍삼의 밀수출을 묵인하고 비합법적인 세금을 수취하는 합안세(闔眼稅)를 혁파하는 것이었다. 홍삼의 밀수출이 해마다 늘었던 구조적인 원인은 "기강의 해이가 아니라 관아에서 사적으로 세금을 받는 데 있다"[145]는 지적은 문제의 핵심을 찌른 것이었다.

합안세는 지방관에게 이미 삼세(蔘稅)를 낸 셈이므로 엄격한 의미에서 밀수출이 아니었다. 그러나 "금해야 할 것이라면 어찌하여 세를 거두는 것이며, 세를 거둘만 하다면 어찌 사적으로 거두게 하는가"[146]라는 주장에서 보듯 합안세는 공세(公稅)가 아니라 사세(私稅)로 인식되었다. 따라서 지방관 차원에서 수취하던 합안세를 혁파하지 않으면 중앙정부가 인정한 포삼은 무역상 이익을 잃게 되고, 이는 곧바로 재정적인 손실로 이어질 것이었다.

이에 중앙 정부는 헌종 13년(1847) 「포삼이정절목별단」(包蔘釐正節目別單)을 통해 홍삼의 밀조와 밀수출을 구조적으로 막기 위한 대책을 내놓았다. 우선 정부는 개성부가 인삼을 과다하게 채취하여 홍삼을 제조하는 것을 철저히 규제하여 밀수출의 근원을 막도록 하였다. 규정된 포삼 무역량에서 한 뿌리의 인삼도 더 캐지도 않고 홍삼을 만들지도 않는다면 합안세는 자연히 없어질 것이며 밀수출도 막을 수 있다고 보았다.[147] 몰래 가삼을 채취하는 행위와 몰래 홍삼을 만드는 행위를 막아 밀수출을 막겠다는 의도였다.

개성부와 의주부 교리(校吏)들의 탐학과 침탈도 넓은 의미에서는 합안세의 일종이었다. 개성부의 교리가 정채(情債)를 받고 밀수출의 행위를 비호해 주는 반면 정채를 내지 않은 포삼에는 갖가지 토색질을 하였으며, 의주부의 교리는 수검을 핑계로 멋대로 돈을 갈취하여 상인들이 모두 폐업할 지경에 이르렀다. 따라서 「포삼이정절목별단」에서는 이들

---

145) 『승정원일기』 2459, 헌종 13년 3월 20일.
146) 『비변사등록』 233, 헌종 12년 12월 22일.
147) 『비변사등록』 234, 헌종 13년 8월 초1일.

의 행위도 엄격히 규제하였다.[148] 결국 지방에서 관행처럼 행해지던 합
안세를 혁파하고 개성부와 의주부의 교리들에 의한 탐학과 침탈행위를
금지함으로써, 지방 관아와 결탁한 개성상인과 의주상인의 밀조와 밀수
출 구조를 근본적으로 차단하려 한 것이다.

　이를 위해 사행로 일대의 수색과 검찰도 강화되어야 했으며, 수색과
검찰의 효과를 높이기 위한 방안도 마련되어야 하였다. 이에 황해·평
안도의 감영과 병영은 사신이 왕래하는 큰길과 주변의 사잇길 모두에
파수꾼을 두어 첩문(帖文)이 없고 관인이 찍히지 않은 포삼 꾸러미는 샅
샅이 잡아내도록 하였다. 특히 의주부는 밀수출을 철저히 막아 용서함이
없도록 하고, 몰래 북경으로 들어가는 것은 사신들이 모두 엄금토록 하
였다. 또한 사행로와 청나라에서 발각된 물건은 절반은 관청으로 들이고
나머지 절반은 기찰한 공로자에게 상(賞)으로 지급하도록 하여 기찰의
효과를 높이려고 하였다.[149]

　홍삼은 청나라 사람들이 선호했던 물품으로 수출에 따른 이익이 매우
큰 상품이었다. 이익이 있는 곳에 간사하고 거짓된 행위는 온갖 형태로
나타날 수 밖에 없었다. 「포삼이정절목별단」이 반포되었음에도 불구하
고 밀수상인들에 의한 밀조와 밀수출 행위는 계속되었다. 조선정부는 밀
조한 홍삼을 기찰하는 데 각 병사와 수령들이 적극적으로 나설 수 있도
록 하기 위해 발각된 홍삼의 절반은 예전과 같이 상으로 지급하되 사역
원에 납부하던 절반도 이들에게 주도록 하였다.[150]

　그러나 개성상인과 의주상인에 의한 홍삼의 밀조와 밀수출은 계속되
었다. 조선정부의 계속되는 규제 속에서도, 이들은 포삼별장과 포주의
지위를 역이용하여 밀무역을 행할 수 있었기 때문이다.[151] 홍삼의 밀수

---

148) 『비변사등록』 234, 헌종 13년 8월 초1일.
149) 『승정원일기』 2459, 헌종 13년 3월 30일 ; 『비변사등록』 234, 헌종 13년 8월
　　초1일.
150) 『승정원일기』 2488, 헌종 15년 7월 13일.
151) 『비변사등록』 238, 철종 2년 8월 23일.

출이 성행하자 이에 대한 반작용으로 헌종 15년(1849)에는 2만근의 포삼이 감액되기도 하였으나, 불과 2년 만에 포삼액수는 다시 4만근으로 늘어났다. 밀조·밀수출을 막기 위한 증액 조치였던 것이다.[152]

따라서 철종 2년(1851) 「포삼신정절목」도 궁극적인 목표는 밀수상인들을 금단하는 데 있었다. 의주상인 중에서 선발되던 포삼별장의 선출에 천거한 자의 성명도 함께 적어 두었다가, 범법행위가 드러나면 천거한 자도 함께 처벌한다든가, 개성상인 중에서 뽑혔던 포주가 이익을 탐하여 법을 어긴다면 밀수상인에게 적용하는 형률로 다스린다는 등의 내용은 「포삼신정절목」의 목표가 무엇이었는지를 보여주는 사례라 하겠다.[153] 또한 1850년대 정부는 사행에 밀수상인들이 끼어드는 것을 막기 위한 한 방책으로 삼사신들의 수종인원 수를 점차 삭감하고 있었다. 곧 사행이 인솔하는 군관 명색 이외에 사인(私人)으로 채워지는 반당(伴倘) 명색에 대한 감원 조치가 취해진 것이다. 그 결과 상방(上房), 부방(副房)은 각 2인, 서장관은 1인씩의 반당만을 데리고 가도록 되었다.[154] 그러나 이 조치도 효과를 거두지 못하였던지, 반당의 인원에 대한 규제조치가 있은 지 불과 1년만에 연행종인(燕行從人)에 대한 남입(濫入)의 문제는 다시 표면화되었다.

이에 철종 2년(1851)에는 사행이 데리고 가는 군관·반당·고직 등의 명색 가운데 이미 정수가 있는 군관을 제외한 반당·겸인·고직의 수를 정하였다. 이때 규정된 인원수를 살펴보면 상방과 부방은 반당 1인, 겸인 2인, 고직 1인, 노자 1인을 합쳐 5인을, 3방인 서장관은 노자까지 합해 4인을 데리고 갈 수 있도록 하고, 이외에는 인솔치 못하게 하였다.[155] 그렇지만 반당·노자가 규정된 수를 넘겨 들어가고, 말몰이꾼의 이름을

152) 『승정원일기』 2520, 철종 2년 8월 28일.
153) 『비변사등록』 238, 철종 2년 윤8월 23일.
154) 『비변사등록』 237, 철종 원년 2월 25일 ; 『비변사등록』 237, 철종 원년 8월 21일.
155) 『승정원일기』 2521, 철종 2년 윤8월 초5일.

다른 사람으로 바꿔 적어 넣는 환록(換錄)은 그치지 않았다. 철종 2년
(1851)의 인원 규정이 있은 지 불과 2년만에 동지사행을 따라간 종인이
천진 근처까지 가는 일이 벌어져 문제가 되고 있었으며,[156] 철종14년
(1863)에는 역관 변항연과 반당 김인혁이 청나라에서 은화를 사사로이
빌렸다가 갚지 않아 청나라 사람들이 소란을 일으킨 사건이 발생하고
있었다.[157]

  이상에서 살핀 바와 같이, 조선정부는 19세기 전반기를 통해 홍삼의
밀조·밀수출에 대한 구체적인 대책을 마련하는 한편 사행과정에서 일
어날 수 있는 밀수행위 전반을 규제하고자 하였다. 그러나 19세기 초 세
도정권기에 접어들면서 사행과 결탁한 밀수상인들과 서울과 지방의 관
아와 결탁한 각지 상인들의 밀수행위는 더욱 성행하였다. 조선정부는 이
에 나름대로의 대책을 강구하였다. 하지만 밀수상인들은 언제나 서울이
나 지방의 관아와 결탁되어 있었으므로, 중앙정부의 밀수방지 정책은 항
시 제 기능을 발휘하지 못하고 있었다.

Ⅱ. 19세기 후반기 역관과 사상의
포삼무역 실태

1. 역관·서울 상인 위주의 포삼무역체제

  헌종 13년(1847) 4만근까지 늘어난 포삼수출량은 철종 즉위년(1849)에
는 2만근으로 감액되었으며, 철종 2년(1851)에는 다시 4만근으로 환원

---

156) 『승정원일기』 2543, 철종 4년 6월 28일.
157) 『승정원일기』 2662, 철종 14년 3월 15일.

하는 등 크게 변동하고 있었다. 포삼 수출량의 증감에는 조선 정부와
역관·서울상인·의주상인·개성상인의 이해관계가 복잡하게 얽혀 있
었다. 헌종 13년(1847) 포삼수출량의 증액을 결정하는 과정에서 보인 사
역원·의주부·개성부와 중앙정부 간의 미묘한 입장의 차이와 헌종 15
년(1849) 2만근으로 감액한 뒤 곧바로 개성부에서 일어난 1만 1천여 근
의 밀조사건은 포삼 수출량을 둘러싼 각 세력 간의 갈등에서 빚어진 것
이다.

철종 2년(1851) 「포삼신정절목」(包蔘申定節目)도 이들 이해관계와 현
실문제들을 배경으로 하여 마련되었으며, 19세기 전반기에 조선정부가
추진한 증액·감세 정책의 결실이었다.

> "근래 개성사람들의 생업은 전적으로 가삼을 재배하는 데에 있습니다.
> 그러나 4만근을 반으로 감한 이후 삼포의 정액에 구애를 받게 되었지만
> 이미 캐어 놓은 가삼(家蔘)이 많아, 규정된 포삼액수를 초과하여 홍삼을
> 만드는 일이 없지 않았습니다. 모리배들은 사사로이 팔고 사는 것을 이
> 롭게 여겨 값을 싸게 하여 서로 매매하니, 밀수가 더욱 극심해지는 것도
> 여기에 말미암은 것입니다. 지금 만약 포삼의 수출량을 4만근으로 다시
> 환원한다면 개성사람들이 실업상태에 이르지 않을 것이며, 의주상인들
> 도 밀수출을 금하기 쉬울 것이며, 세액은 늘어나길 기다리지 않아도 저
> 절로 늘 것인 즉 나라 재정의 넉넉함과 모자람에도 관계됩니다"[158]

철종 즉위년(1849)의 2만근 수출량의 감액 조치는 개성사람들에 의한
밀조와 밀수상인들의 밀수출을 크게 유발하였다. 이 때문에 비변사는 홍
삼 수출량을 증액해야 밀조를 막고 밀수출을 금지시키는 데 효과적이며
동시에 정부도 안정적인 포삼세 수입을 기대할 수 있다는 점을 들어 홍
삼 무역량의 증액을 요구하였다.[159] 이에 감액 조치 후 불과 2년만에 「포

---

158) 『승정원일기』 2520, 철종 2년 8월 28일.
159) 『승정원일기』 2520, 철종 2년 8월 28일.

삼신정절목」이 반포되면서, 포삼 수출 액수는 재차 4만근이 되었으며 세
전은 헌종 13년(1847)의 5냥보다 1냥이 줄어든 근당 4냥이 되었다.

그리고 여기에서 거둔 포삼세 총 16만 냥 중, 10만 냥은 사역원에서
사용하고, 6만 냥은 호조에 납부하여 경용에 보태도록 하였다.[160] 결국
철종 2년(1851) 「포삼신정절목」은 19세기 전반기에 추진해왔던 정부의
증액·감세 정책의 연장선상에서 이루어진 것이었다.

그런데 이 때 반포한 「포삼신정절목」은 다음과 같은 몇 가지 점에 주
의를 기울일 필요가 있다. 첫째는 4만근 포삼에 대한 포삼세 수입의 하
한선을 결정하고 있다는 점이다. 즉 포삼수출 제도는 본래 사역원에서
처음 마련한 것이기 때문에 혹 세액이 감축될 때에도 사역원 몫의 원세
(原稅) 10만 냥만은 감축하지 않는다고 규정하였다.[161] 곧 조선정부는 사
역원의 세입 10만 냥은 포삼수의 증감에 관계없이 고정시키겠다는 의지
를 나타낸 것이다.

둘째 별장(別將)과 포주(包主)의 선발에 서울상인들의 간섭을 배제하
고, 의주 별장(義州別將)과 개성포주(開城包主)를 사역원 소속 하에 두면
서, 이들을 중심으로 포삼수출을 운영하겠다는 방침을 세웠다는 점이
다.[162] 순조 10년(1810) 이후 별장은 의주상인이 그리고 포주는 개성상인
이 맡아왔다. 그런데 포삼수출액과 포삼세가 증가하자 별장의 수는 계속
늘어났다.[163] 포삼별장의 정원은 순조 10년(1810)의 6명에서 철종 2년
(1851)에 19명 그리고 고종대에 이르러서는 30명에서 40명까지 증가하고
있었다.[164] 포삼별장은 개성 포주와 더불어 규정된 액수의 홍삼을 만들

---

160) 『비변사등록』 238, 철종 2년 윤8월 23일.
161) 『비변사등록』 238, 철종 2년 윤8월 23일.
162) 『비변사등록』 238, 철종 2년 윤8월 23일.
    별장과 포주의 차정에 의주상인과 1 이외의 경중잡류(京中雜類)를 배제시켰
    다는 점을 강조하기 위하여, 의주별장(義州別將)과 개성포주(開城包主)라는
    용어를 사용하기로 한다.
163) 『비변사등록』 234, 헌종 13년 8월 초1일.

어 수출할 수 있는 수출업자임과 동시에 거간 명색의 돈을 부담하고 포
삼세를 징수하는 책임권한을 가지고 있었다.165) 이처럼 포삼별장의 자
리는 커다란 이권과 관계되었기 때문에 의주상인은 서로 그 자리를 차
지하려고 다투어 왔는데, 그 중에는 서울의 모리배들도 끼어 있었다.166)

이에 정부는 「포삼신정절목」을 통해 별장과 포주의 선정에 서울의 잡
류가 끼어드는 폐단을 금지하였다. 포삼별장은 훈상역관(訓上譯官)과 이
미 선정되어 있던 포삼별장이 함께 회동하여 천거된 의주상인들 가운데
서 모두 19인을 선정하였다. 이 가운데 포삼 별장직을 수행하는 실직으
로 임명된 사람은 17명이었고 나머지 2명은 예비로 임명된 자로 실직자
에 결원이 있으면 차례대로 임명되도록 하였다.167)

포주는 홍삼 제조권을 취득한 자들이었다. 이들은 사역원에서 차출하
지 않고 포삼별장들이 개성사람 가운데서 정하도록 하였다.168) 포삼별
장 두 사람이 개성에 증포소 한 군데를 정하여 그들이 수출할 포삼을 증
포토록 한 것이다. 철종 6년(1855)의 경우 개성 포주 진성서는 60차(次)에
걸쳐 846편(片)을, 허경은 1,976차에 걸쳐 20,559편을, 김형렬은 1,350차
에 걸쳐 15,318근을 제조하였는데,169) 1차는 20냥을 1근으로 하는 증포
횟수였다.170) 자연히 개성의 포주는 가삼재배와 증포소를 통해 별장의
홍삼 뿐 아니라 불법적인 밀조를 행할 수 있는 여건을 갖추고 있었다.
포삼수출량의 감소에 따라 개성부에서 일어난 11,000여 근의 밀조 사건
은171) 개성부 두곡리에 사는 최경후(崔景厚)가 875편의 홍삼을 밀조한

---

164) 『비변사등록』 253, 고종 8년 정월 19일.
165) 『비변사등록』 234, 헌종 13년 8월 초1일 ; 『비변사등록』 234, 헌종 13년 8월
    초1일.
166) 『비변사등록』 253, 고종 8년 정월 20일 ; 『고종실록』 권8, 고종 8년 정월 20
    일.
167) 『비변사등록』 238, 철종 2년 윤8월 23일.
168) 『비변사등록』 238, 철종 2년 윤8월 23일.
169) 『송영일기』 함풍 5년(1855;철종6) 8월 26일.
170) 『중경지』 권2, 토산.

경우에서 보이는 것처럼, 개성 포주 개개인의 불법 증포가 바탕이 된 것이다.[172] 개성 포주들은 홍삼의 생산자로서 포삼수출 무역상의 실력자였던 것이다.

이와 같이 의주별장과 개성포주는 포삼 수출권자와 홍삼생산자로서 포삼수출을 주도해 간 핵심적인 존재였다. 그러나 별장과 포주는 공인된 포삼수출에만 종사한 것이 아니라 의주와 개성을 연결하는 수많은 상인과 연결되어 밀조와 밀수출을 감행하고 있었다. 즉 포주는 포삼별장과 직·간접적으로 결탁하여 공인된 포삼 수출액수 이외의 홍삼을 만들어,[173] 밀수출을 가능케 하였다. 또한 별장은 포삼의 수출을 책임지고 포삼세를 거두어야 함에도 불구하고, 자신의 삼포(蔘包) 즉 팔포를 다른 상인에게 팔아 버리고 사행을 따라가지 않는 경우도 있었다.[174] 별장이 팔아 넘긴 팔포는 별장의 선출에 간여했던 서울상인들이나 자본력을 갖춘 개성상인이 샀던 것 같다.[175] 그런데 별장이 그들의 팔포를 팔아 넘기는 것은 단순히 포삼 수출권을 매도한 데 그치지 않았고, 별장직을 이용한 무역의 기회마저 매도한 것이다.[176] 이와 같이 별장과 포주는 홍삼의 수출을 이끄는 핵심적 존재였으나 동시에 각종 폐단을 야기시킨 주체이기도 하였다. 이 때문에 「포삼신정절목」에서는 별장과 포주 중심의 홍삼 수출체제를 마련하면서 그들의 선발과 책임 및 처벌 규정을 분명히 했

---

171) 『비변사등록』 250, 철종 14년 10월 11일.
172) 『송영일기』 함풍 5년(1855년; 철종6년) 8월 20일.
173) 『비변사등록』 238, 철종 2년 윤8월 23일.
174) 『비변사등록』 238, 철종 2년 윤8월 23일.
175) 『비변사등록』 253, 고종 8년 정월 20일 및 강만길, 위의 논문, 123~128쪽 참조.
176) 19세기 후반까지도 대청무역에 참여할 수 있는 상인은 서울상인과 의주상인으로 제한되어 있었다. 따라서 포삼별장직을 얻으려고 노력한 상인은 자본력을 갖춘 개성상인 및 무역의 기회를 보다 확대하고자 했던 서울상인이었을 가능성이 가장 높으며, 이들은 이 기회를 통해 포삼무역 이상의 무역을 행했을 것으로 생각된다.

던 것이다.

「포삼신정절목」의 세번째 특징은 포삼수출을 별장에게 일임하면서도 역관들이 직접 가져가는 자대조(自帶條)와 별장 담당의 포삼수를 구분하여 명기하였다는 점이다. 즉 이 절목에서는 역관이 담당하는 포삼량과 서울상인과 의주상인이 담당하는 포삼량을 명확하게 구분하였다. 「포삼신정절목」에 나타난 포삼수출의 배정량을 적어 보면 다음과 같다.

<표 23> 「포삼신정절목」의 포삼무역 구조

포삼액수	사행원역 (27명 기준)			
	구관포삼총액	1인당 포삼액수	1인당부담세액	1인당미삼액수
	10,800근	400근	1,600냥	24근
	포삼별장 (17명 기준)			
	구관포삼총액	1인당 포삼액수	1인당부담세액	1인당미삼액수
	29,200근	약 1,717근	약6,868냥	약103근

자료 :『비변사등록』238, 철종 2년 윤8월 23일, 「포삼신정절목」 참조

「포삼신정절목」에 규정된 총 4만근의 포삼을 사행원역들에게는 1인당 400근씩 모두 10,800근을 배정하고, 포삼별장 17명에게는 29,200근의 포삼 수출을 허가하고 있었다.177) 사행원역의 포삼량과 별장의 포삼량이 약 1:3의 비율이었던 것이다. 따라서 포삼 1근당 세액이 4냥이었으므로 사행원역은 1인당 1,600냥, 포삼별장은 6,886냥의 세액을 부담해야 했다.

한편 이번 포삼수출량 허가 규정 내에는 별도로 포삼 100근 당 6근씩의 미삼(尾蔘)을 수출할 수 있도록 하였다. 미삼은 우리나라에서는 버리다시피하지만 청나라에서는 사용하고 있었다.178) 따라서 미삼은 이전부터 포삼액수와 관계없이 청나라로 가져 갈 수 있었다. 그러나 미삼의 명

177)『비변사등록』238, 철종 2년 윤8월 23일.
178)『승정원일기』2519, 철종 2년 7월 13일.

목을 이용한 밀조·밀수출이 행해졌으므로[179] 「포삼신정절목」에서는
원삼 100근에 6근의 미삼, 총 2,400근의 미삼만을 가져갈 수 있도록 규정
하였다.[180]

또한 역관 몫의 포삼은 동행하는 역관에게 넘기는 것은 허락하되 군
관(軍官)이나 반당(伴倘)에게 파는 것은 철저히 엄금하였다.[181] 19세기
전반기를 통해 서울상인은 의주상인과 같이 포삼수출권을 갖고 있었고,
역관과 결탁하여 사행무역에 참여하여 왔다. 따라서 위의 규정은 별장을
선정할 때 '서울의 잡류들이 간여하는 것을 막는다'고 한 규정과 더불어
서울상인들을 배제하여 그들의 활동을 크게 위축시키는 것이었다. 또한
자본의 부족으로 상인세력과 결탁하지 않을 수 없었던 역관들에게도 이
는 불리한 규정이었다.

넷째, 이번의 「포삼신정절목」은 의주부 관세청과 개성부의 재정적 어
려움을 해결해 주는 의미도 띠고 있었다. 즉 별장들로부터는 1근 당 1냥
씩을 거두어 의주부 관세청에 내게 하고, 포주들로부터는 가공하는 홍삼
1근 당 동전 7전 5푼씩 총 3만 냥을 거두어 개성부에 납부토록 하였다.
이에 관세청은 2년, 개성부는 1년 동안 이 재원으로 자체내의 경비에 충
당할 수 있었다.[182]

이때 의주부 관세청과 개성부의 재정적인 어려움을 구체적으로 밝힐
수는 없다. 그러나 순조 13년(1813) 의주상인 구폐책의 경우와 이어 서술
하게 될 「만부관세청구폐절목」(灣府管稅廳捄弊節目)의 경우를 미루어
보면, 서울상인들과 의주부 및 개성부 관속에 의한 폐해가 심각한 지경
에 이르렀던 것으로 생각된다. 어떻든 정부는 이번의 조처를 관세청과
개성부의 재정적 어려움을 크게 변통코자 하는 뜻에서 나왔다고 표현할

179)『승정원일기』 2520, 철종 2년 8월 28일.
180)『비변사등록』 238, 철종 2년 윤8월 23일.
181)『비변사등록』 238, 철종 2년 윤8월 23일.
182)『비변사등록』 238, 철종 2년 윤8월 23일.

정도였다.[183]

이상과 같이 「포삼신정절목」은 정부가 증액·감세라는 포삼수출의 기본 정책을 유지하면서도, 의주 별장과 개성 포주를 중심으로 포삼 수출을 운영하겠다는 의도를 표출한 것이었다. 포삼을 4만근으로 증액하여 개성부민의 실업을 막고, 포삼세를 5냥에서 4냥으로 감해 의주상인의 부담을 덜어주며, 역관들이 담당하는 포삼의 거의 3배에 달하는 수량을 별장의 몫으로 맡겼는가 하면, 의주부 관세청과 개성부의 재정적 어려움을 바로잡기 위한 재원을 마련해 준 것도 같은 의도였다. 그리고 이러한 포삼무역 체제를 통해 정부는 사역원 10만 냥, 호조 6만 냥, 총 16만 냥의 수입을 기대하였다.

그러나 이는 상대적으로 19세기 전반기 의주상인과 같이 포삼수출에 참여했던 서울상인에게는 그들의 상권을 위협하는 조치로 받아들여지기에 충분한 상황을 만들고 있었다. 포삼수출상의 실질적인 운영권은 의주별장과 개성포주에게 주어졌던 반면, 서울상인은 포삼별장직은 물론 역관들의 포삼수출에 가담하는 길도 원천적으로 봉쇄되었기 때문이다.[184]

역관들에게도 4만근의 포삼수출액 책정은 그들의 이해관계와 상반되었다.

> 철종의 즉위 초에 역관들은 포삼액수가 많은 것을 병통으로 여겼다. (중략) 대개 개성인은 인삼을 파는 데 급급하기 때문에 오직 근수가 많지 않은 것을 두려워하였고, 역관들은 그 값이 낮아질 것을 두려워하는 까닭으로 포삼액수가 지나치게 많은 것을 원치 않았다 (중략) 이때 역관들은 인삼의 이익을 채우기 위하여 귀척(貴戚)들에게 뇌물을 써서 위세를 믿고 온갖 방법으로 조종하여 포삼의 수량을 감하기를 청하였다.[185]

---

183) 『비변사등록』 238, 철종 2년 윤8월 23일.
184) 『비변사등록』 238, 철종 2년 윤8월 23일.
185) 『중경지』 권2, 토산.

  즉 포삼수출액이 줄어들면 역관들은 국내의 인삼을 헐값으로 살 수 있고 청나라의 포삼수출 이익도 보장받을 수 있었다. 이에 헌종 15년 (1849) 이래 역관들은 사행원역이라는 그들의 지위를 이용하여 포삼 수출의 액수를 줄이기 위한 노력을 하였고 한때 2만근의 감액을 이끌어내기도 했던 것이다. 그러나 불과 2년만에 감액 조치는 곧바로 복구되면서 의주상인과 개성상인 중심의 4만근 포삼체제가 수립되었다. 역관들의 포삼 감액 노력이 다시 진행될 상황이 전개된 것이다. 이에 철종 2년 (1851) 대왕대비는 "홍삼이 매년 밀수출되는 것은 정말로 걱정되는 일이다. 사신일행 중에서 실로 난잡한 폐단이 없다면 밀수꾼이 어찌 간사한 짓을 할 수 있겠는가. 포삼수출에 몰래 끼어드는 일이 사행 때마다 혼잡을 일으켜 사행의 짐과 행장에 가탁한다. 혹 의주부가 따로이 검사하고 탐문하게 되면, 삼사신(三使臣)들이 진짜와 가짜를 분별하지도 못하고서 도리어 의주부윤과 갈등을 빚는다니 이것이 무슨 꼴인가. 이것은 처리하기가 어려운 일이 아니다. 우리 사신 일행이 이미 부정한 물건을 지니고 있지 않다면, 어찌 의주부에서 수탐(搜探)하는 일을 걱정하겠는가. 이번 사행부터 상사(上使)로부터 그 이하까지 일일이 짐과 행장을 내보여 전과 같이 어지럽고 난잡한 폐가 없도록 하라. 또한 이 일의 이치나 체면을 두고 말하더라도 원포에 규정된 수량외의 밀수출이 어렵지 않다니, 저들이 우리를 보고 또한 '나라에 기강이 있는가'라고 말할 것이다. 근래 새로이 반포한 절목이 있으니, 삼사신은 모두 그것을 잘 알아 한결같이 절목에 따라 경계하고 두려워하며 시행해야 옳을 것이다"[186] 하였다.

  대왕대비전의 전교는 사신일행과 상인들이 짜고 그들의 짐꾸러미에 홍삼을 몰래 숨겨 넘어들어 가는 것을 철저히 막아 공인된 포삼무역을 보호하려는 입장을 천명한 내용이었고 그것을 실천하기 위한 지시였다. 그리고 그 방안은「포삼신정절목」을 철저히 준수하는 것이었다.「포삼

---

186)『승정원일기』2523, 철종 2년 10월 20일.

신정절목」이후 사행과 결탁한 상인들의 홍삼 밀수출 행위가 많아질 것을 미리 단속하고 있었던 것이다.

이 때문에 사역원의 도제조였던 김좌근은 몰래 제조된 홍삼을 밀수출하는 자는, 역관과 상인 및 사신일행이 데리고 가는 자들을 막론하고 경상(境上)에서 사형에 처해야 한다고 강조하였다.[187] 곧 역관과 상인 그리고 정사·부사·서장관이 데리고 가는 군관·반당·겸인 등을 철저히 다스리겠다는 것이다. 사행시 종인(從人)이 규정을 어기고 끼어들어 상행위를 하는 폐단은 이미 1830년대부터 문제가 되었다. 이에 헌종 4년(1838)에는 「사행시인공별단」으로 사행과 역관이 인솔할 수 있는 인원과 마필의 수효를 확정한 바 있었다.[188] 그렇지만 사행시 종인들이 끼어드는 문제는 1850년대에 접어들면서 더욱 심각해졌다.[189]

사신과 역관들이 데리고 갔던 종인들이 밀수출한 품목은 주로 홍삼이었다. 1851년 「포삼신정절목」에 불만을 지닌 역관과 서울상인들이 공식적인 포삼무역보다는 사신일행에 가탁한 홍삼의 밀수출에 나선다면, 「포삼신정절목」의 포삼수출 체제는 오래 지속되기 힘들었다. 게다가 1850년대에는 공인된 포삼수출 이외에도 서울의 각 관청과 각 궁방과 지방의 감영·병영 등이 사무역(私貿易)을 감행하고 있었다. 이는 세도정권기 왕권이 약화되고, 몇몇 가문이 권력기관을 장악해 가는 것과 밀접한 관련이 있었으며,[190] 같은 시기 서울과 지방의 관아들이 부상들과 결탁하여 전국의 금·은·동 광산을 사사로이 채굴하던 것과도 같은 맥락에 서 있었다.[191] 특히 서울과 지방의 관청들에 의한 대청 사무역은 관무역을 빙자하여 무역물품에 대한 세금을 내지 않고 있었다. 이는 곧

---

187) 『승정원일기』 2533, 철종 3년 8월 29일.
188) 『비변사등록』 226, 헌종 4년 8월 22일.
189) 『비변사등록』 226, 헌종 4년 8월 22일.
190) 한국역사연구회, 1990, 『조선정치사』(상)(하), 청년사, 참조.
191) 유승주, 1993, 「18세기말 19세기 전반기 '물주'제하의 자본제적 민영광업실태」위의 책, 366~397쪽 참조.

사행의 경비를 조달하려던 조선정부와 무역세 수취의 책임을 맡은 의주
상인의 이해와도 상반되는 일이었다.

이 때문에 중앙정부는 의주상인을 보호한다는 명분 하에 무역품에 대
한 철저한 과세를 목적으로 하는 정책을 지속적으로 펴 왔다. 이는 세도
정권기 사행원역이나 서울과 지방 관아의 사무역이 의주상인이 아닌 다
른 상인들에 의해서 활발히 이루어졌음을 의미하였다. 예컨대, 순조 14
년(1814)에 설립된 관세청은 사행시에 필요한 공용은을 마련하고 의주상
인을 보호한다는 명분 하에 설치되었다. 그러나 그 세수입은 1850년대로
접어들면서 크게 줄어들었다. 그 원인은 의주상인의 이해관계와 상반되
는 사행원역과 결탁된 상인 및 지방 관아의 사무역 때문이었다. 즉 서울
의 각 아문은 공적인 무역이라 핑계하고 세금을 내지 않았다. 지방 관청
의 관리들도 사용(私用)을 공용(公用)으로 핑계하고 세금을 면제받거나
혹은 그들이 사용할 것이 아니면서도 부탁을 받아 세를 면하게 해주고
는 그 대가를 받아 챙기기도 하였다. 이런 관계로 사행시 들어오는 책문
물화의 절반은 각처에서 이익을 탐하는 자들의 소유가 되고 있었다.192)
이에 정부는 공무역은 비록 호조의 경용(經用)이라도 직접 관문(關文)을
띄울 수 없도록 하고, 비변사에 전보(轉報)한 뒤 비변사가 관문을 보내면
면세해 주도록 하였다.193)

또한 이 시기 사무역은 사신의 방복(房卜)을 통해서도 행해졌다. 원래
사신들의 방복은 왕래에 필요한 행장을 담은 짐꾸러미에 불과했으나, 면
세가 된다는 점을 이용하여 방복에 가탁한 밀수가 이루어진 것이다.194)
사신의 방복을 규제하려는 노력은 순조 30년(1830)에 이어 헌종 6년
(1840)에도 행해진 바 있었다.195) 그러나 사신의 방복을 이용하여 세를

---

192) 『승정원일기』 2545, 철종 4년 8월 27일.
193) 『승정원일기』 2545, 철종 4년 8월 27일. 그런데 이는 1831년(순조 31)의 정식
    을 재차 강조한 것이다.
194) 『승정원일기』 2545, 철종 4년 8월 27일.
195) 『승정원일기』 2397, 헌종 6년 5월 25일.

피하려는 폐단은 줄지 않았다.[196] 이 때문에 방복은 정사·부사·서장관 3방(房)에 각기 7태(駄)를 정식으로 하였고, 혹 행중의 군관·의관·역관·화원·자관 등이 방복을 빙자하여 면세하려 하는 자가 있으면 유배형으로 다스린다는 것을 사신과 의주부에 분부토록 하였다.[197] 이렇듯 서울과 지방 관아 및 사행원역들의 방복에 가탁한 사무역이 의주부 관세청의 세입을 크게 떨어뜨리고 의주상인의 처지를 어렵게 하였던 것이다.[198]

그런데 사행시 종인들이 함부로 들어가거나 사행원역의 방복에 가탁한 사무역 그리고 서울과 지방 관아의 사무역 행위는 철종 2년(1851) 「포삼신정절목」을 전후하여 심각해졌던 바, 결국 철종 5년(1854)에는 의주상인이 담당하던 의주부 관세청에 대한 제도개편을 이끌어 내고 있었다. 즉 조선정부는 철종 5년(1854) 사역원에서 감세관(監稅官)을 파견하여 누세(漏稅)와 탈법(脫法)을 막고 철저한 수세를 행하려는 의지를 담은 「만부관세청구폐절목」(灣府管稅廳捄弊節目)을 반포한 것이다.

감세관은 사역원이 차출해 보내지만, 반드시 비변사에서 관문을 발급함으로써, 감세관으로서의 지위를 확고히 했다. 그러므로 감세관은 관세청과 관련된 일로 보고할 것이 있으면 의주부를 경유할 필요 없이 바로 중앙에 문서를 보낼 수 있는 권한을 가졌다.[199] 감세관은 8월에 내려가 이듬해 5월에 올라왔는데,[200] 그 임무는 관세청의 사무를 전관(專管)하고 의주부 삼문(三門)[201]의 무역세가 탈루되는 일이 없도록 관리하는 것

---

196) 『승정원일기』 2500, 철종 원년 2월 25일 ; 『비변사등록』 245, 철종 9년 2월 20일.
197) 『승정원일기』 2545, 철종 4년 8월 27일.
198) 『승정원일기』 2545, 철종 4년 8월 27일.
199) 『비변사등록』 241, 철종 5년 8월 14일.
200) 『비변사등록』 241, 철종 5년 8월 14일.
201) 삼문(三門)이 무엇을 말하는지는 확실치 않다. 다만 『만부관첩』(규15135-2-1) 갑술(1873) 11. 9일에 시헌서 재자관 김재우(金載禹) 편에 역문(曆門) 포삼 6,881근, 직삼(直蔘) 6,880근, 미삼(尾蔘) 2,773근을 수출허가 도장을 찍

이었다.202)

  그 가운데서도 감세관에게 부여된 주요 임무는 역시 무역세를 빠짐없이 거두는 일이었다. 감세관은 호조의 납석(鑞錫)으로부터 지방관아의 수입물화에 이르기까지 세를 철저히 거두어야 하였다.203) 특히 의주부가 관아의 수용품이라고 핑계하는 것은 세금을 내지 않으려는 방편이었다. 때문에 위로는 관부(官府)의 비장과 책방으로부터 아래로는 서리·장교 및 복예(僕隸)에 이르기까지 관용을 칭탁하고 수입한 물품은 차후로부터는 관용이라 하더라도 일일이 세를 내도록 하였다.204) 정부의 이와 같은 조치는 서울의 관청과 지방의 영읍(營邑) 및 의주부에서 행해진 면세의 명색을 없애고 무역세를 직접 중앙에서 관리하려 했다는 점에서 근대적 관세제도(關稅制度)의 효시라고 하겠다.205)

  이와 더불어 「만부관세청구폐절목」은 의주상인을 피폐케 하는 원인들을 엄단하도록 규정하고 있다. 관세청 운영이 책문에서 무역하는 상인들과 긴밀한 관계를 맺고 있었기 때문이다.206) 이 때문에 상인의 짐에 세금을 덧붙여 한 물건의 세금이 원가의 배에 달하기도 했던 폐단을 바

      어 보내려다가 체삼 250근과 미삼 373근은 도착이 늦어 동문(冬門)을 기다려 보내도록 했다는 기록이나, 『만부관첩』 15135 - 2 - 2 을해(1874) 12월 26일에 금년 포삼 20,200근 중에 역문(曆門)에 체삼 2,825근, 직삼 8,520근, 미삼 1,612근을 들여보내고 동문(冬門)에 체삼 3,000근, 직삼 5,855근, 미삼 1,975근 도합 20,200근을 보냈다고 하고 있다. 따라서 삼문 중 2가지는 재자행과 동지행을 가르키는 것으로 생각된다. 나머지 하나는 고부사 등 별행의 경우를 가리키는 것일 수도 있고 심양사일 가능성도 있으나 자세치 않다.

202) 『비변사등록』 241, 철종 5년 8월 14일.
203) 『비변사등록』 241, 철종 5년 8월 14일.
204) 『비변사등록』 241, 철종 5년 8월 14일.
205) 관세청(管稅廳)에 대한 감세관(監稅官)의 파견문제는 중앙정부 차원에서 사행과 관련되는 '삼문무역세(三門貿易稅)'를 전반적으로 관리하려 했다는 점에서 근대적 관세제도(關稅制度)의 효시로 생각된다. 이런 점에서 의주부 관세청에 대한 연구는 보다 더 심도 있게 연구되어야 할 과제이다.
206) 『비변사등록』 241, 철종 5년 8월 14일.

로 잡도록 하였으며,[207] 관세청이 별행시의 비용을 「인용」(引用)이라는
명색으로 상인들로부터 꾸어 쓰는 폐단을 없애도록 하였다. 원래 관세청
은 1년의 공납액(公納額) 4만 냥 가운데 역행·절행의 공용비와 의주
부·사역원에 납부하는 것을 제외한 3,690냥과 삼세(蔘稅) 중 별행의 공
용비 8,300냥을 매년 은화로 바꾸어 비축해야 하였다. 그런데 혹 비축된
재정을 다 쓴 상태에서 별행이 있을 때에는 「인용」(引用)이라 칭하고 의
주부 상인들로부터 돈을 꾸어 썼던 것이다. 하지만 상인들로부터 꾸어
쓴 돈을 갚지 못하여 의주상인에게 큰 피해가 되고 있었는데, 그 규모가
30만 냥에 달했던 것이다. 이에 정부는 별행시 사용할 재원이 없을 경우
공용비를 정부에서 마련해 주기로 하고 「인용」하는 방법을 쓰지 말도록
하였다.[208] 이밖에도 절목에서는 의주부 관세청의 부담을 줄이는 여러
가지 방책을 내놓고 있는데,[209] 이는 결국 의주상인들에 대한 배려로 역
시 서울과 지방 관아의 사무역을 담당했던 상인들의 이해와는 상치되는
조치였다.[210]

　요컨대 철종 2년(1851) 조선정부는 「포삼신정절목」을 통해 의주 별장
과 개성 포주를 포삼무역의 중심에 두고, 4만근 포삼무역을 통해 사역원
10만 냥, 호조 6만 냥의 재정 수입을 기대하는 무역체제를 공포하였다.
그러나 「포삼신정절목」은 그동안 포삼무역 구조속에 포함되었던 서울
상인을 배제시키는 문제를 안고 있었으며, 역관의 계속되는 포삼 감액
기도에도 반(反)하는 정책이었다.

　그런데 1850년대에는 사신의 방복에 가탁하거나, 서울의 각 아문과 궁

---

207)『비변사등록』241, 철종 5년 8월 14일.
208)『비변사등록』241, 철종 5년 8월 14일.
209)『비변사등록』241, 철종 5년 8월 14일.
210)「만부관세청구폐절목」에서는 금, 초피(담비가죽), 달피(수달가죽)을 포물로
　　인정하고 관세청에서 과세할 것을 명시하고 있다. 이는 전통적인 수출금지
　　품목으로 향후 금의 대청무역 전개와 더불어 시사하는 바가 크다고 하겠다
　　(『비변사등록』241, 철종 5년 8월 14일).

방 및 영읍이 주체가 된 사무역이 활발히 전개되었다. 이러한 사무역은 의주 상인과는 이해관계가 다른 역관과 서울상인에 의해 주도될 가능성이 많았다. 이를 반증해 주는 것이 의주부 관세청의 피폐였다. 즉 의주부 관세청은 포세를 비롯해 책문 무역 물종 전반에 과세하여 사행에 필요한 공용비를 마련하는 관청으로서 그간 의주상인이 책임지고 있었다. 하지만 의주상인으로는 합법을 가장하여 이루어지는 서울 및 지방의 각 아문과 사행원역의 무역품에 과세할 수 없었다. 때문에 의주상인의 상황은 크게 어려워지고 있었다.

이를 극복할 방책으로 정부는 사역원에서 감세관을 파견하여, 한편으로는 서울의 각 아문과 사행원역에 의해 이루어지는 무역물품에 과세하도록 하고, 다른 한편으로는 의주상인의 짐에 세금을 덧붙이는 첨세(添稅)와 의주상인의 돈을 빌려 쓰는 인용(引用)의 폐단을 엄금하면서 의주상인을 보호하려 하였다. 무역물품에 대한 과세를 통해 재정을 확충하려는 조선정부의 의지를 보인 것이다.

그런데 바로 이 시기 조선정부의 포삼무역 정책에도 변화가 일어나기 시작하였다. 즉 정부는 철종 5년(1854) 포삼무역액을 1만 5천근으로 감액하면서도 세액은 늘려가는 포삼의 감액·증세 정책을 펴나갔던 것이다.

2. 포삼의 감액·증세 정책과 포삼정책의 한계

서울의 각 아문과 궁방 및 영읍에서의 불법적 무역 행위가 1850년대에 이르러 의주부 관세청에 심각한 타격을 주고 있을 무렵 포삼수출에도 큰 변화가 있었다. 즉 철종 4년(1853) 포삼수출액이 4만근에서 2만 5천근으로 감액 조정된 것이다. 그 이유는 작년에 의주상인이 포삼수출에서 이익을 보지 못하고 망했다는 것이다.[211] 하지만 어떤 원인으로 의주상인이 포삼수출에서 이익을 잃게 되었는지에 대해서는 자세히 알 길이 없다.

다만 철종 2년(1851)「포삼신정절목」반포이후 역관들과 수종자들의 홍삼밀수출에 대한 처벌이 재천명되는[212] 가운데 사행원역, 서울의 각 아문과 궁방 및 영읍의 사무역이 성행하고 있었다는 점 그리고 이것이 종국에는 의주상인이 담당하던 의주부 관세청의 피폐로 이어지고 있었던 점[213] 등을 고려하면, 이 때의 포삼수 감소는 그간 포삼의 감액을 주장해온 역관과 「포삼신정절목」반포이후 포삼 수출에서 그들의 지위를 위협받게 된 서울상인의 반발과 밀접한 관계가 있지 않을까 싶다. 곧 철종 2년(1851) 의주별장과 개성포주 중심의 4만근 포삼 수출체제에 불만을 가진 역관들과 서울상인의 반발이 감액의 배경이 되었을 가능성을 생각할 수 있는 것이다.[214]

그러나 철종 4년(1853) 포삼 수출량의 감액으로 정부는 첫째 인삼재배를 생업으로 삼는 개성부민의 강한 반발을 감수해야 했으며, 둘째 포삼 무역을 통해 얻어지는 세수입의 감소를 해결해야 하는 문제를 안게 되었다. 개성부는 포삼액수의 증감을 둘러싸고 사역원과 가장 예민하게 대립해 왔으며, 이에 종종 대규모의 밀조사건이 일어나기도 하였다. 하지만 포삼 감액의 문제는 무엇보다도 감액에 따른 세입의 감소를 정부가 어떻게 흡수하는가 하는 것이 관건이었다. 그간 정부는 포삼세를 통해 사역원 경비 10만 냥과 더불어 적어도 6만 냥에 이르는 포삼세를 호조의 재원으로 활용해 왔기 때문이다.

이에 철종 4년(1853)에는 감액(減額)에 따른 감세(減稅)가 논의되었으나, 이듬해 철종 5년(1854)에는 비변사가 다시 포삼의 수량을 줄이고 세

211) 『승정원일기』 2545, 철종 4년 8월 초9일.
212) 『승정원일기』 2523, 철종 2년 10월 20일 ; 『승정원일기』 2533, 철종 3년 8월 29일.
213) 『승정원일기』 2531, 철종 3년 7월 14일.
214) 물론 포삼의 감액에는 병해로 인한 가삼 생산량의 감소와 경작면적의 축소 및 중국측 수요의 감소 등 국내외적 요인이 있었을 것으로 생각된다.

금을 올리는 감액(減額) · 증세(增稅)의 입장을 표명하였다.

> 포삼 외에 밀조한 홍삼은 법령에서 반드시 금하는 바입니다. 해마다 살피고 힘쓰도록 하나 곧 문구(文具)에 그치니, 이 책임은 오로지 개성부와 의주부에 있습니다. 대개 증조(蒸造)의 땅에서 발원하여 수검(搜檢)의 땅에서 받아 맡으니, 만약 개성부와 의주부가 마음을 같이 하여 없애려 한다면 이것은 주머니나 상자에 든 물건을 열어보지 않고도 아는 것과 같습니다. 그것을 행하지 못하는 것은 반드시 그럴만한 까닭이 있는 것이니 부끄러움이 극에 달해 말하고 싶지 않습니다. 그런데 금년의 포삼수출액수를 줄이고 세금을 올리는 조치는 이미 상고배가 부득이 살을 깎아 부스럼을 치료하는 계책에서 나온 것인 즉 비록 한 뿌리의 홍삼이라도 포삼 외에 밀수출한다면 이는 백성을 속이는 것입니다.[215]

철종 5년(1854)의 포삼액수는 1만 5천근으로 책정되어 있었다.[216] 그러나 이번에는 감액 · 감세가 아닌 감액 · 증세의 입장을 밝혔던 것이다. 정부는 감액에 따른 포삼세의 감소 부분을 증세로 보충하려 한 것이다.

이번의 감액 · 증세 정책은 같은 해 정부가 의주부 관세청에 감세관을 파견하여 무역세를 빠짐없이 수취하려던 의도와 동일 선상에 있었다고 파악된다. 역관과 서울상인의 반발 그리고 정부의 강한 수세 의지가 19세기 후반의 포삼수출무역을 감액 · 증세의 범주에서 이루어지도록 한 것이다.

<표 24>는 19세기 후반의 포삼 수출액의 증감과 그에 따른 포삼세액의 변동을 적은 것이다. 여기에서 우선 포삼액수는 철종 4년(1853)에 2만 5천근으로 감액된 후, 고종 3년(1866)의 3만근을 제외하면, 대체로 2만근 수준에서 변동하였음을 알 수 있다. 따라서 철종 2년(1851) 「포삼신정절목」의 근당 세액 4냥이 그대로 적용되었다면, 19세기 후반 포삼세의 총규모는 최저 6만 냥에서 최고 12만 냥의 수준에 머물렀을 것이다.

---

215) 『승정원일기』 2558, 철종 5년 8월 초10일.
216) 『승정원일기』 2558, 철종 5년 8월 초5일.

<표 24> 19세기 후반 포삼무역액과 포삼세 규모 변화

연 대	포삼액수		근당세액	총세액	비 고
	원포(元包)	무은(貿銀)			
헌종13(1847)	40,000근		5냥	23만 냥	
헌종15(1849)	20,000근				
철종 2(1851)	40,000근		4냥	16만 냥	
철종 4(1853)	25,000근				
철종 5(1854)	15,000근				
철종 6(1855)	20,000근				
철종 8(1857)	20,000근	5,000	6냥	15만 냥	
철종 9(1858)	12,000근	3,000			
철종11(1860)	10,000근				
철종12(1861)	13,000근				
고종 1(1864)	8,000근	7,000		21만 냥	
고종 3(1866)	30,000근				
고종 4(1867)	15,000근		14냥	21만 량	
고종11(1874)	22,300근				
고종17(1880)	20,500근				
고종18(1881)	25,200근				

자료 : 1. 표는 『승정원일기』, 『육전조례』, 『의정부관첩등록』(규15135)에서 수
    집 작성하였다.
  2. 원포는 사행에 인정된 포삼이고, 무은은 중국은 수입을 위한 포삼을
    말한다.

그러나 포삼세의 총 규모는 4만근 포삼 때의 20만 냥 수준을 유지하고
있었던 것으로 판단된다. 고종1년(1864)에 김좌근은 "역관들의 말을 들어
보면 포삼에 대한 수세가 21만 냥은 된다고 합니다. 사역원의 공용조 6만
냥을 제외하더라도 그 나머지 15만 냥은 경비에 보태어 쓸 수 있을 것이
니 경비를 풍족하게 할 방법으로 이것보다 좋은 것은 없을 것입니다"[217]
했고, 이듬해에 조두순도 "삼정(蔘政)이 경비에 보탬이 되는 것은 소소
한 세금이 들어오는 것에 비할 바가 아닙니다. 이렇듯 나라의 경비가 궁

---

217) 『고종실록』 권1, 고종 원년 정월 20일.

색한 때에 매년 20여 만 냥의 돈꿰미가 어찌 쉽게 얻어낼 수 있는 재물이겠습니까"[218) 하였다.

이는 1만 5천근 수준의 포삼에서 거두는 포삼세의 규모가 20여 만 냥이라는 점에서 19세기 전반기와는 달리 감액·증세의 경향을 볼 수 있다. 포삼 1만 5천근 수준에서 대략 21만 냥의 포삼세를 거두어 들였다면,[219) 포삼 1근당 세액은 약 14냥 정도로 추산된다.[220)

그러나 이 시기에 일률적으로 포삼세의 총 규모를 20여만 냥으로 산정해 놓고 1근당 세액을 14냥으로 추산하는 데에는 무리가 따른다. 철종 8년(1857) 정부는 사행역관들에게 포삼 5천근을 더 보태 주면서 포삼세로 중국에서 말굽모양의 은(銀)을 바꾸와 호조에 비축해 두도록 하였다. 이때 그 규정을 밝혀 적은 것이「포삼가정절목」(包蔘加定節目)이다. 이 절목에서 정부는 세액(稅額)의 많고 적음은 반드시 원포액수와 더불어 계산할 필요는 없다는 단서를 부치면서도, 홍삼 1근당 세은(稅銀)을 1냥 5전씩으로 정해 말굽모양의 은을 사오도록 규정하였다.[221) 그런데 2년 전에 반포된「만부관세청구폐절목」(灣府管稅廳捄弊節目)에서는 은을 사올 때 은가(銀價)를 은화 1냥에 동전 4냥으로 규정하고 있었다.[222) 이에 따르면 은화 1냥 5전은 동전 6냥으로 환산된다. 그렇다면 이때의 포삼세 총수입은 크게 줄었을 가능성도 있다.

또한 철종 9년(1858)에는 가삼의 생산량이 급격히 떨어져 포삼액수를 다시 1만 5천근으로 감액하였고,[223) 동시에 정부는 호조로 보내는 포삼세를 3만 냥으로 줄이는 조치를 취하였다.[224) 일시적인 조치나마 감세의

---

218)『고종실록』권2, 고종 2년 7월 30일.
219)『육전조례』권3, 호전 판적사 잡세.
220) 1근 당 포삼세 14냥은 미쯔다(水田直昌)가 기록한 포삼 세액과도 일치한다 (미쯔다, 1929,『朝鮮時代の財政』, 友邦協會).
221)『비변사등록』244, 철종 8년 6월 초7일.
222)『비변사등록』241, 철종 5년 8월 14일.
223)『승정원일기』2604, 철종 9년 6월 초5일.

조치도 있었던 것이다. 호조로 보내는 세전을 감한 예는 철종 11년(1860)
에도 보인다. 사행원역의 포삼과 은화구입을 위한 포삼을 합해 1만근으
로 무역량을 감약하면서 호조로 보내는 3만 냥의 세입 중 2만 냥을 감하
도록 하였던 것이다.[225]

　이처럼 수출량의 감액에 따라 포삼세액의 전체 규모가 축소되는 일은
있을 수 있었다. 그럼에도 철종 2년(1851) 포삼세가 1근당 4냥이었던 데
비해, 이 시기에는 최소한 6냥 이상이었다는 사실에서 감액을 보충하기
위한 증세의 추세만은 분명히 감지할 수 있다. 또한 중국에서 말굽모양
은을 사오기 위한 포삼에는 세액이 원포의 세액에 비해 적게 잡혔을 가
능성도 있어 포삼세의 규모는 4만근 당시에 비해 크게 떨어지지 않았으
리라는 추측도 가능하다. 따라서 포삼 1근당 세액은 1850년대는 대체로
6냥을 전후한 세액을 유지했으며, 1860년대에 접어 들면서는 1근당 14냥
까지 증가했던 것으로 생각된다.

　이상과 같이 19세기 후반 포삼무역은 감액·증세 정책의 범주에서 이
루어지고 있었다. 그런데 이 감액·증세 정책과 관련하여 우리는 다음
과 같은 사실에 주목해 볼 필요가 있다.

　첫째 포삼수출액의 감소는 대청 홍삼수출의 위축에서 기인한 것이
아니라, 포삼 수출량을 줄이려는 역관과 서울상인의 이해관계가 우선적
으로 반영된 것이라는 점이다. 예컨대 철종 4년(1853) 1만 5천근의 포삼
액 가운데 상당 부분은, 철종 2년(1851) 「포삼신정절목」에서 포삼별장
이 관리하던 포삼이 줄어들었을 가능성이 가장 높다. 「포삼신정절목」
에서는 4만근 포삼을 역관들 몫과 별장 몫으로 나누어 약 1:3의 비율로
배분하였다. 그리고 만약 사행원역이 늘어날 경우에는 포삼별장의 몫에
서 깎아서 줄 것을 명시하였기 때문이다. 19세기 후반 감액·증세 정책
하 역관 몫의 포삼과 별장 몫의 그것이 어떻게 나뉘었는지에 대한 구체

---

224) 『비변사등록』 245, 철종 9년 6월 초9일.
225) 『승정원일기』 2631, 철종 11년 8월 14일.

242 조선후기 중국과의 무역사

적인 자료는 확보하지 못하였다. 그러나 한 자료에는 "철종 4년(1853)의 주상인 및 통역관의 취급 근수를 정하였는데, 통역관은 5천근, 의주상 인은 1만근으로 한정하였으며, 공히 1근에 14냥의 세금을 과세하였 다"[226]고 하였다. 이 기록을 믿는다고 할 때 역관과 포삼별장이 관리하 는 포삼액수의 비율은 1:2로 추정할 수 있다. 여전히 포삼별장 소관의 무역액수가 역관 몫에 비해 2배에 이르고 있지만, 철종 2년(1851) 1:3의 비율로 나뉘어지고 있었던 것에 비추어 보면, 무역량 삭감의 일차적 대 상은 포삼별장 소관의 포삼이었음을 알 수 있다. 자연히 규정된 포삼액 은 중국에서의 높은 수요를 바탕으로 역행(曆行)과 동지행(冬至行)을 통 해 모두 청나라로 수출되었다.[227] <표 25>는 고종 12년(1875) 포삼액 20,200근의 수출 상황을 나타낸 것으로 규정된 포삼이 액수대로 모두 넘어갔음을 보이고 있다.

<표 25> 고종 12년(1875) 포삼 무역의 실례

	역 행	동지행	계
체 삼	2,825근	3,000근	5,825(A)
직 삼	8,520근	5,855근	14,375(B)+(A)=20,200
미 삼	1,612근	1,975근	3,587

자료 : 『의주부관첩등록』

이러한 상황은 고종 11년(1874)과 고종 13년(1876) 모두 마찬가지였 다.[228] 증액된 포삼세에도 불구하고 규정된 포삼이 모두 수출된다는 것 은 홍삼 수출무역이 여전히 많은 이익을 보장해 주었다는 사실을 반증 하며, 이는 동시에 19세기 후반 서울의 각 아문·궁방과 지방영읍의 사

---

226) 미쯔다, 1929, 위의 책, 238쪽.
227) 『의주부관첩등록』 을해 정월 초10일.
228) 『의주부관첩등록』 갑술 11월 초9일 ; 『의주부관첩등록』 병자 10월29일 참
   조..

무역과 밀무역을 통해서도 상당량의 홍삼이 수출되었으리라는 추측을
가능케 한다.

둘째 조선정부는 포삼의 감액에도 불구하고, 포삼수출무역을 재정 확
충기능으로 십분 활용하고 있었다는 점이다. 예컨대 조선정부는 철종 8
년(1857) 호조에 은화를 비축해 두고자, 역관들에게 원포(元包) 2만근 외
에 5천근을 더해 주고, 그에 대한 포삼세로 중국에서 말굽모양의 은을
수입해 오도록 하였다.229) 호조의 은화 확보를 위해 포삼 이외의 홍삼수
출이 시작된 것이다. 따라서 19세기 후반 포삼무역량은 이 은화 수입을
위한 포삼 수량까지 합해야 한다. <표 26>은 자료상에 나타나는 은화수
입을 위한 포삼까지 합하여 무역량의 변동을 나타낸 것이다.

<표 26> 19세기 후반 포삼 무역량 변화표

	1847	1849	1851	1853	1854	1855	1857	1858	1860	1861	1864	1866	1867	1874	1880	1881
포삼액수	40000	20000	40000	25000	15000	20000	25000	15000	10000	13000	15000	30000	15000	20200	22500	25200

자료 : <표 20>과 <표 24>에 의해 작성하였다.

<표 27> 은화 구입 포삼량과 은화 구입 추정치

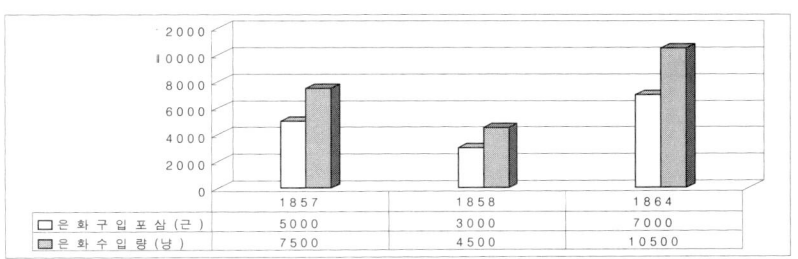

	1857	1858	1864
은화 구입포삼 (근)	5000	3000	7000
은화 수입량 (냥)	7500	4500	10500

자료 : 『승정원일기』 해당 기사에 의거하여 작성하였다.

---

229) 『승정원일기』 2592, 철종 8년 윤5월 25일.

　은화를 수입하기 위한 포삼 수출 규모는 고종 대에 더욱 확대되어, 정부의 재정에 중요한 역할을 하였다. 고종 1년(1864) 김좌근이 "연전에 비용이 모자라 원포삼 8천근 외에 5천근을 더 정해주어 은화로 바꾸어 재정에 보태었습니다. 지금 형편이 이전에 비해 더욱 궁색하니 2천근을 다시 더해 주면 7천근이 되어 원포와 더불어 총 1만 5천근이 됩니다"하여 은화를 수입할 포삼을 늘릴 것을 말하자, 대왕대비는 "만약 국가의 재정에 이롭다면 지금 변통하는 것은 도리어 늦은 감이 있다. 아뢴 바에 따라 시행함이 좋겠다"230)고 하여 바로 승인하고 있다. 이때 연전(年前)이 구체적으로 언제를 지칭하는지는 분명치 않다. 그러나 은화를 수입할 포삼을 7천근으로 늘려, 8천근 원포와 함께 1만 5천근의 포삼수출액을 결정하고 있었다. 은화를 수입할 포삼이 원포와 불과 1천근 밖에 차이가 나지 않게 된 것이다.

　정부는 19세기 후반으로 갈수록 원포외의 홍삼의 수출량을 증가시켜 재정을 확충하려는 정책을 보다 분명히 하였다. 이는 병인양요를 겪는 과정에서 분명히 드러난다.231)

　　　매번 경비가 부족할 때에는 원포삼외에 포삼을 증액하여 보태어 썼습니다. 지금 변란에 대비하는 것이 당장 급하니, 1만 5천근을 내년부터 다시 첨부하되 강화영에서 1만근, 개성부에서 3천근, 옹진영에서 2천근을 세금으로 받아 나눌 것입니다.232)

　병인양요 직후 군사비용의 확대를 포삼세를 이용하여 보충하려 한 것이다.233) 그런데 이 예는 조선 정부가 포삼무역을 외교비와 관련 없이

---

230) 『고종실록』 권1, 고종 원년 정월 20일.
231) 대원군 집정기 포삼세를 군사비용으로 이용한 것에 대해서는 이욱, 1996, 「대원군집정기 삼군부의 설치와 그 성격」『군사』 32 및 연갑수, 2001, 『대원군집권기 부국강병책 연구』 서울대학교 출판부 참조.
232) 『고종실록』 권3, 고종 3년 11월 초4일.
233) 이때 가정(加定)된 1만 5천근의 포삼을 누가 담당하였는가에 대해서는 분명

순수히 각 기관의 재정 확보책으로 이용하기 시작했음을 보여 주는 것이다.[234]

고종 4년(1867)에 간행된 『육전조례』는 포삼세가 사역원의 경비 차원을 넘어 호조 재정 보충의 기능을 지녔다는 사실을 드러내고 있다. 즉 『육전조례』에서는 "포삼 1만 5천근에 대한 세전(稅錢)은 21만 냥인데, 6만 냥은 사역원에 교부하고 15만 냥은 호조의 경비로 교부한다"라고 명문화하였다.[235] 사역원보다 호조로 전입되는 포삼세액이 많게 되었던 것이다. 곧 철종 2년(1851) 「포삼신정절목」 당시 16만 냥 세전 가운데 10만 냥은 사역원에 6만 냥은 호조에 획부하도록 한 규정이 완전히 역전된 것이다. 또한 고종 11년(1874)에는 강화의 진무영(鎭撫營)에 관세청의 삼세전(蔘稅錢) 10만 냥이 보내지기도 하는 등, 포삼세는 이미 각 군문내지는 호조의 재정으로 전용되기 시작하였다.[236]

요컨대 19세기 후반 조선의 포삼수출무역은 전반기와는 달리 감액을 통한 증세의 범주에서 이루어지고 있었다. 그러나 대청 홍삼수출무역은 위축되지 않았다. 규정된 포삼은 모두 청나라로 넘어갔으며, 홍삼의 밀조·밀수출도 그 어느 때보다 성행하였다.

조선정부는 포삼 수출무역에 이익이 많고 그에 따라 포삼세의 수취가 쉽게 이루어질 수 있음을 잘 알고 있었다. 이 때문에 정부는 감액으로 인한 재정상의 손실을 증세로 벌충하는가 하면 호조에 은화를 저축하고 군사비를 마련하기 위해 포삼 수출무역을 적극 활용하였다. 조선 정부가

치 않다. 그러나 그 추세로 보아 역관이 담당했을 가능성이 높다.

234) 대원군 집정기(1863~1873) 포삼세를 군비증강에 활용한데에 관해서는, 연갑수, 2001, 『대원군집권기 부국강병책 연구』 서울대학교 출판부 참조.

235) 『육전조례』 권3, 호전 판적사 잡세.

236) 『고종실록』 권11, 고종 11년 3월 19일. 한편 이 시기 조선정부는 재정보용책의 일환으로 무역세를 적극 활용하려는 면을 보인다. 즉 대원군 시기에는 책화 뿐 아니라 북화에도 과세하기 시작하였다. 이는 무역세의 수취와 관련하여 별도의 고찰이 필요하다고 생각된다(『비변사등록』 251, 고종 3년 10월 11일).

이처럼 재정 확충을 위해 포삼 수출무역을 적극 활용한 데에는 포삼이
토지에서 생산되어 이익을 창출한다는 인식에 기반하고 있었다.[237] 또한
국내 생산품으로 은화의 수입을 기도했던 것은, 당시 중국의 은화 흡수
력을 생각할 때, 조선 홍삼무역의 위치를 새삼 부각시킨다고 하겠다.

그러나 조선정부의 감액·증세 정책은 19세기를 통해 줄곧 감액을 주
장해 오던 역관들과 서울상인의 이익을 보장해 주는 방향에서 수립된
정책이었다. 이에 따라 19세기 후반에는 개성상인과 의주상인을 중심으
로 홍삼의 밀조·밀수출이 구조화되고 있었다. 가삼 재배를 생업을 삼
고 있던 개성부민에게 포삼 수출량 감액은 치명적인 타격이었으며, 증세
또한 의주상인에게 부담을 주었다.

결국 조선정부는 19세기 후반 포삼무역에 대한 감액·증세 정책을 고
수함으로써, 종국에는 역관과 서울상인의 이익을 보장해 주는 결과를 낳
고 있었다. 따라서 홍삼의 생산자이며 대청무역을 주도했던 개성상인과
의주상인은 자연 밀수상인으로 변화할 수 밖에 없었다. 여기에 개성부와
의주부 및 서로(西路)의 각 영읍은 각기 그들의 재정을 마련키 위해 이
들의 밀조·밀수출을 눈감아 주었다. 19세기 후반 홍삼의 밀조·밀수출
은 이러한 구조적 모순 속에서 새로운 양태로 확산되고 있었다. 다음절
에서는 19세기 후반 감액·증세 정책 아래서 성행한 홍삼 밀무역의 새
로운 전개 양상에 대해서 살펴보도록 한다.

3. 의주·개성상인의 국내외 밀무역 전개

철종 2년(1851) 「포삼신정절목」은 조선정부가 의주별장과 개성포주를
중심축으로 하여 포삼의 수출무역을 담당하려 한 것이었다. 그러나 그만

---

237) 『승정원일기』 2592, 철종 8년 윤5월 25일.

큼 이들에 의해 일어날 수 있는 밀조·밀수출도 우려되었다. 따라서 「포삼신정절목」에서는 의주별장과 개성포주의 권리를 보장해 주는 동시에 이들에 의해 일어날 수 있는 밀조·밀수출에 대한 책임 규정도 마련하였다. 즉 서울의 잡류(雜類)들이 별장과 포주의 선출에 간섭하지 못하도록 하여[238] 의주상인과 개성상인의 이익을 보장해 주면서도, "밀조·밀수출의 폐단이 모두 별장과 포주를 제대로 얻지 못한 데서 나왔다"[239]는 인식 하에 이들에 의한 밀조·밀수출을 엄단하려 하였다.

이에 별장 2인이 하나의 증포소를 정하되 포주의 이름 아래 해당 별장의 성명과 그들이 가져 갈 포삼액을 적어 정부의 조사에 대비케 함으로써, 밀조·밀수출에 대한 연대 책임을 부여하려 하였다.[240] 그리고 이들의 밀조·밀수출을 막기 위해 평안도·황해도의 감영과 병영은 큰길과 작은 길은 물론 산점(山店)과 야점(野店)까지 정탐하도록 규정했으며,[241] 특히 개성부과 의주부는 상인을 타이르고 교리(校吏)를 단속하여 밀조·밀수출을 막도록 하였다. 개성부는 홍삼을 만드는 곳이요, 의주부는 몰래 넘겨다 파는 길목이니 밀조·밀수출의 유무와 많고 적음을 모를 리 없었기 때문이었다.[242] 또한 밀조·밀수출을 금지하는 효과를 높이기 위해 밀조한 삼으로 발각된 것은 국내에서 잡혔건 청나라에서 잡혔건 그 물건의 절반은 잡아낸 사람에게 내 주도록 하였다.[243]

그러나 「포삼신정절목」 반포 이후에도 홍삼의 밀조·밀수출은 계속되었다. 이에 철종 2년(1851) 대왕대비는 사신 일행의 짐꾸러미에 가탁하여 홍삼을 밀반출하는 것을 철저히 단속하라고 지시하였다. 정사(正使) 이하 사행의 짐과 행장을 일일이 검사하여 밀조한 홍삼의 수출을 막으라는 것

---

238) 『비변사등록』 238, 철종 2년 윤8월 23일.
239) 『비변사등록』 238, 철종 2년 윤8월 23일.
240) 『비변사등록』 238, 철종 2년 윤8월 23일.
241) 『비변사등록』 238, 철종 2년 윤8월 23일.
242) 『비변사등록』 238, 철종 2년 윤8월 23일.
243) 『비변사등록』 238, 철종 2년 윤8월 23일.

이었다.244) 의주부의 수검시 삼사신과 의부부윤 사이에 갈등이 일어났던 것으로 미루어, 사신의 짐과 행장에 가탁하여 밀수출을 기도한 층은 역관과 연결된 상인세력이었던 것으로 생각된다. 김좌근이 "밀조된 홍삼 수출을 막고 금지한다는 것은 여러 번 조칙이 있었는데, 문득 여러 해를 지나 폐지할 수 없는 일이 되었습니다. 간로(間路)와 벽로(僻路)를 정탐하는 등의 일은 모두 양서·관북의 감영에 공문을 띄워 이들이 각읍을 단속하도록 하고, 밀수꾼은 역관과 상인 및 수종자를 막론하고 경상(境上)에서 사형에 처한다는 것이 바뀔 수 없는 법규이니 아울러 분명하게 지시함이 어떠합니까"245) 한데서 보듯, 이 시기 밀조 홍삼을 가지고 밀수출하는 사람은 역관과 상인 및 그들의 수종자들로 인식되었다.

[그림 18] 개성삼포246)

---

244) 『승정원일기』 2523, 철종 2년 10월 20일.
245) 『승정원일기』 2533, 철종 3년 8월 29일.
246) 출전 : 『조선고적도보』, 조선총독부.

역관과 상인 및 수종자로서 홍삼의 밀수출을 감행한 상인의 범주에는 포삼수출무역에 참여한 모든 사상층이 포함되었을 것이다. 그러나 철종 5년(1854)「만부관세청구폐절목」반포를 전후한 시기에는 사행원역 및 그들과 관련된 각종 명색의 수종인원에 의한 무역이 문제시되었고,[247] 사행의 짐으로 구며 면세를 꾀함으로써 의주상인이 맡고 있던 관세청이 피폐하였다.[248] 역관과 쉽게 결탁할 수 있었으며, 그들의 행위가 의주상인이 책임맡은 관세청의 이해와는 상반된다는 점에서, 역관과 상인 및 수종자 가운데는 서울의 상인들이 다수 포함되었을 가능성이 높았다.

그런데 철종 5년(1854) 정부의 포삼정책이 감액·증세 정책으로 전환되자, 홍삼의 밀조·밀수출은 이제 개성상인과 의주상인을 중심으로 구조화되었다. 정부의 감액·증세 정책은 증액·감세 정책에 비해 역관의 이익을 보호하는 결과를 낳았다. 역관에게 포삼 수출량의 감액은 국내에서 싼 가격에 홍삼을 구입하고 중국측에서 높은 가격을 유지할 수 있는 기회를 제공하였다.

반면 가삼의 재배를 생업으로 하는 개성상인에게는 심각한 타격이었다. 포삼수가 줄어듦에 따라 가삼의 가격이 하락하고 실업 인구가 발생할 것이기 때문이었다. 포삼세의 증액은 세금의 관리와 수세를 맡았던 의주상인에게도 유리할 것이 없었다.

이렇듯 19세기 후반의 감액·증세 정책은 의주상인과 개성상인에 의한 밀조와 밀수출을 구조적으로 발생시키는 여건을 조성하고 있었던 것이다. 이에 조선정부는 감액·증세로 선회한 바로 그 해부터 서로(西路)에 대한 검문검색을 강화하여 밀조·밀수출을 막고자 하였다. 서로의 검문검색은 개성에서 가까운 금천으로부터 시작하였으며, 그 대상은 개

---

247) 『승정원일기』 2521, 철종 2년 윤8월 초5일 ; 『승정원일기』 2543, 철종 4년 6월 28일 ; 『승정원일기』 2552, 철종 5년 3월 25일.
248) 『승정원일기』 2531, 철종 3년 7월 14일 ; 『승정원일기』 2545, 철종 4년 8월 27일.

성상인과 의주상인이었다. 이와같은 사실은 다음과 같은 글에서도 잘 드러난다. "사행 연로(沿路)의 홍삼 밀매자를 기찰 체포하는 것은 이전부터 정해진 규정이 있었으나 이번에는 서쪽의 금천(金川)에서부터 시작합니다. 만약 밀매하는 자를 잡아들여 밀수품을 바치는 것이 있으면 그것 모두를 반으로 갈라 절반은 기찰한 포교에게 지급하여 그 노고에 보답하고 절반은 민고(民庫)에 넣어 과렴(科斂)으로 인한 피폐함을 보완하도록 하십시오. 또한 그 밀조한 홍삼의 출처를 쫓아 백삼(白蔘)을 매매한 자와 그것을 증조한 자도 사형에 처하지는 않되 아울러 절도에 무한정 유배하고, 조심해서 살피지 못한 개성부와 의주부의 부윤들도 아울러 보고서를 올려 죄를 다스리도록 하십시오. 근래의 밀수출은 전처럼 서로(西路)에서만이 아니라 북로(北路)의 개시(開市) 때와, 해서(海西)의 중국 배와도 자행되고 있습니다"[249] 고 한 내용이나, 비변사가 올린 글에 "홍삼의 밀조행위를 금하라는 칙교가 전후에 얼마나 있었습니까. 그러나 근래 오히려 다시 크게 해이해져 그들이 금령을 무릅쓰고 저지르는 폐단에 대해 들리는 소문은 어처구니가 없습니다. 이는 단지 밀수상인들 혼자서 해낼 수 있는 일이 아니며 실로 관부(官府)의 무관심과 교속(校屬)들의 비호에 말미암은 것입니다"[250] 라고도 하였다. 즉 밀수 상인들이 홍삼을 밀조·밀매하는 행위가 자행되었는데, 이는 밀조·밀매 상인들이 단독으로 저지르는 것이 아니라 일정하게 관아와의 결탁하에 이루어진다는 것이다. 따라서 조선정부는 홍삼의 밀조·밀매 행위를 금하고 적발해야 할 책임을 지고 있는 개성유수와 의주부윤에게 그 책임을 묻고 있었던 셈이다.

예전에도 이 두 지역의 관장은 사행에 숨어 들어가는 밀수상인 및 몰래 만든 홍삼에 대한 규찰을 책임지고 있었다.[251] 따라서 위의 조치를

---

249) 『의주부장계등록』 갑인(1854;철종5) 8月 19일.
250) 『비변사등록』 243, 철종 7년 7월 28일.
251) 『비변사등록』 244, 철종 8년 8월 13일 ; 『승정원일기』 2605, 철종 9년 7월

곧바로 개성상인과 의주상인의 밀조와 밀수출을 막으라는 것으로 일치시켜 이해할 수는 없다. 그러나 의주부의 수검이 사행과 갈등을 일으키고 있었던 점252) 그리고 경별장(京別將)과 경포교(京捕校)와 같은 명색이 있어 홍삼을 밀조한 죄인을 체포하고 있었다는 사실에서253) 의주부와 개성부가 비호했던 상인은 역시 의주상인과 개성상인이었다고 생각된다. 의주부와 개성부는 이들을 보호해 주는 대신 공세(公稅)가 아닌 사세(私稅) 즉 합안세를 받았던 것이다.

실제 19세기 후반 포삼수출의 감액·증세 정책하에서는 개성상인이 중심이 된 밀조 행위가 특히 많았다. 개성상인은 홍삼의 생산자로서 감액·증세정책의 최대 피해자였기 때문이다. 철종 11년(1860)에는 개성인 박정하가 홍삼 69근을 밀조하여 몰래 팔다가 검문 검색하던 포교에게 체포되는 사건이 일어났으며254) 이듬해인 철종 12년(1861)에는 송도 선즉교 부근 현학동에 사는 최문호의 집에서 홍장섭·윤만대, 서울에 사는 최이경 등이 서로 모의하여, 홍삼 1만 2천여 근을 몰래 만들었다가 경포교(京捕校)에게 발각되는 사건이 일어났다.255) 그런데 이 사건에 연루된 윤만대는 개성 남부에 살았던 연상(燕商)이었으나 상업에 실패한 후, 친분이 있던 서울의 최이경과 부동하여 홍삼을 밀조하게 되었다고 자백하고 있다.256) 우리는 여기서 조선정부의 포삼수출 정책이 증액·감세에서 감액·증세로 돌아선 이후, 개성상인이 대청무역상에서 이익을 잃은 사례와 그에 이어 홍삼의 밀조가 성행했던 당시의 상황을 알 수 있다. 그리고 서울의 최이경이란 자를 끌어들여 1만여 근에 달하는 밀조를 행하였던 것으로 보아, 이 시기에는 상대적으로 역관과 서울 지역의

11일 ;『승정원일기』 2618, 철종 10년 8월 28일.
252)『승정원일기』 2523, 철종 2년 10월 20일.
253)『고종실록』 권1, 고종 원년 6월 초8일.
254)『우포도청등록』 제14책, 경신(1860) 11월 21일.
255)『우포도청등록』 제15책, 신유(1861) 9월 28일.
256)『우포도청등록』 제15책, 신유(1861) 10월 초8일.

상인이 대청무역의 주도권을 지니고 있었다고 추측해 볼 수 있다.

또한 같은 해 11월에는 개성인 손지일·손덕명과 의주인 김정연이 연루된 홍삼 밀조 사건과 밀수 행위가 발각되어 처벌받는 일도 벌어졌다.[257] 그런데 이때 연루된 김정연은 본래 등짐을 지는 것으로 먹고살던 의주 사람인데, 다년간 책문에 왕래하여 중국어를 알고 있는 자였다. 그러나 그는 헌종 13년(1847) 자신의 가족들을 이끌고 개성 남부로 내려와 살면서, 삼포(蔘圃)의 사환 노릇을 밥벌이 방책으로 삼고 살다가 이번 사건에 끼게 된 것이었다.[258] 의주인 김정연이 무슨 이유에서 자신의 본거지를 떠나 개성에서 살게 되었는지는 분명치 않다. 추측컨대 의주상인의 일원으로 대청 포삼무역에 참여했던 소자본의 상인들은 조선정부의 감액·증세 정책하에서 실업(失業)함으로써 그들이 본거지를 떠나지 않을 수 없었고, 이러한 상황에 몰린 이들은 그 간 각별한 관계를 유지했던 개성상인이 있는 곳 즉 개성부로 흘러 들어와 삼포의 사환 노릇을 하면서 살았던 것이 아닌가 생각된다.

이는 어디까지나 추론에 불과하지만 이번 사건에 연루된 김정연은 소자본을 지닌 의주상인으로써 실패한 범주에 드는 사람일 것이다. 그렇기 때문에 그는 개성상인의 밀수행위에 같이 낄 수 있었던 것이다. 특히 그는 이 사건이 있은 지 3년 후인 고종 1년(1864)에 다시 임시형·임봉익 형제의 홍삼 밀수출 사건에도 연루된다.[259] 결국 이 시기 개성상인과 의주상인에 의한 홍삼 밀수출은 조선정부의 감액·증세 정책에서 오는 구조적인 문제에서 발생하였던 것이다.

그런데 이러한 구조적인 문제로 이 시기 홍삼 밀수출은 그 규모가 커졌음은 물론이고 밀조홍삼의 수출로가 육로뿐 아니라 수로로 다변화되어, 청나라 상선인 중국배뿐 아니라 서양의 상선인 이양선(異樣船)과도

---

257) 『우포도청등록』 제15책, 신유(1861) 11월 초4일~11월 13일.
258) 『우포도청등록』 제15책, 신유(1861) 11월 15일.
259) 『승정원일기』 고종 원년 8월 초1일.

밀무역을 하였다. 이 시기 비변사가 "밀조홍삼 역시 나라에서 금하는 물건의 하나입니다. 명색이 나라에서 금하는 것이니 금령을 어기는 것은 곧 난민(亂民)입니다. (중략) 대개 홍삼을 찌는 곳인 개성부와 수검하는 곳인 의주부는 (홍삼 밀조의) 근원이요 (밀수출하는) 길목으로 서로 관계되어 있습니다. 층층이 일어나는 폐단이 또한 개성·의주 두 곳에서 말미암는 것입니다. 만약 규찰할 뜻을 갖고 법대로 실시하였다면 어찌 이런 지경에 이르렀겠습니까. 지금 역행과 절행이 서로 이어지는 때를 당하여 전철을 밟게 할 수 없으니 이러한 뜻을 개성유수와 의주부윤에게 공문을 보내게 하여 일을 마친 후에 홍삼을 더 만든 것이 있는지 없는 지와 밀수출한 것이 많은지 적은지를 서울과 지방에 전문(傳聞)하여 반드시 덮어두는 일이 없도록 하고 비변사가 모두 잘못을 따지게 하십시오. 평양·안주는 사행길 중의 요충이요 해주의 수로(水路)는 근래 밀조한 홍삼의 밀수출로이니 아울러 평안감사와 황해감영 및 수영에 공문을 보내 각별히 살피게 하여 실효가 있도록 해야 할 것입니다. 그리고 만약 포삼외에 몰래 밀수출하는 것이 있으면 수효의 다소를 막론하고 기찰한 포교에게 특별히 주어 그 노고에 보답해 줄 것을 지시함이 어떠합니까"[260] 하였다.

또 "근래 홍삼의 책문무역이 매번 전과 같지 않습니다. 1만근을 가지고 가는 것이 번번이 다 팔리지 않아 가격이 낮아지는 근심이 있다고 합니다. 변통 방법에 대해서는 비록 논할 수 없으나 밀수출을 더욱 엄금하여, 만약 개성부에서 증조할 때부터 의주부 수검 장소까지 규정대로 잘 지켜 한 뿌리의 삼이라도 더 증조하거나 밀수출하는 폐단이 없도록 하면 허다한 폐단이 어떻게 일어나겠습니까. 평양·안주는 (밀수출의) 요로(要路)요, 해서는 어선(漁船)이 닿는 지름길이니 더욱 규찰해야 할 것입니다. 이러한 뜻을 아울러 평안감사, 황해도의 감영과 수영 및 개성

---

260) 『승정원일기』 2632, 철종 11년 9월 28일.

부·의주부에 공문을 내보내 각별히 검문 검색하도록 하고, 다소를 막론하고 잡히는 대로 보고하도록 하되 만약 다른 자의 정탐에서 발각되면 책임이 돌아가는 바가 있도록 하여 명심하여 거행토록 할 것을 문서로 알림이 어떠합니까"[261]라고 하였다.

이를 보면 이 시기에는 개성부와 의주부의 밀조·밀수출이 극히 심해졌다는 것을 알 수 있다. 이 때문에 청나라에 수출한 사행의 공식적인 포삼 가격이 낮아진다는 우려가 나올 정도였다. 개성부, 의주부와 결탁된 개성상인과 의주상인의 밀조·밀수출이 공식적인 포삼수출보다 가격 경쟁력을 가지며, 대규모로 수출되고 있었다는 것을 방증하는 것이다.

그런데 여기서 더욱 주목되는 것은 밀수출이 육로 뿐 아니라 해상을 통한 밀무역의 형태로까지 확대되고 있었다는 점이다. 해상을 통한 밀무역은 이미 19세기 초반부터 보였던 양상이나,[262] 1860년대부터는 '평양·안주는 사행로의 요충이요 해주의 수로는 근래 밀조한 홍삼이 새는 구멍'이라는 인식이 나오고, 개성과 의주부 뿐 아니라 평안감영, 황해감영과 수영도 밀조한 홍삼을 검문 검색하도록 하는 규정이 나타나고 있었다. '해서지방에서 일어나는 중국배에 의한 소란은 밀조한 홍삼으로 인한 것이고, 이는 모두 개성에서 홍삼을 규정된 양을 넘어 밀조하는 데서 말미암는다'[263]는 인식도 같은 맥락에 서 있었다.[264] 개성의 밀조가 육로 뿐 아니라 당선(唐船) 즉 중국배와 연결되어 수로를 통한 밀무역의 형태로 진전되고 있었던 것이다.[265]

고종 때로 접어들면서 해로를 통한 밀수출은 더욱 성행하였다. 이에 조선정부는 중국배가 연해에 와서 소란을 피우는 것과 밀조한 홍삼을 그들과 공모하여 매매하는 것을 철저히 금하며, 아울러 이러한 뜻을 개

---

261) 『승정원일기』 2642, 철종 12년 7월 18일.
262) 『승정원일기』 1932, 순조 7년 8월 18일.
263) 『승정원일기』 2666, 철종 14년 7월 24일.
264) 『승정원일기』 고종 원년 2월 15일 ; 『고종실록』 권1, 고종 원년 2월 15일.
265) 『비변사등록』 251, 고종 3년 7월 초1일.

성유수와 평안·함경 양도의 감사에게 신칙하도록 명하였다.[266] 이어 곧 중국배와 무역하는 밀수상인에 대한 처벌 규정도 마련되었다. 즉 고종 1년(1864) 대왕대비는 "매번 듣건데 해서지방에 중국배가 왕래하여 우리나라 사람과 화응한다 하니, 이는 곧 인삼을 몰래 팔려는 상인들의 계책인 것이다. 다른 나라의 사람이 수로(水路)를 이용하여 빈번히 우리 경내로 들어오는 것 역시 크게 걱정되며, 변금(邊禁)이 무너진 것에 대해서는 차라리 말하고 싶지 않다. 우선 밀수상인을 금하고 또 연해 수령과 변장에게 지시하여 저들 배와 서로 화응하지 못하도록 하라. 이와 같이 엄칙한 이후 다시 이를 범하는 사람들은 사형으로 국법의 엄함을 보일 것이다"[267] 하였다.

그러나 이러한 법령을 비웃기라도 하듯 해로를 통한 홍삼 밀무역은 더욱 성행하였다. 즉 법령이 정비된지 불과 4개월만에, 개성부의 손상준·임홍철 등이 철종 14년(1863) 가을 체삼(體蔘) 15근과 미삼(尾蔘) 34근 도합 49근을 몰래 만들어, 고종 1년(1864) 봄 이를 배에 싣고 바다로 나갔다가 붙잡힌 사건이 일어난 것이다.[268] 개성에서 밀조한 홍삼이 육로 뿐 아니라 해상을 통해 밀수출되고 있었던 것이다.

그런데 이같은 개성상인의 밀무역은 개성부와의 결탁이 있었기 때문에 가능하였다. 즉 이번 사건을 적극 발각해 낸 것은 개성부의 포교가 아니라 서울의 별장(別將)과 포교(捕校)였다. 이에 대왕대비는 연해의 방비가 이처럼 허술하게 되었다는 사실과 더불어 서울의 별장(別將)과 포교(捕校)의 명석이 있은 연후에야 밀수상인을 막을 수 있었다는 사실을 더 크게 문제삼고 있었다.[269] 홍삼의 밀조·밀수출의 확산은 정부의 포삼 감액·증세정책에 따른 개성상인 및 개성부의 예견된 반작용이었다.

266) 『고종실록』 권1, 고종 원년 2월 초3일.
267) 『승정원일기』 고종 원년 2월 15일 ; 『고종실록』 권1, 고종 원년 2월 15일.
268) 『승정원일기』 고종 원년 6월 초7일.
269) 『승정원일기』 고종 원년 6월 초8일.

개성상인과 개성부의 밀조는 이러한 구조적인 원인 속에서 발생하고 있었던 것이다.

　개성부의 밀조와 해상 밀무역의 실상 및 밀수상인의 실체를 보여주는 사건은 같은 해 8월에 또 일어났다. 이 사건은 삼주(蔘主)·거간인(居間人)·주사인(主事人) 등 밀무역과 연관된 사람들의 역할과 그들의 출신까지 잘 나타나 있어, 이 시기 밀수상인의 활동 면모를 살피는 좋은 예가 된다.

　<표 28>은 이 사건과 관련된 인물들의 역할과 출신을 정리한 것이다.

　이 사건의 발단은 고종 1년(1864) 봄과 여름 사이에 밀수상인들이 황해도 옹진의 여러 섬에 배를 타고 왕래하면서 물화를 교역한다는 이야기가 빈번하게 들리면서부터였다.[270] 이에 연변(沿邊) 각처를 정탐하던 중 인천 포구에서 장물(贓物)을 매매하던 밀수상인을 체포함으로써 밀무역 사실이 밝혀진 것이다.[271]

<표 28> 고종 1년(1864) 밀조사건 연루 인물

성 명	역 할	출 신	비 고
홍병구(洪秉九)	삼주·밀조	송도인·삼포업	
임시형(林時衡)	거간인	송도인·삼상	
임봉익(林鳳益)	잠상	송도인·삼상	임시형의 동생
김정연(金正連)	주사인	의주인	중국어 가능
조관섭(趙寬燮)			채권자
김순원(金順元)	선인(船人)	제물포인. 선업(船業)	
이성삼(李成三)	선인(船人)	선업(船業)	
박보경(朴保卿)	잠상	인천인	임시형 형제와 공모
오봉길(吳奉吉)	잠상	인천인	임시형 형제와 공모

　자료 :『승정원일기』고종 원년 8월 초1일

270)『승정원일기』고종 원년 8월 초1일. 이하 이 사건에 대한 서술은 위의『승정원일기』기록에 의거하였다.
271)『우포도청등록』제19책, 갑자(1864) 7월 15일, 7월 20일, 7월 25일, 8월 초10일 참조.

즉 임시형과 임봉익은 형제인데 인천에 사는 박보경·오봉길과 함께 조관섭으로부터 2천 5백 냥의 빚을 얻은 뒤, 임봉익이 주선하여 홍삼 118근을 사들였다.[272] 이 때 임봉익이 사들인 홍삼은 개성 북부 당상교(堂上橋)에 살며, 가삼재배를 생업으로 삼던 홍병구가 밀조한 것이었다.[273] 홍삼을 사들인 이들은 다시 의주인으로 중국어를 알고 있던 김정연을 꾀어 가담시켰다.[274] 김정연을 가담시킨 이들은 작년 9월 그믐에 다시 조관섭에게 선박을 얻어 옹진의 창영도로 나갔으나 바람이 세차 중국배를 만나지 못하고 돌아왔다. 이후 금년 6월에 다시 배를 타고 창연도로 가 중국배와 무역하는 데 성공하였다. 그러나 선인(船人)인 김순원과 이성삼이 인천에서 붙잡힘으로써 밀무역의 전모가 드러났던 것이다.[275]

이 사건은 주모자였던 임시형 형제가 개성인으로 거간꾼이자 삼상이었다는 점 그리고 삼포업(蔘圃業)을 하는 홍병구가 이들의 권유로 가삼을 밀조해 주었다는 점 그리고 중국말을 할 줄 아는 의주상인으로 이 무렵에는 개성에 들어와 살고 있었던 김정연을 끌어들이고 있다는 점에서 상당히 조직적인 면을 보인다. 개성상인을 주축으로 한 홍삼의 밀수 사건이었던 것이다.

해상을 통해 홍삼의 밀수출행위가 계속되자 조선 정부는 황주(黃州)·평양·안주(安州) 등의 감영·병영 관원들에게 짐꾸러미에 정부가 인정하는 인지(印紙)를 붙인 것 이외의 물품을 철저히 검색하는 규정을 재차 강조하고, 이러한 뜻을 개성과 의주·평안감영·평안병영·황해병영에 엄하게 신칙하였으며 해안의 방어와 관련된 문제는 황해감영과 황해 수영에 공문을 내어 신칙토록 하였다.[276] 그 동안 홍삼의 밀조를

---

272) 『승정원일기』 고종 원년 8월 초1일.
273) 『승정원일기』 고종 원년 8월 초1일.
274) 『승정원일기』 고종 원년 8월 초1일.
275) 이 사건의 관련자에 대한 처벌은 『승정원일기』 고종 원년 8월 초10일 및 『승정원일기』 고종 원년 8월 11일.

막는 책임은 개성에, 밀수출을 막는 책임은 의주에 있었다. 그러나 이 시기에는 평안감영·평안병영, 황해감영·황해수영도 홍삼 밀수자 수검의 책임을 함께 지고 있었던 것이다. 특히 황해감영과 수영은 해상 밀무역과 관련하여 밀수를 금지하는 책임이 지워져 있었다.[277] 그러나 중국배와 우리측 상인과의 밀무역은 더욱 심해져갔다.[278] 고종 5년(1868) 평안도 청북 암행어사 서경순은 "청천강 이북의 여러 읍에 있는 각 포구들의 바깥 바다에는 저 사람들의 배가 때도 없이 오가면서 우리나라의 모리배들과 몰래 장사를 하고 있습니다"[279]하는 보고를 올렸으며, 이듬해에 황해감사 조석여는 "초도 앞바다에 경강선 한 척이 중국배와 몰래 통상하다가 포민이 소리를 지르며 포를 쏘자 중국배와 경강인이 모두 달아나 붙잡지 못하였다"고 하는 장계를 올리기도 하였다.[280]

이를 통해 19세기 후반 중국배와의 무역이 서해안 전역에 걸쳐 발생하고 있었으며, 밀무역 주체는 개성상인 뿐 아니라 서울상인도 있었다는 것을 알 수 있다. 또한 청천강 이북 지역에서 중국배와 이루어진 밀무역은 의주상인이 깊이 관련되었을 것으로 추측된다. 19세기 후반으로 갈수록 대청 밀무역의 주체와 범위가 넓어지고 있었던 것이다.

한편 해상 밀무역이 성행하면서, 차츰 조선측 상인과 이양선(異樣船)과의 밀무역도 이뤄졌다. 이양선은 중국배가 아닌 이선(異船), 피인(彼人)이 아닌 이류(異類), 즉 서양상인들이었다. 고종 3년(1866) 1월에는 홍화서(洪化瑞)·정석린(鄭錫麟)·박면철(朴冕哲)·이인순(李仁淳) 등이 이양선과 몰래 홍삼을 밀수출하다가 붙들리는 사건이 일어났다.[281] 또한 같은 해 8월에는 김도강·박문호가 개성인 권사흡·홍인보·문국보

---

276) 『고종실록』 권2, 고종 2년 7월 14일.
277) 『비변사등록』 251, 고종 3년 7월 초1일.
278) 『승정원일기』 고종3년 12월 26일 ; 『비변사등록』 251, 고종 3년 12월 26일.
279) 『고종실록』 권5, 고종 5년 11월 초5일.
280) 『승정원일기』 고종 6년 7월 15일.
281) 『승정원일기』 고종 3년 정월 25일 ; 『비변사등록』 251, 고종 3년 정월 25일.

등과 연결하여 밀조한 홍삼을 숨겨두고 있다가 잡힌 사건이 일어났다. 그런데 이들은 심문 과정에서 밀조한 홍삼을 가지고 안주 또는 의주로 갔었다고 했으나, 황해 감사는 이 말을 믿지 않았다. 이들이 가까운 바다 길을 두고 먼 육로로 갈 이유가 없다는 것이다. 황해감사는 이류(異類)들과 밀수하는 것은 첫째도 밀조한 홍삼이요, 둘째도 밀조한 홍삼 때문이니, 이들도 이류들과 밀무역한 혐의에서 벗어날 수 없다는 주장이었다.[282]

한편 19세기 후반 홍삼의 밀조·밀수출의 또 다른 특징은 밀조는 개성, 밀수출은 의주라는 통념을 깨고, 각처에서 홍삼이 밀조되고 밀수출되었다는 점이다. 1850년대 초에도 홍삼의 밀수출 통로는 의주로 인식되고 있었다.[283] 그러나 철종 2년(1851)에는 관북개시(關北開市) 및 옹진(甕津) 등에도 밀조한 홍삼이 거래되고 있다는 소문이 나돌았으며,[284] 이듬해인 철종 3년(1852)에는 밀조한 홍삼을 막는 책임이 개성·의주, 양서의 감영·병영과 함께 관북의 감영·병영에까지 지워졌다. 홍삼의 밀수출이 황해·평안·함경도 일대에서 널리 행해지고 있었던 것을 반증하고 있는 것이다.

홍삼의 밀조도 고종 1년(1864)의 밀수사건에서 보는 바와 같이 대부분의 경우에는 삼포를 경영하는 개성인에 의해 행해졌다.[285] 그러나 개항 직전 시기에는 '개성에서 인삼을 의주인에게 팔면, 의주인은 은밀한 곳에서 몰래 쪄서 만듭니다'[286]라는 지적과 같이 홍삼제조 또한 각 지역에서 널리 행해져 청나라로 넘어갔던 것이다.

요컨대 19세기 후반 홍삼이 대량 밀조되고 각처 상인들에 의해 밀수

---

282) 『승정원일기』 고종 3년 8월 초10일 2책 ; 『비변사등록』 251, 고종 3년 8월 초10일 ; 『비변사등록』 251, 고종 3년 8월 18일.
283) 『승정원일기』 2521, 철종 2년 윤8월 초5일.
284) 『비변사등록』 238, 철종 2년 윤8월 23일.
285) 『승정원일기』 고종 원년 8월 초1일.
286) 『승정원일기』 고종 11년 7월 30일.

출이 성행한 데에는, 인삼재배업이 널리 확대된 이유도 있었을 것이다. 그러나 이 시기 가삼의 밀조와 밀수출의 구조적 원인은 역시 정부의 감액·증세 정책에 있었다. 19세기 전반 포삼의 증액·감세 정책은 개성 부민들의 실업을 막고 의주상인들의 포삼세 부담을 줄여 밀조·밀수출 되는 홍삼을 포삼의 영역으로 끌어들이려는 것이었음에도 불구하고 홍삼의 밀수출을 근절시키지 못하였다. 따라서 19세기 후반 포삼무역의 감액·증세 정책은 가삼 재배를 생업으로 하는 개성부민과 늘어난 포삼세를 부담해야 했던 의주상인들에 의한 밀조·밀수출을 구조적으로 유발시킬 수 밖에 없었다. 이와 더불어 서울의 각 아문과 영읍에서도 각처의 부상들과 결탁하여 홍삼 밀무역에 나서게 되자, 19세기 홍삼 밀무역은 더욱 확대되었다.

개성을 중심으로 밀조된 홍삼은 각처의 상인들에 의해 육로는 물론 해상으로도 밀수출되고 있었다. 특히 서해상에서는 중국배와 서양배가 수시로 출몰하여 우리측의 여러 지역 상인들과 밀무역을 벌였다. 이에 조선정부는 개성과 의주 그리고 평안도·황해도와 관북(關北)의 감영·병영·수영으로 하여금 검문검색을 강화토록 하고, 서해 연해에 포소(砲所)를 설치하게 하는 등 해방(海防)에 대한 대책도 마련하여 나름대로 대응하였다.[287] 그러나 밀조·밀수출은 오히려 지방 관장(官長)과의 결탁하에 이루어지고 있었기 때문에 정부의 대책은 현실성이 없었다.

따라서 포삼 수출무역의 감액·증세 정책이 계속되는 한, 육로를 통한 밀조·밀수출은 물론 홍삼의 해상밀수도 항시적으로 발생할 수 밖에 없었다. 대원군 집정기 정부는 이전보다 더욱 적극적인 자세로 포삼의 수출무역을 재정보충의 수단으로 활용하였다. 그러나 정부는 19세기

---

287) 『승정원일기』 고종 8년 정월 15일. 이 시기 조선정부가 양선(洋船)과의 무역을 꺼렸던 이유 중의 하나는 사학(邪學)의 유입과 밀접한 관련을 지니고 있었다. 이에 대해서는 별도의 고찰이 필요하다고 생각된다(『승정원일기』 고종 8년 4월 20일).

전반기와는 달리 밀조한 홍삼을 공식적인 부문으로 유도해 내려는 증액·감세정책을 취하지 않았다. 이는 19세기 후반 포삼의 수출무역 정책이 역관들 및 서울상인들에게 무게를 실어주는 방향에서 이루어졌기 때문이다. 자연히 18세기이래 대청무역을 주도해 왔던 서상(西商)은 인삼재배를 통해 생산을 장악하고 무역을 수행할 자본력을 지니고 있었음에도 불구하고 밀수상인의 범주에 머물 수 밖에 없었다. 상업세력의 전반적 성장이란 차원에서 조선정부의 정책은 분명한 한계를 지니고 있었던 것이다.

결국 19세기 후반 포삼 수출무역의 감액·증세 정책은 역관들과 서울상인들의 이권을 보호함으로써, 폭넓은 상업세력과의 결합에 의한 안정적 재정확보의 가능성을 뒤로하는 결과를 초래하고 있었다.

결 론

이 책에서는 병자호란 이후 개항 이전까지 조선의 사신일행이 청나라 북경을 왕래하며 행했던 무역의 전개과정을 세 시기로 구분하여 살펴보았다.

시기구분의 기준을 무역주체의 소장성세에 둠으로써, 전편에 흐르는 내용의 줄거리가 어느 시기를 막론하고 역관과 상인 간의 상권다툼으로 이어졌다. 그러나 이들 간의 상권다툼은 동일한 환경에서 이루어진 것이 아니었다. 역관들은 조선 정부가 청나라에 대한 사대외교를 수행하는데 중책을 맡고 있던 관원이었고, 상인들은 관청의 무역별장으로 참여키도 하지만 주로 상업적 이익을 얻기 위하여 무역에 참여하였다. 따라서 정부는 청나라와의 사대관계를 지속하는 한 역관들을 보호할 수 밖에 없었고, 동시에 상인들이 역관들의 이익을 침해할 경우 가차없이 제지할 수 밖에 없었다.

정부가 이처럼 사행역관들을 보호해야 할 명분은, 첫째 역관의 사행이 체아직 관원으로서의 직책을 수행하고 있는 것이기 때문에 반드시 일정한 반대급부가 있어야 한다는 점이고, 둘째는 정부의 재정형편상 사행 중에 소요되는 공용은화를 역관들이 스스로 마련해야 하는 데 있었다. 따라서 정부는 전자를 위해 역관들에게 팔포무역권을 공인한 것이지만, 후자를 위해서는 항구적인 대책이 서있지 않았다. 때로는 역관들의 팔포무역에서 공용은화를 염출토록 하고, 때로는 관청의 은화를 대출키도 한 것은 이 때문이었다.

사행역관들이 정부의 비호하에 팔포무역과 공용은화 마련을 구실로 정부와 밀착되어 있던 시기에, 상인들이 사행무역에 침투하기란 여간 어려운 일이 아니었다. 따라서 상인들은 때로는 서울과 지방의 관아와 결탁하여 팔포무역권을 따내기도 하고, 때로는 공용은화를 미끼로 사행무역에 참여할 수 있었다. 곧 조선후기의 사행역관과 상인 간의 상권다툼은 이 두 가지 명분과 이권을 매개로 하여 전개되고 있었다.

그러므로 이 책은 역관과 상인 간의 상권다툼을 논지의 핵으로 삼았지만 동시에 각 시기마다 정부가 지향한 정책방향과 무역의 실태 및 그것이 국내 경제, 특히 산업에 미친 영향 등도 함께 살펴 각 시기의 무역사적 성격을 정리해보려 하였다.

17세기에 대청무역의 주도권을 쥐고 있었던 것은 사행역관들이었다. 역관들은 당시 미가(米價)로 수 천 석에 달하는 팔포무역이 공인된 데다 서울의 각 아문 별포무역(別包貿易)도 대행하였으며, 자금을 융통코자 할 때면 각 관청들로부터 은화를 대출 받아 무역자금으로 활용할 수 있었다. 수입상품은 주로 비단실이나 비단제품들이었다. 역관은 이것을 수송하는 데 필요한 인원과 말을 거느리고 있었고, 일본으로 수출할 때는 왜관개시를 담당하고 있던 훈도와 별차 등 동료 역관들이 있어 편의를 도모해 주었다. 이리하여 역관은 수입원가의 3배에 가까운 차익을 얻고 있었다. 이러한 사행 역관들의 중개무역으로 변승업 가문과 같은 장안의 갑부가 출현할 수 있었을 뿐 아니라 국내에도 은화가 풍부해져 왜란과 호란의 피해를 극복하고 경제성장을 이룰 수 있는 토대가 마련되고 있었다.

한편 역관들은 청나라와 일본으로부터 염초와 유황 등 금수품을 밀수입하고 있었다. 특히 조선이 북벌정책을 추진했던 효종·현종 연간에는 군문의 요청을 받거나 무역상의 이익을 도모하여 밀수입이 활발하였다.

밀수입한 염초와 유황은 관부(官府)에 납품될 뿐만 아니라 사적인 판로(販路)도 넓게 열려 있었고, 수입가와 판매가 간의 차익도 컸다. 따라서 청·일 양국으로부터의 염초와 유황의 밀수는 당시 밀무역 활동의 주류를 이루고 있었다. 그러나 17세기 후반에는 밀수입이 중단되었다. 이는 청나라의 단속이 강화된 때문이기도 했지만, 보다 근본적인 이유는 염초의 국내 생산기술이 발달하고 전국에 유황광산이 개발되었기 때문이었다.

18세기 대청무역은 역관과 사상 간의 경쟁이 치열한 시기였다. 그러나 역관 무역은 점차 쇠퇴해져 갔고 반면에 사상 무역은 성장해 갔다. 사상은 17세기 후반부터 역관에게 의지하거나 지방 관청의 무역을 대행하거나 아니면 여마·연복제에 편승하는 등 갖가지 방법을 동원하여 사행무역에 침투하였는데, 점차 그 규모가 확대되어 숙종 33년(1707)에는 정부로부터 책문후시의 공인을 이끌어 냈다. 이후 사상들은 청나라의 상품을 대량으로 수입하였고, 그것은 그들의 국내 상업 조직망을 타고 심산궁곡에까지 침투하였다. 이와는 반대로 역관무역은 청·일 간의 직교역으로 인해 1720~30년대에는 급격히 쇠퇴하였다. 그간 호황을 누렸던 왜관무역이 위축되었고, 이는 곧바로 은화 유입의 단절로 이어졌다. 자연히 역관에게 제공되던 관은의 대출도 힘들게 되었다. 역관은 자본의 융통과 청나라 상품의 수출입에 큰 타격을 받았다. 이 때문에 역관들은 정부에 요청하여 사상의 책문무역을 봉쇄하기 시작하였다. 청나라측 운송업자이던 난두배를 해체시켰고, 연복제와 단련사 제도를 혁파했으며, 심양팔포 무역을 봉쇄하였다.

그러나 사상들은 계속 청나라의 상품을 밀수입하였고, 의주의 상인들은 의주부윤으로 하여금 그들이 사행에서 담당하는 역할이 많음을 내세의 책문후시의 재개를 요청하였다. 결국 영조 30년(1754)에는 책문후시가 재개되었다. 이때의 책문후시는 의주상인에게만 허용한 만상후시였지만, 국내 상품의 조달과 중국 상품의 국내 판로와 연계되어 결국 개성상인이나 서울상인들도 간접적으로 대청무역에 참여하게 되었다. 이로써 사상들은 18세기 후반부터 대청무역의 사실상의 주체로 성장하였고 역관의 무역활동은 더욱 쇠퇴하게 되었다.

역관무역이 침체하게 되자 정부는 역관 부양책과 공용은화 마련에 부심하지 않을 수 없었다. 이에 대한 대책으로 시작된 것이 18세기 후반의 모자 수입무역이었다. 영조 34년(1758)의 관모제(官帽制)는 조선정부가 역관에게 관은(官銀) 4만 냥을 대출하여 공용은화를 우선 제하여 쓰고, 남는 은화를 무역자금으로 삼아, 중국산 방한용 모자를 수입케 한 제도였다. 수입한 모자는 서울의 모자전민·의주상인·개성상인이 맡아 국내 판매를 담당하였는데, 관은이 부족한 상태에서 은화를 주고 모자를 수입하는 문제와 정부가 무역을 한다는 명분상의 논란 속에 영조 50년(1774) 폐지되고 정조 1년(1777)에는 세모법(稅帽法)이 시행되었다. 세모법은 서울의 모자전민과 의주상인이 직접 그들의 자본으로 모자를 수입하고 국내 판매를 전담하여 이익을 내는 대신 정부에 모세(帽稅)를 수납하도록 한 제도였다. 결국 조선정부는 18세기이래 사상의 성장을 인정하고 수용함으로써 공용은화를 마련하는 정책을 채택한 것이었다.

그런데 18세기 대청무역을 주도한 세력은 서상(西商)이라 불리는 상인들로 개성상인·의주상인이 중심축을 이루고 있었다. 대청무역상 서상의 활동은 역관과 서울상인의 이해와는 상치되었다. 개성상인은 대청무역상의 중요 물품인 지물·저포·피물을 매점하여 서울의 시전상인과 첨예하게 대립하면서, 이를 의주상인과의 협력하에 대청무역으로 연계시키고 있었기 때문이다. 전국적인 조직망을 가진 도고상업과 대청무역을 통해 집적된 상인자본은 단순한 상업자본으로 집적되는 데 그치지 않고 인삼재배업과 홍삼가공업 및 광산 경영으로 투자되고 있었다. 인삼재배업과 홍삼가공업은 많은 시간과 자본이 투여되는 것이었고 광산개발도 마찬가지였다. 따라서 상인자본이 인삼재배업과 홍삼 가공업 및 금은광업 등에 투입되면서 점차 산업자본으로 전환되었던 것은 높게 평가할 수 있다.

19세기에 접어들면서 역관과 상인은 홍삼수출이란 엄청난 이권을 두고 서로 다투게 되었다. 공인된 홍삼무역 곧 포삼무역은 당시 인삼재배업과 홍삼가공업 발전을 기반으로 하여, 정부가 공용은화를 마련함과 동시에 역관을 부양하려는 목적에서 정조 21년(1797)에 시행한 것이었다. 애당초 포삼무역의 주도권은 역관과 서울상인에게 주어져 있었으며, 무역 총량은 120근이었고 홍삼 1근에 부과되는 포삼세는 200냥이었다. 그러나 의주상인과 개성상인을 배제한 상태에서, 한정된 무역량과 높은 세금을 내야 했으므로, 대량의 홍삼 밀조·밀수출이 발생하였다.

이에 정부는 19세기 전반기를 통해 포삼의 무역 총량을 늘리는 한편 세액은 낮추는 증액·감세 정책을 펼쳐 나갔다. 그리고 서울상인과 함께 의주상인에게도 포삼무역권을 넘겨주어 이익을 보장해 주었다. 개성상인은 인삼재배업과 홍삼 가공업을 장악하고 있었다. 결국 19세기 포삼무역에도 의주상인과 개성상인은 상호 긴밀히 결합되어 이익을 분점하였던 것이다. 조선 정부의 증액·감세 정책하에 포삼무역량은 최고 4만 근까지 증액되었고 그 세액은 20여 만 냥에 달하였다. 이에 정부도 의주부에 관세청을 설치하고, 합안세를 혁파하며, 「사행시제조금칙절목」을 반포하여, 무역으로 거두는 세금을 적극 관리하는 한편, 포삼세를 호조 재정으로 활용하기 시작하였다.

그러나 19세기 후반기 정부는 포삼 정책을 돌연 증액·감세로부터 감액·증세로 전환하였다. 그 배경에는 철종 5년(1854) 의주부 관세청에 감세관(監稅官)을 파견하여 무역세를 빠짐없이 거두려는 데서 볼 수 있는 바와 같이, 정부가 이제는 무역세의 중요성을 분명히 인식하고 철저한 수세정책을 시행했던 점을 꼽을 수 있다. 그러나 정책전환의 가장 큰 배경은 역관과 서울상인의 반발이었다. 즉 철종 2년(1851) 총 수출량 4만 근, 1근 당 4냥의 포삼세를 부과키로 규정한 「포삼신정절목」은 별장과 포주 선발에 끼지 못한 서울상인과 포삼무역량의 감축을 줄곧 주장해온 역관의 이해관계는 상치되었다. 결국 정부는 철종 5년(1854) 역관과 서울상인의 반발을 의식하여 포삼 무역량을 대폭 줄였음에도 불구하고, 포삼세 확보를 위해 근당 세액을 높이는 홍삼의 감액·증세 정책을 선택한 것이다. 이러한 이유로 19세기 후반기 조선의 포삼무역량은 대략 2만근을 전후한 선에서 변동하였으나, 포삼세액의 규모는 19세기 전반기에 비해 크게 줄지 않고 20만 냥의 수준을 유지했던 것이다.

요컨대 19세기 후반기 정부의 감액·증세 정책은 대청무역과 국내 시장을 연결시켜 자본을 축적해 왔던 개성상인과 의주상인의 입장에 선 것이라기 보다는 역관 및 이들과 결탁된 서울상인의 이익을 비호하는 결과를 낳았다. 때문에 이 시기 홍삼의 밀조·밀수출은 전반기에 비해 그 규모가 커졌을 뿐 아니라 해로를 통한 밀수출도 극성하게 되었다. 그래서 중국배와는 물론 이양선과의 불법거래도 자주 일어났다. 조선정부의 감액·증세 정책이 개성상인과 의주상인의 밀무역 활동을 구조화시킴으로써 전국적인 상업세력 성장과 이에 기반을 둔 재정 확충의 길을 스스로 차단하고 있었던 것이다.

정부의 이러한 정책은 상업계의 전반적인 발전과 무역세 수취를 통한 국가재정 확보라는 차원에서 한계가 분명했다. 그리고 이는 개항 후 포삼세의 수입이 적극적으로 국가 재정으로 전환되지 못하고 궁내부 내장원 및 기타 재원으로 흘러 들어가는 결과를 빚게 되었다. 조선후기 대청무역은 내내 개성상인과 의주상인의 발전을 바탕으로 성장하였다. 그럼에도 19세기 후반기 조선정부가 특권상인의 성격을 띤 역관·서울상인 위주의 무역정책을 고수함으로써 무역을 통해 자본을 축적해온 상인들은 개항직전까지도 밀수상인의 범주에 머물 수밖에 없었던 것이다.

부 록

<표 1> 17세기 조선사행 일람(자료: 『동문휘고』)

언도	월	일	종 별	정사	이름	부사	이름	서장관	이름	자관주관	이름	자관역관	이름
1645	3	17	진하겸사은행	인평대군	이예	형조판서	정세규	집의	성이성				
1645	3		재자행							공조정랑	윤성거		
1645	8	24	사은겸주청행	낙흥군	김자점	지돈녕	홍진도	사복정	조수익				
1645	9	28	삼절연공행	우찬성	이기조	판윤	남선	사성	이응시				
1646	2	26	사은겸견주행	우의정	이경석	우찬성	김육	직강	유염				
1646	4	11	재자행									사역정	김기남
1646	9	3	사은행	전창군	유정량	형조참판	이후원	봉상정	박길응				
1646	10	16	삼절연공행	우찬성	여이재	판윤	최유연	예조정랑	곽홍지				
1647	4	13	사은행	인평대군	이예	병조참지	박서	응교	김진				
1647	11	1	사은겸등지행	영안위	홍주원	판윤	민성휘	집의	이시만				
1647	11		응련행							중관	서후행	사역정	변승택
1648	11	25	삼절연공행	좌찬성	오준	예조참판	김휼	예조정랑	이성				
1648	11		응련행							중관	최대립	사역정	조동립
1648	윤3	25	사은행	우의정	이행원	병조참판	임담	군자정	이척연				
1649	3	20	진하겸사은행	우의정	정태화	우윤	김여옥	사인	목행선				
1649	6	20	고부겸주청행	영안위	홍주원	공조참판	김련	판교	홍진				
1649	11	1	사은진주겸성절동지연공행	인흥군	이영	형조판서	이시방	문학	강여재				
1649	11		응련행							중관	김정립	사역정	이분
1650	3	26	진위겸진향행	영중추	김육	밀산군	이찬	사성	이상일				
1650	6	9	사은행	인평대군	이예	우참찬	임담	군기정	이홍연				
1650	6		호행행	판서	원두표	우윤	신익전			호행중관	나업		
1650	11	2	사은진하주겸삼절연공행	인평대군	이예	우참찬	이기조	사인	정지화				
1650	11		응련행							중관	고예남	사역정	김위충
1651	2	21	진위겸진향행	전창군	유정량	우윤	박서	예조정랑	이만영				
1651	3	29	진하겸사은행	우의정	한흥일	좌참찬	오준	사인	조행				
1651	10	4	진하사은겸삼절연공행	인평대군	이예	우참찬	황목	집의	권우				
1651	10		응련행							맹산현령	이수방	사역정	유정민
1652	3	3	재즈행							사복첨정	이수창		
1652	8	17	사은행	우의정	이시백	우참찬	신유	군자정	권령				
1652	8		재자행							사역정	조동립		

연도	월	일	종 별	정사	이름	부사	이름	서장관	이름	자관주관	이름	자관역관	이름
1652	10	18	삼절연공행	함릉군	이해	형조참의	정유	병조정랑	심유행				
1653	1	28	사은겸진주행	인평대군	이예	예조참판	유철	군자정	이광재				
1653	2	29	재자행							도총도위사	최명준		
1653	11	3	삼절연공행	이조판서	심지원	호조참판	홍명하	전적	김수항				
1653	11		응련행							중관	고예남	사역정	한후신
1653	윤7	27	사은겸진주행	영안위	홍주원	좌참찬	윤강	사예	임발				
1654	2	3	사은행	우의정	구인후	좌참찬	조계원	예빈정	이제형				
1654	4		재자행							훈령정	한상		
1654	7		재자행									사역정	조동립
1654	9	20	사은겸진주행	영풍군	이식	예조참판	이시해	사성	성초객				
1654	10	29	진하사은겸삼절연공행	인평대군	이예	병조참판	이일상	교리	심세정				
1655	3	21	재자행							장악첨정	황연		
1655	4	12	사은겸진주행	전창군	유정량	우참찬	오정일	집의	강호				
1655	10	28	사은진주겸삼절연공행	금림군	이개윤	우참찬	이행진	필선	이지무				
1655	10		응련행							중관	조유행	사역첨정	변승형
1655	10		재자행							사맹	박이?		
1656	8	3	사은행	인평대군	이예	우참찬	김남중	장령	정인경				
1656	10	26	삼절연공행	이조판서	윤항	예조판서	이철	직강	곽제화				
1657	1		재자행							교수	방효민		
1657	3		사은행	인평대군	이예								
1657	5	6	진하사은겸진주행	우의정	원두표	우참찬	엄정구	사성	권대운				
1657	10	28	진하사은겸삼절연공행	영중추	심지원	판윤	윤순지	집의	이준구				
1657	10		응련행							중관	주회성	한학훈도	박상직
1657	11		재자행							사맹	방효민		
1658	3	12	재자행							부사직	이분		
1658	4	16	진하겸사은행	전창군	유정량	우참찬	이응시	사성	송시철				
1658	7	24	재자행							삼행	이승겸		
1658	11	4	삼절연공행	우참찬	허적	좌윤	강유	장악정	김익겸				
1658	11		응련행							중관	유회맹	한학훈도	최두남
1659	6	15	고부겸주청행	우의정	정유성	우참찬	유염	우통례	정익				
1659	11	3	삼절연공행	좌참찬	채유후	공조참판	정지호	직강	권상거				
1659	11		응련행							중관	김효업	사역정	홍순건
1659	윤3	17	사은행	영양군	이환	우참찬	남노성	장악정	목겸선				
1660	1	25	사은행	익평위	홍득기	우참찬	정지화	직강	이원정				
1660	10	24	삼절연공행	형조판서	조행	예조참판	강백련	지평	권격				

연도	월	일	종별	정사	이름	부사	이름	서장관	이름	자관주관	이름	자관역관	이름
1660	11		재자행							부사정	방효민		
1660	12		재자행							동추	현덕우		
1661	2	20	진위겸진향행	영안위	홍주원	좌참찬	이정영	직강	이동노				
1661	3	27	진하겸사은행	우의정	원두표	우참찬	홍탁	사성	김우형				
1661	7	17	재자행									사역정	박이?
1661	11	1	진하사은겸삼절연공행	금림군	이개윤	우참찬	유경창	사성	오두인				
1662	4	27	재자행							부사직	이분		
1662	7	26	진하겸진주행	영의정	정태화	좌찬성	허적	직강	이동명				
1662	10	30	삼절연공행	우참찬	여이재	예조판서	홍처대	직강	이단석				
1663	3	20	진하겸사은행	우의정	정유성	호조판서	이만	종부정	박승건				
1663	5	12	진위겸진향행	낭선군	이오	예조판서	이후산	직강	심재				
1663	11	4	삼절연공행	좌참찬	조행	예조판서	권영	직강	정창도				
1663	11		재자행									사역정	안일신
1664	2	13	사은겸진즈행	우의정	홍명하	좌참찬	임의백	사예	이정				
1664	3	21	재자행									사역정	신이행
1664	6		재자행									사역정	안종민
1664	10	27	삼절연공행	우참찬	정치화	예조참판	이상일	직강	우창적				
1665	10	22	삼절연공행	우참찬	김좌명	예조판서	홍처후	지평	이경과				
1666	2	15	진하겸사은행	청평위	심익현	우참찬	김시진	사성	성설				
1666	3		재자행							한학교수	변이보		
1666	9	20	사은겸진주행	우의정	허적	우참찬	남용익	장악정	맹위서				
1666	9		재주행							형조정랑	최원태		
1666	11	2	삼절연공행	우참찬	정치화	예조판서	민점	지평	조원기				
1666	11		재주행							한학교수	변이보		
1667	3	21	사은행	회원군	이윤	우참찬	김휘	사예	경최				
1667	3		재자행							사용	변이보		
1667	11	6	진하사은겸삼절연동행	우의정	정치화	좌참찬	이익한	장악정	이세익				
1667	11		재자행									사역정	장찬
1667	11		재자행							사용	이승겸		
1668	5	18	진하겸사은행	복창군	이정	우참찬	민희	사복정	정업				
1668	12	27	삼절연공행	좌참찬	이경억	예조참판	정약	지평	박세당				
1669	10	18	삼절연공행	예조판서	민정중	판결사	권상기	지평	신경윤				
1670	3	16	재자행							사복첨정	이한웅	사역정	변섬
1670	6	17	진하겸사은행	동평위	정재륜	우참찬	이원정	장악정	조세환				
1670	10	28	진하사은겸삼절연공행	복선군	이담	예조판서	정익	장령	정화제				
1671	10	22	문안행	양선군	이오								
1671	11	2	사은겸삼절연공행	좌의정	정치화	좌윤	이만영	장령	정적				

연도	월	일	종 별	정사	이름	부사	이름	서장관	이름	자관주관	이름	자관역관	이름
1672	6	18	진하겸사은행	복평군	이연	좌참찬	홍처대	집의	이갑				
1672	10	27	사은겸삼절연공행	창성군	이필	좌참찬	이정영	장령	강석찬				
1673	11	6	사은겸삼절연공행	판중추	김수항	좌참찬	권우	장령	이우정				
1674	4	16	고부행	예조판서	유탕			직강	권해				
1674	7	20	진위겸진향행	예조판서	민점	예조참의	목래선						
1674	7		진위행	영신군	이영			직강	강석구				
1674	10	4	사은겸고부행	청평위	심익현	예조판서	민시중	장령	송창				
1674	11	7	진하겸삼절연공행	복창군	이정	공조판서	윤심	사성	홍만종				
1675	5	2	재자행							도총도사	최원태	행사정	안일신
1675	6	2	사은행	창성군	이필	좌참찬	이지익	장령	민암				
1675	11	1	진하겸삼절연공행	좌의정	권대운	우참찬	경최	장령	유담후				
1676	7	26	진하사은겸진주행	복창군	이담	좌참찬	정석	사예	이서우				
1676	10	3	삼절연공행	좌참찬	오정위	예조참의	김우석	직강	유하겸				
1677	4	19	진하사은겸진주행	복선군	이정	우참찬	권대재	집의	박순				
1677	11	4	사은겸삼절연공행	영창군	이심	우참찬	심재	사예	손만웅				
1678	10	30	사은진하진주겸삼절연공행	복평군	이연	좌참찬	민암	집의	김해일				
1678	윤3	18	진위겸진향행	예조참판	이하진	이조참의	정업	장령	안여석				
1679	7	20	진하겸사은행	양원군	이품	공조참판	오두인	집의	이화진				
1681	10	30	주청겸삼절연공행	동원군	이집	좌참찬	남이성	응교	신완				
1681	10		재자행							부사직	이경화		
1682	2	20	문안행	좌의정	민정중			장령	윤세기				
1682	4		재자행							훈련판관	민홍로	사역정	신이행
1682	7	1	진하사은겸진주행	영창군	이심	형조판서	윤이제	장령	한태동				
1682	10	29	사은겸삼절연공행	우의정	김석주	예조판서	권상운	장령	김두명				
1683	11	1	삼절연공행	좌참찬	조사석	예조참판	윤발	지평	정제선				
1684	2	19	고부행	호조참판	이유			지평	이시만				
1684	10	27	사은겸삼절연공행	좌의정	남구만	우참찬	이세화	장령	이굉				
1684	10		재자행									사역첨정	윤지휘
1685	3	25	사은행	금평위	박필성	예조판서	윤지선	장령	이선부				
1685	10	12	재자행							도총경력	김하중	사용	김회문

연도	월	일	종 별	정사	이름	부사	이름	서장관	이름	자관주관	이름	자관역관	이름
1685	11	2	진주사은겸삼절연공행	낭원군	이품	좌참찬	이선부	지평	김경				
1686	1	28	진주겸사은행	우의정	정재고	예조판서	최석명	사복정	이돈				
1686	5	25	재자행									사역정	변이황
1686	6	22	사은겸진주행	좌의정	남구만	좌참찬	이규령	사복정	오도일				
1686	11	4	사은겸삼절연공행	낭선군	이오	우참찬	김덕원	장령	이의창				
1687	5		재자행							부사직	신이행		
1687	11	2	사은겸삼절연공행	동평군	이항	예조판서	임상원	제용정	박세휴				
1688	2	12	진위겸진향행	좌참찬	홍만조	예조참판	임홍망	지평	이만령				
1688	10	7	고부행	예조참의	윤세기			정언	김홍복				
1688	11	2	삼절연공행	좌참찬	홍만용	예조판서	박태손	지평	이삼석				
1688	11		재자행							한학교수	변학연		
1689	6	22	재자행									사역정	신찬
1689	8	11	진하사은진주겸주청행	동평군	이항	좌참찬	신후재	장령	권지				
1689	10	11	진위겸진향행	좌참찬	박태상	예조참판	김해일	지평	성관				
1689	11	4	삼절연공행	좌참찬	유하익	예조참판	강세귀	지평	조식				
1690	5	12	진하사은겸진주행	전성군	이곤	좌참찬	권유	집의	김원섭				
1690	9	15	재자행							동추	정충원		
1690	11	4	사은겸삼절연공행	영창군	이심	우참찬	서문중	사복정	권찬				
1690	11	21	재자행							부사직	김익한		
1691	10	27	삼절연공행	좌참찬	이우정	예조참판	윤이도	지평	성준				
1691	12	12	재자행							동추	김익한		
1691	윤7	7	사은겸진주행	우의정	민암	우참찬	강석빈	사복정	이진휴				
1691	윤7		재자행							사용	김일신		
1692	4	9	재주행							호조정랑	원휘	사용	고징후
1692	10	28	사은겸삼절연공행	낭원군	이품	예조판서	민취도	사복정	박창한				
1693	2		재자행							한학교수	윤지휘		
1693	5	25	사은행	임양군	이환	좌참찬	신후명	사복정	최항제				
1693	11	3	삼절연공행	좌참찬	유명천	예조참판	이린징	지평	심방				
1694	8	2	진주겸주청행	금평위	박필성	좌참찬	오도일	검상	유득일				
1694	11	2	삼절연공행	예조판서	신완	호조참판	이홍적	지평	박권				
1695	7	13	사은행	전성군	이곤	우참찬	이언강	장령	김연				
1695	11	9	삼절연공행	예조판서	이세백	호조참의	홍수주	지평	최계옹				
1696	7	25	사은행	임창군	이곤	우참찬	홍만조	장령	임윤원				
1696	11	2	주청겸삼절연공행	우의정	서문중	예조판서	이동욱	사복정	김홍정				

연도	월	일	종 별	정사	이름	부사	이름	서장관	이름	자관 주관	이름	자관역관	이름
1697	3	29	주청겸진주행	우의정	최석정	이조 판서	최규서	사인	송상기				
1697	9	30	재자행							사용	이후면		
1697	11	2	진하사은겸삼 절연공행	임양군	이환	예조 판서	윤지발	장령	유중무				
1698	7	27	사은행	판돈녕	서문중	예조 판서	민진주	장악정	이건명				
1698	7	28	문안행	전성군	이곤	장령	윤홍						
1698	11	4	삼절연공행	공조판서	이언강	예조 참판	이덕성	병조 정랑	이탄				
1699	3	15	재자행							동추	김기문		
1699	11	3	사은겸삼절연 공행	동평군	이항	좌참찬	강선	집의	유명웅				
1700	11	3	삼절연공행	한성판윤	이광하	예조 참의	이무	지평	강이상				
1701	6	21	재자행							사용	이후면		
1701	9	29	고부행	예조참판	송정규			병조 정랑	맹만택				
1701	10	29	삼절연공행	좌참찬	강현	이조 참판	이선부	지평	박필명				
1702	8	6	사은행	임창군	이곤	공조 판서	심평	장령	이세석				
1702	11	2	주청겸삼절연 공행	임양군	이환	예조 판서	이돈	장령	황일하				
1703	9	21	사은행	역산군	이방	우참찬	서문유	사복정	이언경				
1703	10	28	삼절연공행	공조판서	서종태	예조 참의	조태동	지평	김재				
1704	2	27	재자행							사용	이후면		
1704	8	27	사은겸진주행	임창군	이곤	예조 판서	이세재	지평	이하원				
1704	10	23	재자행							사용	최회설		
1704	10	27	삼절연공행	이조판서	이이명	예조 참의	이희무	지평	이명준				
1705	4	29	재자행							사정	한석조		
1705	10	30	사은겸삼절연 공행	동평위	정재륜	예조 판서	황흠	장령	남적명				
1706	4	15	재자행							사용	오상량		
1706	10	30	삼절연공행	좌참찬	유득일	예조 참의	박태항	지평	이정제				
1707	2	20	재자행							부사직	고징후		
1707	10	28	사은겸삼절연 공행	진평군	이택	좌참찬	남치훈	장악정	권업				
1708	11	1	삼절연공행	판돈녕	민진후	예조 참판	김치용	장령	김시환				
1709	7	28	사은겸진하행	임양군	이환	우참찬	유집일	장령	이익한				
1709	10	29	삼절연공행	지돈녕	조태구	예조 참판	임순원	문학	구만리				

<표 2> 18세기 조선사행 일람(자료:『동문휘고』)

연도	월	일	종 별	정사	이름	부사	이름	서장관	이름	자관주관	이름	자관역관	이름
1710	10	5	재주행							도총경력	한범석	사역정	최규
1710	10	29	사은겸삼절연공행	동평위	정재륜	예조판서	박권	사예	홍우령				
1710	11	26	재자행							부사직	김홍지		
1711	3	11	재자행									사역정	김경문
1711	3		참핵행	형조참의	송정명								
1711	6	22	재자행									사역정	장원익
1711	6		참핵행	형조참판	조태동								
1711	10	30	사은진주겸삼절연공행	여산군	이방	좌참찬	김연	장악정	유명웅				
1712	1	20	재자행									사역정	김정우
1712	2	22	사은행	금평위	박필성	예조참판	민진원	집의	유술				
1712	6	5	재자행									사역정	이표
1712	8	18	재자행									사역정	정태현
1712	11	3	사은겸삼절연공행	우의정	김창집	이조판서	윤지인	사복정	노세하				
1713	7	28	진하겸사은행	임창군	이곤	좌참찬	권상유	장령	한중휘				
1713	10	16	재자행									사역정	이추
1713	10	29	삼절연공행	좌참찬	조태채	예조판서	김상직	지평	한지				
1714	11	2	사은겸삼절연공행	진평군	이태	예조판서	권성	장령	유숭				
1714	12	15	재자행							한학교수	김경문		
1715	4	10	재자행									사역정	변시화
1715	4		재자행									사역정	이표
1715	11	2	사은진주겸삼절연공행	동평위	정재륜	예조판서	이광좌	장령	윤양래				
1715	12	17	재자행							사용	한홍오		
1716	10	30	사은겸삼절연공행	여산군	방	예조판서	이대성	장령	권황				
1716	10		재가행									사역첨정	홍만운
1717	7	26	재자행									사역정	이추
1717	11	3	삼절연공행	우참찬	유명웅	예조참판	남취명	지평	이중협				
1717	12	26	사은행	금평위	박필성	예조판서	이관명	장령	이정주				
1718	2	27	진위겸진향행	여원군	이주	예조참판	여필용	지평	김려				
1718	11	1	삼절견공행	형조판서	유집일	예조참판	이세근	병조정랑	정석삼				
1719	3		재자행							한학교수	장문한		
1719	8	8	진하겸사은행	여산군	이방	좌참찬	유명홍	장령	송필환				
1719	11	4	삼절연공행	우참찬	조도빈	예조판서	조영복	지평	신석				
1720	6	4	자자행							한학교수	신지순	동지	김도남

연도	월	일	종별	정사	이름	부사	이름	서장관	이름	자관주관	이름	자관역관	이름
1720	7	27	고부겸주청행	판중추	이이명	좌참찬	이조	집의	박성노				
1720	11	3	삼절연공행	우참찬	이의현	예조참판	이교악	지평	조영세				
1721	3	4	사은행	판중추	조태채	좌참찬	이정신	집의	유성규				
1721	6	14	재자행							부호군	유재창		
1721	10	27	진주주청겸삼절연공행	좌의정	이건명	예조판서	운양래	사복정	유척기				
1721	10		재자행									사역정	이표
1722	8	12	재자행							한학교수	신지순		
1722	10	27	사은진주겸삼절연공행	전성군	이곤	좌참찬	이만선	집의	양정호				
1723	1	11	진위겸진향행	여산군	이방	좌참찬	김시환	장령	이승원				
1723	2	9	재자행									사역정	홍만운
1723	4	3	진하행	밀창군	이직	예조판서	서명균	장령	유만중				
1723	4	26	재자행									사역정	한영회
1723	8	8	진위겸진향행	예조판서	오명준	호조참판	홍중우	지평	황정				
1723	10	30	진하사은겸삼절연공행	서평군	이효	이조판서	이명언	사복정	김시혁				
1724	3	15	진하겸사은행	익양군	이단	좌참찬	권이진	집의	심준				
1724	10	6	고부겸주청행	밀창군	이직	이조판서	이진유	집의	김상규				
1724	10	27	진하사은겸삼절연공행	여원군	이주	예조판수	이하원	장령	유정				
1725	4	3	재자행							선전관	이형원	사역정	이표
1725	4	7	재자행							부사직	김경문		
1725	4	25	사은겸진주주청행	여성군	이즙	좌참찬	권업	사복정	조문명				
1725	11	3	삼절연공행	이조판서	김흥경	예조참판	유복명	감찰	최명상				
1726	2	8	사은겸진주행	서평군	이요	이조판서	김유경	장령	조명신				
1726	11	4	사은겸삼절연공행	밀풍군	이탄	좌참찬	정형익	장령	김용복				
1727	6	13	재자행							부사직	이추		
1727	11	4	사은겸삼절연공행	낙창군	이당	예조판서	이세근	집의	강필경				
1727	11	27	재자행									사역첨정	조광벽
1728	1	10	사은겸진주행	우의정	심수현	이조판서	이명언	집의	조진회				
1728	5	3	재자행							선전관	홍약수	사역정	김정우
1728	8	10	사은겸진주행	서평군	이요	예조판서	정석삼	장령	신치운				
1728	11	4	삼절연공행	이조판서	윤순	예조판서	조익명	감찰	권일형				
1729	8	10	사은행	여천군	이증	이조판서	송성명	집의	윤광익				
1729	10	12	재자행							부사직	김시유		
1729	10	27	삼절연공행	이조판서	김동필	예조참판	조석명	감찰	심성진				
1730	6	27	재자행							지추	이추		
1730	8	28	고부행	예조참판	심무일			지평	남태량				

연도	월	일	종별	정사	이름	부사	이름	서장관	이름	자관주관	이름	자관역관	이름
1730	9	8	재자행									사역첨정	조광벽
1730	11	1	사은겸삼절연공행	서평군	이요	이조판서	윤혜교	장령	정필영				
1731	6	23	재자행							지추	김경문		
1731	11	7	사은겸삼절연공행	낙창군	이당	이조판서	조상형	장령	이일제				
1731	12	26	진위겸진향행	양평군	이장	예조판서	이춘제	지평	윤득화				
1732	7	28	진하겸사은행	판중추	이의현	예조판서	조최수	집의	한덕후				
1732	10	29	삼절연공행	이조판서	이진망	이조참판	서종섭	감찰	오원				
1733	1	10	재자행							사정	홍만운		
1733	2	8	재자행							사정	한수회		
1733	5	29	재자행							부사직	김시유		
1733	11	6	사은겸삼절연공행	밀창군	이직	예조판서	민응수	집의	윤휘정				
1734	7	2	진주행	좌의정	서명균	예조판서	박문수	사복정	황재				
1734	11	4	삼절연공행	이조판서	윤유	예조참판	홍경보	지평	남태온				
1735	7	10	재자행									사역정	이명기
1735	7	11	진주겸사은행	양평군	이장	이조판서	서종급	사복정	신치근				
1735	10	20	진위겸진향행	낙창군	이당	좌참찬	이수항	지평	이윤신				
1735	11	2	사은겸삼절연공행	여선군	이학	이조판서	이덕수	지평	구택규				
1735	11	16	재자행									사역정	변욱
1736	3	6	진하겸사은행	함평군	이홍	예조판서	정석오	집의	임정				
1736	3	27	재자행									사역정	한치형
1736	10	28	진하사은겸삼절연공행	장계군	이병	예조판서	김시형	집의	서명행				
1737	1	25	재자행							사정	오태설		
1737	7	25	진주겸주청행	판중추	서명균	예조판서	유엄	집의	이철보				
1737	11	3	진하사은겸삼절연공행	해흥군	이강	예조판서	김용경	사복정	남위노				
1738	7	6	재자행							부사직	정태현		
1738	7	25	진하사은겸진주행	판중추	김재로	예조판서	김시혁	집의	이양신				
1738	11	4	삼절연공행	이조판서	조최수	이조참판	이흡	지평	김광세				
1739	2	29	진위겸사은행	밀양군	이완	이조판서	서종옥	집의	이덕중				
1739	6	29	재자행							지추	한수회		
1739	11	3	삼절연공겸사은행	능창군	이숙	이조판서	이광덕	장악정	이도겸				
1740	2	15	재자행							지추	이추		
1740	4	8	재자행							한학교수	장채유		
1740	10	2	재자행							지추	한수회		
1740	11	4	사은겸삼절연공행	낙풍군	이무	이조판서	민형수	사복정	홍창한				

연도	월	일	종 별	정사	이름	부사	이름	서장관	이름	자관주관	이름	자관역관	이름
1741	8	1	재자행									사역정	이명직
1741	11	6	삼절연공겸사은행	여선군	이학	예조판서	정언섭	장령	김종태				
1742	11	7	삼절연공겸사은행	낙창군	이당	이조판서	서명빈	장령	홍중일				
1743	4	17	재자행							도총도사	이방완	지추	이추
1743	7	7	문안행	우의정	조현명			집의	김상적				
1743	11	7	삼절연공겸사은행	능창군	이숙	예조판서	조복명	장령	유우기				
1744	1	22	진하겸사은행	양평군	이장	예조판서	이일제	집의	이유신				
1744	10	22	재자행							지추	이추		
1744	11	4	삼절연공겸사은행	서평군	이요	예조판서	어유용	장령	이하종				
1745	11	1	삼절연공행	좌참찬	조관빈	이조참판	정준일	감찰	민백상				
1746	4	19	진주겸사은행	여선군	이학	이조판서	조영구	집의	이태중				
1746	11	6	사은겸삼절연공행	해흥군	이강	이조판서	윤급	집의	안집				
1747	5	9	재자행							지추	한수회		
1747	11	6	삼절연공겸사은행	낙풍군	이무	예조판서	이철보	집의	조명정				
1748	1		재자행									사역정	한치항
1748	5	29	진위겸진향행	해운군	이련	예조참판	조명겸	병조정랑	심관				
1748	7	10	재자행							전옥주부	김창조		
1748	10	28	진하사은겸삼절연공행	영돈녕	정석오	예조판서	정형복	장령	이이장				
1748	12	24	참핵행	형조참의	김상적								
1749	6	19	재자행							지추	김태서		
1749	9	4	진하겸사은행	좌의정	조현명	이조판서	남태양	사복정	신위				
1749	11	3	삼절연공겸사은행	낙창군	이당	예조판서	황정	집의	유언술				
1750	1	9	재자행							동추	김유문		
1750	2	30	재자행							지추	한치형		
1750	4	24	참핵행	형조참의	남태기								
1750	11	7	사은진주겸삼절연공행	해춘군	이영	예조판서	황재	집의	임집				
1750	12	26	진하겸사은행	낙풍군	이무	이조판서	윤득화	사복정	윤광찬				
1751	11	6	사은겸삼절연공행	낙창군	이당	이조판서	신사건	장령	조중회				
1752	7	13	진하겸사은행	해운군	이련	예조판서	한사득	장악정	유한소				
1752	11	6	삼절연공겸사은행	해흥군	이강	이조판서	남태재	사복정	김문행				
1753	11	4	사은겸삼절연공행	낙풍군	이무	예조판서	이명곤	사복정	정순검				
1754	7	18	문안행	판중추	유척기			사복정	심숙				

연도	월	일	종 별	정사	이름	부사	이름	서장관	이름	자관주관	이름	자관역관	이름
1754	11	1	삼절연공겸사은행	장계군	이병	이조판서	이종백	사복정	이유수				
1754	12	18	사은행	해춘군	이영	예조판서	김상석	사복정	심발				
1755	10	18	진하겸사은행	해운군	이련	이조판서	황경원	집의	서명응				
1755	11	8	삼절연공겸사은행	해봉군	이린	예조판서	정광충	집의	이기경				
1755	11	17	재자행									사역정	변헌
1756	1	28	재자행							사정	이정회		
1756	11	2	사은겸삼절연공행	장계군	이병	이조판서	조명채	집의	임사하				
1756	12	4	재자행							부사직	이명직		
1757	2	28	재자행							사정	안명설		
1757	4	12	고부행	예조판서	김상중								
1757	4	12	고부행	이조판서	안집			감찰	이명직				
1757	6	12	참핵행	형조참의	이이장								
1757	11	4	사은겸삼절연공행	해흥군	이강	예조판서	김상익	지평	이언형				
1757	12	6	재자행							지추	이정회		
1758	11	7	사은진주겸삼절연공행	장계군	이병	예조판서	이득종	집의	이덕해				
1759	10	27	사은주청겸삼절연공행	해춘군	이영	이조판서	조명정	지평	권도				
1760	1	28	재자행							한학교수	홍대성		
1760	7	24	진하겸사은행	해운군	이련	예조판서	서명신	집의	조숙				
1760	11	2	삼절연공행	이조판서	홍계희	예조참판	조영진	지평	이휘중				
1760	12	27	재자행							동추	이희인		
1761	10	27	삼절연공겸사은행	해풍군	이강	이조판서	남태회	집의	이의로				
1761	12	22	재자행							부사직	변헌		
1762	9	28	재자행							한학교수	안명우		
1762	11	4	진하사은겸삼절연공행	함계군	이훈	이조판서	이규채	집의	박필규				
1762	12	11	재자행							부사직	김봉서		
1762	윤5	29	재자행							공조정랑	이현상	부사직	김창조
1763	2	12	사은겸진주주청행	장계군	이병	예조판서	홍중효	집의	홍지해				
1763	6		재자행							부사직	한치항		
1763	11	2	사은겸삼절연공행	순제군	이탄	예조판서	홍명한	집의	이헌묵				
1763	12	13	자자행							지추	장채유		
1764	1	12	자자행							사정	이천진		
1764	3	7	주핵행	형조참의	김종정								
1764	11	2	사은진주겸삼절연공행	전은군	이돈	이조판서	한강회	장령	안작				
1765	11	2	삼절연공겸사은행	순의군	이탄	예조판서	김선행	집의	홍억				

연도	월	일	종별	정사	이름	부사	이름	서장관	이름	자관주관	이름	자관역관	이름
1766	10	22	삼절연공겸사은행	함계군	이훈	예조판서	윤득양	집의	이형규				
1767	10	22	삼절연공겸사은행	전은군	이돈	이조판서	이필원	집의	이수훈				
1768	10	22	삼절연공겸사은행	순의군	이탄	예조판서	구윤옥	집의	이영중				
1769	10	22	삼절연공행	예조판서	서명응	이조참판	홍재	지평	홍낙신				
1770	10	19	삼절연공겸사은행	경흥군	이단	예조판서	송영중	장령	이명빈				
1771	5	27	진주겸사은행	우의정	김상철	예조판서	윤동섬	사복정	심이지				
1771	11	3	사은겸삼절연공행	해계군	이집	이조판서	조영순	사복정	이택진				
1772	11	1	진하사은겸삼절연공행	순의군	이탄	예조판서	윤동승	집의	이치중				
1773	11	4	사은겸삼절연공행	낙임군	이정	이조판서	엄수	집의	임회간				
1774	2	20	재자행							지추	이수		
1774	11	2	삼절연공겸사은행	해계군	이집	예조판서	조덕성	집의	이세석				
1774	12	20	재자행							조지별제	조명복		
1775	2	14	재자행							지추	김진하		
1775	11	2	삼절연공겸사은행	낙림군	이정	이조판서	이해중	집의	임덕호				
1776	4	19	고부주청겸진주행	판중추	김치인	이조판서	정창순	집의	이진형				
1776	11	3	진하겸사은행	영중추	이은	예조판서	서호수	집의	오대익				
1776	11	7	삼절연공겸사은행	금성위	박명원	이조판서	정호인	집의	신사운				
1776	12	20	재자행									사역정	김이회
1777	4	11	진위겸진향행	이조판서	정상순	예조참판	송재경	병조정랑	강심				
1777	10	26	진하사은진주겸삼절연공행	하은군	이광	이조판서	이곤	집의	이재학				
1777	11	28	재자행							부사직	김흥철		
1778	3	17	사은겸진주행	판중추	채제공	이조판서	정일상	장령	심염조				
1778	9	29	사은행	하은군	이광	예조판서	윤방	집의	정우순				
1778	11	2	삼절연공행	이조판서	정광한	예조판서	이병모	지평	조시위				
1778	윤6	26	문안행	영중추	이은			군자정	남학문				
1779	10	29	삼절연공겸사은행	창성위	황인점	예조판서	홍검	장령	홍명호				
1780	5	25	진하겸사은행	금성위	박명원	이조판서	청원시	장령	조정진				
1780	10	28	사은행	무림군	이당	예조판서	이숭고	장령	윤장렬				
1780	11	2	삼절연공행	이조판서	서유경	예조참판	신대승	지평	임제원				

연도	월	일	종별	정사	이름	부사	이름	서장관	이름	자관주관	이름	자관역관	이름
1781	11	1	삼절연공겸사은행	창성위	황인점	예조판서	홍수보	장령	임석철				
1782	10	22	삼절연공겸사은행	판중추	정존겸	이조판서	홍양호	집의	홍문영				
1783	6	13	성절겸문안행	우의정	이복원	이조판서	오재순	사복정	윤획				
1783	10	15	사은행	판중추	홍낙성	이조판서	윤사국	장악정	이로춘				
1783	10	24	삼절연공겸사은행	창성위	황인점	예조판서	유의양	집의	이동욱				
1784	7	9	사은겸진주주청행	우의정	김욱	이조판서	김상집	사복정	이극연				
1784	10	12	진하사은겸삼절연공행	판중추	이휘지	예조판서	강세황	장령	이태영				
1784	12	11	사은행	금성위	박명원	이조판서	윤승열	장령	이정운				
1785	1	3	재자행									사역정	이익
1785	10	21	삼절연공겸사은행	안춘군	이주	이조판서	이치중	집의	송전				
1786	3	7	재자행									사역정	정사현
1786	5	30	재자행							예조정랑	심낙주	부사직	장렴
1786	9	21	사은겸삼절연공행	창성위	황인점	예조판서	윤상동	집의	이면금				
1787	10	20	삼절연공겸사은행	우의정	유언호	이조판서	조하	장령	정치순				
1788	4	4	재자행							부사직	홍명복		
1788	10	21	삼절연공겸사은행	판중추	이재협	예조판서	어석정	집의	유한모				
1789	10	16	진하사은겸삼절연공행	판중추	이성원	예조판서	조종현	집의	성종인				
1790	3	26	재자행									부사직	장렴
1790	5	27	진하겸사은행	창성위	황인점	예조판서	서호수	장령	이백형				
1790	10	21	동지겸사은행	광은위	김기성	예조판서	민태혁	집의	이지영				
1791	10	20	동지겸사은행	판중추	김이소	예조판서	이조원	장령	심능익				
1791	12		재자행									사역원정	정사현
1792	10	21	삼절연공겸사은행	판중추	박종악	예조판서	서용보	지평	김조순				
1793	10	22	삼절연공겸사은행	창성위	황인점	예조판서	이재학	집의	정동관				
1794	10	13	진하행	판중추	박종악	이조판서	정대용	장령	정상우				
1794	10	29	삼절연공겸사은행	판중추	홍양호	예조판서	이의필	장령	심홍영				
1795	10	10	삼절연공겸사은행	판중추	민종현	예조판서	이형원	장령	조덕윤				
1795	11	20	재자행									부사직	정사현
1795	11	21	진하겸사은행	판중추	이병모	이조판서	서유방	장령	유정				
1796	4	10	재자행									부사직	김윤서
1796	10	18	사은겸삼절연공행	판중추	김사목	예조판서	유강	장령	이익모				

<표 3> 19세기 조선사행 일람(자료: 『동문휘고』)

연도	월	일	종별	정사	이름	부사	이름	서장관	이름	자관주관	이름	자관역관	이름
1797	10	15	삼절연공겸사은행	판중추	김문순	예조판서	심기	장령	홍낙유				
1798	10	19	삼절연공겸사은행	판중추	이조원	예조판서	김면주	장령	서유문				
1799	3	3	진위겸진향행	능성위	구민화	예조판서	김이익	장령	조석중				
1799	7	11	진하겸사은행	판중추	조상진	예조판서	서영수	집의	한치응				
1799	10	25	진하겸세패사행	판중추	김재찬	예조판서	이기양	장령	구득로				
1800	1	27	진하겸사은사행	능성위	구민화	예조판서	한용귀	장령	유정				
1800	8	3	고부겸주청행	능성위	구민화	예조판서	정대용	집의	장지면				
1800	11	1	세패겸사은사행	판중추	이득신	예조판서	임기철	집의	윤우열				
1800	12	12	재자행									사역원정	이영재
1800	윤4	24	진주겸주청사행	영의정	이병모	예조판서	이집두	장령	박종순				
1801	2	12	사은사행	판중추	조상진	예조판서	신헌조	집의	신순				
1801	2	18	재자행									사역원정	변복규
1801	8	2	진하겸사은행	청성위	심능건	예조판서	오재소	장령	정만석				
1801	10	27	동지겸진주사행	판중추	조윤대	이조판서	서미수	집의	이기헌				
1801	11		재자행									사역원정	오재항
1802	10	24	주청겸동지사은사행	청성위	심능건	예조판서	한만유	집의	민명혁				
1803	7	11	사은행	판중추	이만수	예조판서	홍의호	집의	홍석주				
1803	9	19	재자행									부사직	김재수
1803	10	21	삼절연공행	예조판서	민태혁	이조참판	권선	지평	서장보				
1804	10	30	사은겸동지행	판중추	김사목	예조판서	송전	집의	원재명				
1805	2	18	고부사행	예조참판	오정연			지평	강준흠				
1805	10	3	진하겸사은사행	판중추	서용보	이조판서	이시원	집의	윤상규				
1805	10	24	사은겸동지행	판중추	이시수	예조판서	이보천	장령	윤로동				
1805	11	26	재자행									부사직	박종행
1805	윤6	15	문안행	영중추	이병모			집의	홍수호				
1806	4	28	재자행									사역원정	이영규
1806	10	20	동지겸사은행	청성위	심능건	예조판서	오태현	집의	이영로				
1807	2	28	재자행									사역원정	이영재
1807	9	24	재자행							상호군	김재수		
1807	10	29	사은겸동지행	판중추	남공철	예조판서	임한호	사복시정	김로응				
1808	1	6	재자행									사역원정	이시승
1808	10	22	진하사은겸동지사행	창성위	심능건	이조판서	조홍진	장령	김계하				
1808	12		재자행									부사직	박종행
1809	2		재자행									부사직	이영재
1809	5	29	재자행									사역원정	이시형
1809	7	24	성절진하겸사은행	판중추	한용귀	이조판서	윤서동	집의	민치재				
1809	10	28	동지겸사은행	판중추	박종래	이조판서	김로경	장령	이영순				
1810	10	28	동지겸사은행	판중추	이집두	이조판서	박종경	장령	홍면섭				
1811	1		재자행									부사직	이시복
1811	10	30	동지겸사은행	판중추	조윤대	예조판서	이문회	장령	한용의				
1812	5	2	재자행							선전관	조태석	부사직	김재수
1812	7	18	진주겸주청행	영중추	이시수	예조판서	김선	사복시정	신위				

연도	월	일	종 별	정사	이름	부사	이름	서장관	이름	자관주관	이름	자관역관	이름
1812	10	22	동지겸사은행	판중추	심상규	예조판서	박종정	집의	이광문				
1813	2	26	사은행	판중추	이상황	예조판서	임희존	사복시정	홍기섭				
1813	10	28	동지겸사은행	판중추	한용탁	예조판서	조윤수	장령	유정양				
1813	12	22	재자행									사역원정	김상순
1814	10	27	동지겸사은행	판중추	임한호	예조판서	윤상규	장령	이종목				
1815	10	24	동지겸사은행	판중추	홍의호	예조판서	조종영	장령	조석정				
1816	10	24	동지겸사은행	판중추	이조원	예조판서	이지연	집의	박기수				
1817	10	29	동지겸사은행	판중추	한치응	예조판서	신재명	장령	홍의근				
1818	6	22	문안행	판중추	한용귀			장령	조만영				
1818	10	13	사은행	판중추	박윤수	예조판서	조만원	집의	이회조				
1818	10	25	진하겸동지사은행	판중추	정만석	예조판서	오한원	장령	이로				
1819	7	26	성절진하겸사은행	판중추	이로익	예조판서	윤정렬	장령	김경연				
1819	10	24	동겨행	예조판서	홍희신	이조판서	이학수	지평	권돈인				
1820	3	8	재자행									부사직	이시복
1820	10	24	동지겸사은행	판중추	이회갑	이조판서	윤행직	장령	이항				
1820	11	8	진위겸진향행	판중추	한치응	예조판서	서능보	집의	박대수				
1820	11	11	재자행									부사직	김상순
1821	1	7	진하겸사은행	판중추	이조원	예조판서	송면재	집의	홍익문				
1821	4	20	고부행	예조참판	홍명주			지평	홍언모				
1821	10	11	진하사은겸진주행	판중추	이호민	예조판서	조종영	장령	이원묵				
1821	10	29	진하사은겸세패행	판중추	조만원	이조판서	윤명렬	장령	윤병열				
1822	7	26	사은행	판중추	남이익	예조판서	권사용	집의	임처진				
1822	10	20	동지겸사은행	판중추	김로경	이조판서	김계온	집의	서유소				
1823	7	20	진하겸사은행	판중추	박종훈	예조판서	서준보	장령	홍혁				
1823	10	21	동지겸사은행	판중추	홍의호	예조판서	이용수	장령	홍용진				
1824	10	24	동지겸사은행	판중추	권상신	예조판서	이광헌	장령	이진화				
1825	1		재자행									부사직	장순상
1825	10	26	동지겸사은행	판중추	이면승	예조판서	이석고	사복시정	박종학				
1826	10	27	동지겸사은행	판중추	홍희준	예조판서	신재직	집의	정+J595예용				
1827	1		재자행									사역원 첨정	이숙
1827	10	28	동지겸사은행	판중추	송면재	예조판서	이우재	장령	홍원모				
1828	4	13	진하겸사은행	남연군	이구	예조판서	이규헌	장령	조기겸				
1828	10	25	사은겸동지행	판중추	홍기섭	예조판서	유정양	장령	박종길				
1829	4	16	진하겸사은행	판중추	서능보	예조판서	여동식	장령	유장환				
1829	7	16	문안행	판중추	이상황			장령	박래겸				
1829	10	27	동지겸사은행	판중추	유상조	예조판서	홍희근	장령	조병귀				
1829	11	1	진하겸사은행	판중추	이광문	이조판서	한기유	장령	강시영				
1830	5	29	재자행							예조정랑	이응신	부사직	이문양
1830	10	30	사은겸동지행	판중추	서준보	예조판서	홍경모	사복시정	이남익				
1830	11	9	진주겸주청행	좌의정	이상황	이조판서	이지연	사복시정	윤심규				
1831	1		재자행							한학교수	진응환		
1831	7	22	사은행	판중추	홍석주	예조판서	유용환	사복시종	이원익				
1831	10	16	동지겸사은행	판중추	정원용	예조판서	김광근	장령	이정재				

연도	월	일	종 별	정사	이름	부사	이름	서장관	이름	자관주관	이름	자관역관	이름
1832	10	20	동지겸사은행	판중추	서정보	예조판서	윤치겸	집의	김경선				
1833	1	18	재자행									사역원정	변광운
1833	7	25	진위겸진향행	판서	이지연	예조판서	박회수	사복시정	이준고				
1833	10	17	사은겸동지행	판중추	조봉진	예조판서	박래겸	장령	이재학				
1834	2	12	진하겸사은행	판중추	홍경모	이조판서	이광정	집의	김정집				
1834	10	22	동지겸사은행	판중추	이익회	이조판서	박재문	장령	황협				
1834	12	22	고부겸청시청승습진주사행	우의정	박종훈	이조판서	이희준	집의	성수묵				
1835	4	3	진하겸사은행	판중추	홍명주	예조판서	윤성대	장령	조학연				
1835	8	6	사은행	판중추	김로	예조판서	이언순	장령	정재형				
1835	10		동지행	판서	박회수	참판	조두순	사복시정	한진정				
1836	2	9	진하겸사은행	판중추	권돈인	예조판서	안광직	사복시정	송응용				
1836	10	16	동지겸사은행	판중추	신재직	예조판서	이노집	장령	조계승				
1837	3	18	재자행									사역원정	김학면
1837	4	20	주청겸사은행	동영위	김현근	예조판서	조병현	집의	이원익				
1837	10	17	동지겸사은행	판중추	박기수	예조판서	김흥근	장령	이광재				
1838	10	20	동지겸사은행	이회준		예조판서	윤병열	집의	이시재				
1839	10	24	동지겸사은행	판중추	이가우	예조판서	이로병	집의	이정이				
1840	3	26	진위진향겸사은행	완창군	이시인	예조판서	윤명규	사복시정	한계원				
1840	10	24	진하사은겸동지사행	판중추	박회수	예조판서	조기영	집의	이회구				
1841	5	25	재자행									부사직	이예무
1841	10	24	동지겸사은행	판중추	이약우	예조판서	김동건	사복시정	한필이				
1842	3	27	재자행									부사직	이문양
1842	10	19	동지겸사은행	홍인군	이최응	예조판서	이규방	사복시정	조봉하				
1843	10	7	고부행	예조판서	심의승			지평	서상교				
1843	10	24	동지겸사은행	판중추	이목연	예조판서	유성환	장령	김?				
1844	10	26	주청겸사은동지행	홍완군	이최응	예조판서	권대긍	장령	윤찬				
1845	10	24	사은겸동지행	판중추	이헌구	예조판서	이동순	사복시정	이유원				
1846	3	12	진하겸사은행	판중추	박영원	예조판서	조형복	집의	심회순				
1846	10	24	동지겸사은행	동녕위	김현근	예조판서	박용수	장령	송주헌				
1847	7	14	재자행									사역원첨정	김학면
1847	10	27	동지겸사은행	판중추	성수묵	예조판서	윤치정	사복시정	박상수				
1848	10	22	동지겸사은행	판중추	강시영	예조판서	송지양	사복시정	윤철구				
1849	7	17	고부청시겸승습주청사행	판중추	박회수	예조판서	이근우	장령	심돈녕				
1849	10	20	동지겸사은행	판중추	이계조	이조판서	한정교	사복시정	심응태				
1850	1	29	사은행	판중추	조학연	예조판서	남헌교	사복시정	정류				
1850	3	26	진위진향겸사은행	판중추	서좌보	이조판서	홍희석	사복시정	김회명				
1850	3	30	진위겸진향행	판중추	성수묵	예조판서	이명적	장령	윤행복				
1850	4	9	재자행									부사직	이윤익
1850	7	25	진하겸사은행	판중추	이경재	이조판서	서헌순	장령	윤육				
1850	10	20	진하사은겸세패행	판중추	권대긍	예조판서	김덕회	사복시정	민치상				
1851	1	25	진주겸사은행	판중추	김경선	이조판서	이규방	장령	이승수				
1851	10	20	진하사은주청겸세패행	익평군	이의	예조판서	성원묵	장령	유석환				
1852	6	11	사은행	판중추	서염순	예조판서	조충직	장령	최우형				
1852	10	27	진하사은겸동지사행	판중추	서유훈	예조판서	이인고	장령	송겸수				

연도	월	일	종 별	정사	이름	부사	이름	서장관	이름	자관주관	이름	자관역관	이름
1853	2	27	재자행									부사직	이경수
1853	4	20	진향겸사은행	판중추	강시영	예조판서	이겸재	장령	조운경				
1853	10	26	진하사-은겸동지사행	판중추	윤치수	예조판서	이원서	장령	이강준				
1854	10	21	동지겸사은행	판중추	김위	예조판서	정덕화	장령	박광양				
1855	5	20	재자행									부사직	이무
1855	6	20	재자행									부사직	이윤익
1855	10	4	진위진향겸사은행	판중추	서희순	예조판서	조병항	장령	신좌모				
1855	10	19	동지겸사은행	판중추	조득림	이조판서	유장환	집의	강장환				
1856	2	7	진향겸사은행	판중추	박재헌	예조판서	임긍수	장령	조익동				
1856	10	27	동지겸사은행	판중추	서재순	예조판서	임백경	사복시정	이용좌				
1857	9	10	고부행	예조참판	이유겸			집의	안희수				
1857	10	28	동지겸사은행	경평군	이고	예조판서	임백수	사복시정	김창수				
1858	10	26	사은겸동지행	판중추	이근우	예조판서	김영작	장령	김직연				
1859	1	2	재자행									사역원정	김문주
1859	10	28	동지겸사은행	판중추	이우	예조판서	임영수	장령	고시흥				
1860	10	22	동지겸사은행	판중추	신석우	예조판서	서형순	장령	조운주				
1860	윤3	30	성절진하겸사은행	판중추	임백경	예조판서	박제인	장령	이후선				
1861	1	18	군안행	판중추	조휘림	이조판서	박규수	사복시정	신철구				
1861	10	24	사은겸동지행	판중추	이원명	예조판서	남성교	장령	민달용				
1861	12	23	진위겸진향행	판중추	이겸재	이조판서	유진오	장령	송돈숙				
1862	1	29	진향겸사은행	판중추	서헌순	예조판서	유치숭	장령	기경협				
1862	10	21	진하사-은겸세패행	판중추	이의익	예조판서	박영보	장령	이재문				
1863	2	13	진주행	판중추	윤치수	예조판서	이용은	지평	이인명				
1863	10	28	진하사-은겸동지행	판중추	조연창	예조판서	민영위	집의	윤현기				
1864	1	21	고부청시겸승습주청사행	우의정	이경재	이조판서	임긍수	사복시정	홍필모				
1864	9	27	사은행	판중추	서형순	예조판서	조희철	사복시정	정현덕				
1864	10	20	사은겸동지행	판중추	유장환	이조판서	윤정구	장령	장석준				
1865	10	20	사은겸동지행	판중추	이흥민	예조판서	이종순	집의	김창회				
1866	4	9	진하사-은겸주청행	우의정	유후조	예조판서	서당보	집의	홍순학				
1866	5	19	재자행									사역원정	이용준
1866	8	12	재자행									사역원정	오경석
1866	10	24	사은겸동지행	판중추	이풍익	예조판서	이세기	장령	엄세영				
1867	10	24	동지겸사은행	판중추	김익문	예조판서	조성교	사복시정	홍대종				
1868	4	16	재주행							형조좌랑	이건승		
1868	11	5	동지겸사은행	판중추	김유연	예조판서	남정순	장령	조병호				
1868	윤4	16	재자행									사역원정	오경석
1869	10	22	동지겸사은행	판중추 정경부사	이승보	예조판서	조영하	장령	조정희				
1870	윤10	25	동지겸사은행	판중추	강로	예조판서	서상정	집의	권용선				
1871	5	30	재자행									사역원참정	이응준
1871	10	22	동기겸사은행	판중추	민치상	종정경	이건필	집의	박봉빈				
1872	7	2	진하겸사은행	판중추	박규수	예조판서	성이호	사복시정	강문형				
1872	11	10	동기겸사은행	판중추	김수현	예조판서	남정익	장령	민영목				
1873	3	11	진하겸사은행	판중추	이근필	예조판서	한경원	봉상시판관	조우희				

연도	월	일	종 별	정사	이름	부사	이름	서장관	이름	자관/주관	이름	자관역관	이름
1873	10	24	사은겸동지행	판중추	정건조	예조판서	홍원식	장령	이호익				
1874	10	28	동지겸사은행	판중추	이회정	예조판서	심이택	장령	이건창				
1875	4	13	진위겸진향행	판중추	강란형	예조판서	홍금주	집의	강찬				
1875	5	25	진하겸사은행	완평군	이승응	이조판서	이순익	장령	심동헌				
1875	6	27	재자행									부사직	이용숙
1875	7	30	진주겸주청행	영중추	이유원	예조판서	김시연	장령	박주양				
1875	10	7	진위진향겸 사은행	판종정경	이병문	이조판서	조인회	장령	정원화				
1875	10	29	진하사은겸 세폐행	판중추	남정순	종정경	이인명	사복시정	윤치담				
1876	5	16	진하겸사은행	판중추	한돈원	예조판서	임한수	집의	민종묵				
1876	7	14	재자행									부사직	이용숙
1876	10	27	사은겸세폐행	판중추	심승택	예조판서	이용학	장령	윤승구				

▫ 참고문헌 ▫

1. 연대기 · 법전자료

『승정원일기』『일성록』『비변사등록』『조선왕조실록』
『속대전』『대전회통』『육전조례』

2. 등록류 · 연행기

『의정부관첩등록』
『송영일기』
『해영일기』
『관서계록』
『평안감영계록』
『의주부장계등록』
『변례요람』
『비변사감결』
『관서평란록』
『우포도청등록』
『좌포도청등록』
『연행일기』(김창업, 1712)
『경자연행잡지』(이의현,1720)
『임자연행잡지』(이의현,1720)
『열하일기』(박지원,1780)

『연행기』(서호수,1790)
『연행록』(김정중,1791)
『무오연행록』(서유문,1798)
『연대재유록』(유득공,1801)
『계산기정』(무명씨,1803)
『연원직지』(김경선, 1832 - 3)

3. 문집 · 지지 · 기타

『홍재전서』	『연려실기술』	『이계홍량호전서』
『소호당문집』	『위암문고』	『중경지』
『송도지』	『용만지』	『신증동국여지승람』
『여지도서』	『택리지』	『동문휘고』
『탁지지』	『만기요람』	『탁지전부고』
『통문관지』	『증보문헌비고』	

4. 저 서

강만길, 1973,『조선후기 상업자본의 발달』, 고려대학교 출판부.
고동환, 1998,『조선후기 서울 상업 발달사 연구』, 지식산업사.
국방부전사편찬위원회, 1986,『병자호란사』.
김상기, 1948,『동방문화교류사논고』, 을유문화사.
김종원, 1999,『근세 동아시아 관계사 연구-조청교섭과 동아삼국교역을
　　　중심으로-』, 혜안.
미쯔다(水田直昌), 1929,『李朝時代の財政』, 友邦協會.
송찬섭, 2002,『조선후기 환곡제개혁연구』, 서울대학교 출판부.
송찬식, 1997,『조선후기 사회경제사의 연구』, 일조각.

연갑수, 2001,『대원군집권기 부국강병정책 연구』, 서울대학교 출판부.

오 성, 1989,『조선후기 상인연구』, 일조각.

오수창, 2002,『조선후기 평안도 사회발전 연구』, 일조각.

유승주, 1993,『조선시대 광업사연구』, 고려대학교 출판부.

유원동, 1976,『한국근대경제사연구』, 일지사.

이남희, 1999,『조선후기 잡과중인연구 - 잡과 입격자와 그들의 가계분
　　　석』, 이회문화사.

이마무라(今村鞆), 1940,『인삼사』, 조선총독부 전매국.

이철성, 2000,『조선후기 대청무역사연구』, 국학자료원.

임계순, 2000,『청사』, 신서원

장존무, 1978,『청한종번무역(1637 ~ 1894)』, 중앙연구원 근대사연구소전간
　　　39.

전해종, 1970,『한중관계사연구』, 일조각.

정성일, 2000,『조선후기 대일무역』, 신서원.

최소자, 1997,『명청시대 중·한 관계사 연구』, 이화여자대학교 출판부.

5. 논 문

강만길, 1972,「개성상인연구 - 조선후기 상업자본의 성장 - 」『한국사연
　　　구』 8.

고승희, 1995,「18,19세기 함경도지역의 유통로 발달과 상업활동」, 이화여
　　　대 석사학위논문.

고승희, 1997,「조선 후기 북관개시 연구」『조선시대사학보』 1.

권태환 · 신용하, 1977,「조선왕조시대 인구추정에 관한 일시론」,『동아
　　　문화』 14.

김동철, 1999,「조선후기 왜관개시 무역과 피집삼」『한국민족문화』 13.

김성균, 1961,「초기의 조청경제관계교섭약고」『사학연구』 5.

김성칠, 1960,『연행소고 - 조중교섭사의 일착 - 』,『역사학보』 12.

김양수, 1998,「조선후기 역관가문의 연구 - 변응성·변승업 등 밀양변씨

가계를 중심으로-」『손보기박사 정년기념 한국사학논총』, 지식
산업사.

김용흥, 1976, 「팔포무역에 대한 일고- 청대를 중심으로-」『대구사학』
10.

김정미, 1996, 「조선후기 대청무역의 전개와 무역수세제의 시행」『한국사
론』 36.

김종원, 1977, 「조선후기 대청무역에 관한 일 고찰 -잠상의 무역활동을
중심으로-」『진단학보』 43.

김종원, 1981, 「초기조청무역교섭고(천명기)」『부산대사회과학논문집』 20.

김종원, 1982, 「초기조청무역교섭고」(천총기)」『부산대인문논총』 22.

김혜자, 1982, 「조선후기 북변월경문제 연구」『이대사원』 18 · 19.

박소은, 2000, 「17 · 18세기 호조의 왜관수세책 변화」『조선시대사학보』
14.

서병국, 1990, 「조선전기의 대여진관계사」『국사관논총』 14.

연정열, 1982, 「중강후시와 무역법규에 관한 연구」,『한성대학 논문집』 6.

오미일, 1986, 「18 · 19세기 공물정책의 변화와 공인층의 변동」『한국사
론』 14.

오미일, 1987, 「18 · 19세기 새로운 공인권 · 전계창설운동과 난전활동」
『규장각』 10.

오 성, 1979, 「조선후기 삼상에 대한 일고찰-사상의 대두와 관련하여-」
『한국학보』 17.

오 성, 1992, 「조선후기 인삼무역의 전개와 삼상의 활동」『세종사학』 1.

유교성, 1965, 「인삼무역의 선구자- 임상옥(1779-1855)」『인물한국사』 4,
박우사.

유승주, 1969, 「조선후기 유황광업에 관한 연구」『한국사학논총』.

유승주, 1976, 「조선후기 공인에 관한 일연구(상)」『역사학보』 71.

유승주, 1978, 「조선후기 공인에 관한 일연구(중)」『역사학보』 78.

유승주, 1978, 「17세기 사무역에 관한 일고찰 -조 · 청 · 일간의 염초 ·
유황무역을 중심으로-」『홍대논총』 10.

유승주, 1970, 「조선후기 대청무역의 전개과정-17 · 8세기 부연역관의 무

역활동을 중심으로-」『백산학보』8.

유승주, 1994, 「조선후기 대청무역이 국내산업에 미친 영향」『아세아연구』37-2.

유승주, 1991, 「조선후기 조청무역 소고」『국사관논총』30.

유완상, 1977, 「조선시대 중강개시에 대한 일고-특히 인조대를 중심으로-」『현대사학의 제문제』, 일조각.

이병천, 1983, 「조선후기 상품유통과 여객주인, 『경제사학』6.

이영호, 1986, 「19세기 은진 강경포의 상품유통구조」『한국사론』15.

이영호, 1985, 「19세기 포구수세의 유형과 포구유통의 성격」『한국학보』41.

이 욱, 1994, 「18세기말 서울상업계의 변화와 정부의 대책」『역사학보』142.

이 욱, 1996, 「대원군집정기 삼군부의 설치와 그 성격」『군사』32.

이 욱, 1996, 「18세기말 싸전[米廛] 구조와 미곡유통」『한국사학보』창간호.

이원순, 1963, 「부연사행의 경제사적일고-사무역 활동을 중심으로-」『역사교육』7.

이원순, 1983, 「부연사행의 문화사적 의의」『사학연구』36.

이철성, 1996.9, 「18세기 후반 조선의 대청무역 실태와 사상층의 성장-모자무역을 중심으로-」『한국사연구』94.

이태진, 1991, 「국제무역의성행」『한국사시민강좌』9, 일조각.

이현숙, 1997, 「16-17세기 조선의 대중국 수출정책에 관한 연구」『홍익사학』6.

장존무, 1979, 「청입관전여조선적무역(1627-1636)」『동방학지』21.

전해종, 1966, 「청대 한중조공관계 종고」『진단학보』29·30.

정석종, 1972, 「'홍경래난'의 성격」『한국사연구』7.

정성일, 1993, 「조선산 인삼종자와 일본의 인삼수입대체」『춘계박광순박사화갑기념논문집』.

정창렬, 1984, 「조선후기 농민봉기의 정치의식」『한국인의 생활의식과 민중예술』.

정형지, 1983,「조선후기의 공인권」『이대사원』 20.

조 광, 1974,「조선후기 변경의식」『백산학보』 16.

조기준, 1975,「인삼무역과 삼정책」『사회과학논집』 4, 고려대학교 정경
　　　대학.

차수정, 1989,「조선후기 인삼무역의 전개과정 - 18세기초 삼상의 성장과
　　　그 영향을 중심으로 -」『북악사론』 1.

최근묵, 1967,「조청무역소고」『논문집』 6(충남대).

최소자, 1975,「호란과 조선의 대명청관계의 변천」『이대사원』 12.

최승희, 1985,「조선후기 신분변동의 사례연구」『변태섭박사화갑기념사
　　　학논총』.

河原林靜美, 1973,「1811年 平安道における農民戰爭」『寧樂史苑』 19 :
　　　1982,『봉건사회 해체기의 사회경제구조』청아출판사.

鶴園裕, 1981,「平安道農民戰爭における參加層」『朝鮮史叢』 2 1979,
　　　『전통시대의 민중운동』(상) 풀빛.

한상권, 1981,「18세기말 19세기초의 장시발달에 대한 기초연구 - 경상도
　　　지방을 중심으로 -」『한국사론』 7.

홍순권, 1985,「개항기 객주의 유통지배에 관한 연구」『한국학보』 39.

홍순권, 1987,「한말시기 개성지방 삼포농업의 전개양상 (上) - 1896년 ≪삼
　　　포적간성책≫의 분석을 중심으로 -」『한국학보』 49.

홍희유, 1963,「1811 - 1812년 평안도 농민전쟁과 그 성격」『봉건지배계급
　　　을 반대한 농민들의 투쟁』과학원출판사, 1963

찾아보기

유 승 주

1937년 경남 산청 출생
고려대학교 사학과 졸업
동 대학교 대학원 졸업(문학박사)
현재 고려대학교 역사교육과 교수

이 철 성

1964년 서울 출생
고려대학교 사학과 졸업
동 대학교 대학원 졸업(문학박사)
현재 건양대학교 교수

조선후기 중국과의 무역사

2002년 8월 20일 초판인쇄
2002년 8월 30일 초판발행

저　　자 : 柳承宙·李哲成
회　　장 : 韓相夏
발 행 인 : 韓政熙
발 행 처 : 景仁文化社
편　　집 : 申鶴泰
　　　　　서울특별시 麻浦區 麻浦洞 324‐3
　　　　　電話 : 718‐4831~2, 팩스 : 703‐9711
　　　　　E-mail : kyunginp@chollian.net
登錄番號 : 제10‐18號(1973. 11. 8)